汽车产业
海外知识产权贸易壁垒及应对

广东省 WTO/ TBT 通报咨询研究中心
组织编写

图书在版编目（CIP）数据

汽车产业海外知识产权贸易壁垒及应对／广东省WTO/TBT通报咨询研究中心组织编写．—北京：知识产权出版社，2024.1
ISBN 978-7-5130-9313-2

Ⅰ．①汽… Ⅱ．①广… Ⅲ．①汽车工业-知识产权-贸易壁垒-研究-世界 Ⅳ．①D913.404

中国国家版本馆CIP数据核字（2024）第016524号

内容提要

本书以广东省汽车产业为研究对象，系统梳理汽车企业全球产业链与价值链情况，对标全球头部企业专利布局、主要市场知识产权贸易壁垒等情况，深入研究广东省汽车产业发展及海外知识产权贸易壁垒现状，从国际市场准入规则、产业战略、国家战略等多维度为汽车出口及全球知识产权竞争提供参考。

本书可作为知识产权工作者、高校科研人员的参考用书。

责任编辑：许 波　　　　　　　　　责任印制：孙婷婷

汽车产业海外知识产权贸易壁垒及应对
QICHE CHANYE HAIWAI ZHISHI CHANQUAN MAOYI BILEI JI YINGDUI

广东省WTO/TBT通报咨询研究中心　组织编写

出版发行：知识产权出版社有限责任公司	网　　址：http://www.ipph.cn
电　　话：010-82004826	http://www.laichushu.com
社　　址：北京市海淀区气象路50号院	邮　　编：100081
责编电话：010-82000860转8380	责编邮箱：xubo@cnipr.com
发行电话：010-82000860转8101	发行传真：010-82000893
印　　刷：北京中献拓方科技发展有限公司	经　　销：新华书店、各大网上书店及相关专业书店
开　　本：720mm×1000mm　1/16	印　　张：17
版　　次：2024年1月第1版	印　　次：2024年1月第1次印刷
字　　数：260千字	定　　价：88.00元
ISBN 978-7-5130-9313-2	

出版权专有　侵权必究
如有印装质量问题，本社负责调换。

编委会

主 任：陈 权
主 编：魏雅丽
编 委：杨婕莎 刘宝星 萧颖欣
　　　　田 静 汤照瑜

企业名称全称与简称对照表

序号	企业名称	简称
1	华为技术有限公司	华为
2	中兴通讯股份有限公司	中兴通讯
3	摩托罗拉公司	摩托罗拉
4	美国高通公司	高通
5	奇瑞汽车股份有限公司	奇瑞
6	苹果公司	苹果
7	本田技研工业株式会社	本田
8	石家庄双环汽车股份有限公司	双环
9	路虎汽车公司	路虎
10	陆风汽车	陆风
11	上海蔚来汽车有限公司	蔚来
12	特斯拉公司	特斯拉
13	广州汽车集团股份有限公司	广汽集团
14	广汽乘用车有限公司	广汽乘用车
15	东风汽车有限公司东风日产乘用车公司	东风日产
16	一汽-大众汽车有限公司佛山分公司	一汽-大众佛山分公司
17	东莞中汽宏远汽车有限公司	宏远汽车
18	东莞众创新能源科技有限公司	众创新能
19	东莞市嘉裕碳素制品有限公司	嘉裕碳素
20	东莞市永强汽车制造有限公司	永强汽车
21	东风本田汽车零部件有限公司	东本零部件
22	中兴新能源科技有限公司	中兴新能源
23	中兴智能汽车有限公司	中兴智能汽车
24	中创新航科技（江门）有限公司	江门中创新航

续表

序号	企业名称	简称
25	中国人民财产保险股份有限公司	中国人保
26	中国太平洋保险（集团）股份有限公司	中国太保
27	中国平安保险（集团）股份有限公司	中国平安
28	中山大洋电机股份有限公司	大洋电机
29	中山市顺达客车有限公司	顺达客车
30	中聚雷天动力电池有限公司	中聚雷天
31	京东物流股份有限公司	京东物流
32	佛山佛塑科技集团股份有限公司	佛塑科技
33	佛山市攀业氢能源科技有限公司	攀业氢能
34	佛山市永力泰车轴有限公司	永力泰
35	佛山市清极能源科技有限公司	清极能源
36	佛山市金辉高科光电材料股份有限公司	金辉高科
37	佛山市飞驰汽车科技有限公司	飞驰科技
38	北京三快在线科技有限公司（美团）	三快公司（美团）
39	北汽（广州）汽车有限公司	北汽（广州）
40	博盛尚（苏州）电子科技有限公司	博盛尚
41	合创汽车科技有限公司	合创汽车
42	四川东材科技集团股份有限公司	东材科技
43	国鸿氢能科技（嘉兴）股份有限公司	国鸿氢能
44	埃若德（广东）应急科技有限公司	埃若德
45	奥动新能源汽车科技有限公司	奥动新能源
46	广州中海达卫星导航技术股份有限公司	中海达
47	深圳市路畅科技股份有限公司	路畅科技
48	深圳市航盛电子股份有限公司	航盛电子
49	广东势加透博动力技术有限公司	势加透博
50	广东喜玛拉雅氢能科技有限公司	喜玛拉雅
51	广东国鸿重塑能源科技有限公司	国鸿重塑
52	广东天枢新能源科技有限公司	天枢能源
53	广东小鹏汽车科技有限公司	小鹏汽车

续表

序号	企业名称	简称
54	广东广顺新能源动力科技有限公司	广顺新能源
55	广州市广骏汽车实业有限公司	广骏二手车
56	广东惠利普智能科技股份有限公司	惠利普
57	广东晓兰新能源汽车有限公司	晓兰汽车
58	广东泰安模塑科技股份有限公司	泰安科技
59	广东泰极动力科技有限公司	泰极动力
60	广东泰罗斯汽车动力系统有限公司	泰罗斯
61	广东济平新能源科技有限公司	济平新能源
62	广东清能新能源技术有限公司	广东清能
63	广东瑞庆时代新能源科技有限公司	瑞庆时代
64	广东芯聚能半导体有限公司	芯聚能
65	广东鸿力氢动科技有限公司	鸿力氢动
66	广州丽新汽车服务有限公司	广汽丽新
67	广州优创电子有限公司	优创电子
68	广州华胜企业管理服务有限公司	华胜集团
69	广州安道拓汽车座椅有限公司	广州安道拓
70	广州导远电子科技有限公司	导远电子
71	广州小马智卡科技有限公司	小马智卡
72	广州小马智行科技有限公司	小马智行
73	广州巨湾技研有限公司	巨湾技研
74	广州市宝利捷旧机动车交易市场经营管理有限公司	宝利捷
75	广州市昊志机电股份有限公司	昊志机电
76	广州市晶华精密光学股份有限公司	晶华光学
77	广州市集群车宝数字科技有限公司	集群车宝
78	广州广汽比亚迪新能源客车有限公司	广汽比亚迪
79	广州文远知行科技有限公司	文远知行
80	广州汽车集团股份有限公司汽车工程研究院	广汽研究院
81	广汽零部件有限公司	广汽部件
82	广州爱机汽车配件有限公司	广州爱机

续表

序号	企业名称	简称
83	广州电装有限公司	广州电装
84	广州维高集团有限公司	维高集团
85	广州锐格新能源科技有限公司	锐格新能源
86	广州雄韬氢恒科技有限公司	雄韬氢恒
87	广州鹏辉能源科技股份有限公司	鹏辉能源
88	广汽丰田汽车有限公司	广汽丰田
89	广汽埃安新能源汽车股份有限公司	广汽埃安
90	广汽本田汽车有限公司	广汽本田
91	广汽汇理汽车金融有限公司	广汽汇理
92	弗迪电池有限公司	弗迪电池
93	惠州亿纬锂能股份有限公司	亿纬锂能
94	惠州华阳通用电子有限公司	华阳通用
95	惠州市华阳集团股份有限公司	华阳集团
96	惠州龙为科技有限公司	龙为科技
97	新石器慧通（北京）科技有限公司	新石器
98	星河智联汽车科技有限公司	星河智联
99	格力钛新能源股份有限公司	格力钛新能源
100	格林美股份有限公司	格林美
101	欣旺达动力科技股份有限公司	欣旺达
102	欧菲光集团股份有限公司	欧菲光
103	武汉轩辕智驾科技有限公司	轩辕智驾
104	比亚迪半导体股份有限公司	比亚迪半导体
105	比亚迪股份有限公司	比亚迪
106	泰斗微电子科技有限公司	泰斗微电子
107	深圳元戎启行科技有限公司	元戎启行
108	深圳前向启创数码技术有限公司	前向启创
109	深圳力策科技有限公司	力策科技
110	深圳华大北斗科技股份有限公司	华大北斗
111	深圳安智杰科技有限公司	安智杰

续表

序号	企业名称	简称
112	深圳安途智行科技有限公司	安途科技
113	深圳市佳华利道新技术开发有限公司	佳华利道
114	深圳市南科动力科技有限公司	南科动力
115	深圳市大疆创新科技有限公司	大疆
116	深圳市天骄科技开发有限公司	天骄科技
117	深圳市德方纳米科技股份有限公司	德方纳米
118	深圳市德赛电池科技股份有限公司	德赛电池
119	深圳市恒晨电器有限公司	恒晨电器
120	深圳市斯诺实业发展股份有限公司	斯诺实业
121	深圳市星源材质科技股份有限公司	星源材质
122	深圳市森国科科技股份有限公司	森国科
123	深圳市氢蓝时代动力科技有限公司	氢蓝时代
124	深圳市汇川技术股份有限公司	汇川技术
125	深圳市海梁科技有限公司	海梁科技
126	深圳市腾讯计算机系统有限公司	腾讯
127	深圳市览沃科技有限公司	览沃科技
128	深圳市车电网络有限公司	车电网
129	深圳市通用氢能科技有限公司	通用氢能
130	深圳市速腾聚创科技有限公司	速腾聚创
131	深圳市金溢科技股份有限公司	金溢科技
132	深圳市镭神智能系统有限公司	镭神智能
133	深圳市雷博泰克科技有限公司	雷博泰克
134	深圳承泰科技有限公司	承泰科技
135	珠海英搏尔电气股份有限公司	英搏尔
136	深圳欣锐科技股份有限公司	欣锐科技
137	深圳芯能半导体技术有限公司	芯能半导体
138	深圳道可视科技有限公司	道可视
139	深圳金信诺高新技术股份有限公司	金信诺
140	湛江市聚鑫新能源有限公司	聚鑫新能源

续表

序号	企业名称	简称
141	爱德曼氢能源装备有限公司	爱德曼
142	珠海超凡视界科技有限公司	超凡视界
143	珠海驿联新能源汽车有限公司	驿联新能源
144	珠海鹏宇汽车有限公司	鹏宇汽车
145	北京百度网讯科技有限公司	百度
146	科大讯飞股份有限公司	科大讯飞
147	广东纳诺新材料技术有限公司	纳诺集团
148	诺德新材料股份有限公司	诺德股份
149	贝特瑞新材料集团股份有限公司	贝特瑞
150	阿波罗智行科技（广州）有限公司	阿波罗
151	雄川氢能科技（广州）有限责任公司	雄川氢能
152	腾讯控股有限公司	腾讯控股
153	高新兴科技集团股份有限公司	高新兴
154	鸢鸟新能源（广州）有限公司	鸢鸟电气
155	鸿基创能科技（广州）有限公司	鸿基创能
156	谷歌公司	谷歌
157	罗伯特·博世有限公司	博世
158	电装株式会社	日本电装
159	麦格纳国际	麦格纳
160	LG 电子株式会社	LG 电子
161	韩国三星电子株式会社	三星
162	福特汽车公司	福特
163	OPPO 广东移动通信有限公司	OPPO
164	诺基亚公司	诺基亚
165	爱立信公司	爱立信
166	荷兰皇家飞利浦电子公司	飞利浦
167	德国西门子股份公司	西门子
168	The Noco Company	NOCO 公司
169	深圳市华思旭科技有限公司	华思旭

续表

序号	企业名称	简称
170	山东圣奥化工股份有限责任公司	圣奥化工
171	雪铁龙汽车公司	雪铁龙
172	极星汽车销售有限公司	极星
173	兰博基尼汽车有限公司	兰博基尼
174	雷诺汽车公司	雷诺
175	奥迪汽车股份公司	奥迪
176	观致汽车有限公司	观致汽车
177	Versata Software, Inc	Versata 公司
178	现代汽车公司	现代
179	起亚株式会社	起亚
180	大唐移动通讯设备有限公司	大唐移动
181	联发科技股份有限公司	联发科
182	索尼公司	索尼
183	InterDigital Communication, LLC	InterDigital 公司
184	宏碁股份有限公司	宏碁
185	Via Licensing Alliance LLC	Via LA 公司
186	Sisvel International S. A.	Sisvel 公司
187	Via Licensing Corporation	Via 公司
188	佳能株式会社	佳能
189	TCL 科技集团股份有限公司	TCL
190	纳思达股份有限公司	纳思达
191	五粮液集团有限公司	五粮液
192	丰田汽车公司	丰田
193	宁德时代新能源科技股份有限公司	宁德时代
194	日产汽车公司	日产

前　言

改革开放 40 多年以来，特别是加入世界贸易组织（WTO）以来，中国对外贸易和社会经济蓬勃发展，已成为世界第二大经济体、对外贸易第一大国。[1]2022 年中国汽车销量位居全球榜首，其中新能源汽车销量持续爆发式增长，产销连续 8 年保持全球第一。[2]海关总署数据显示，2023 年一季度，中国整车出口达到 106.9 万辆，同比增长 58.1%，首次超过日本跃居全球第一。[3]互联网、人工智能和 5G 等技术的快速发展推动汽车产业加快向"电气化、智能化、网联化与共享化"转型，中国汽车在海外市场的影响力和竞争力不断提升，汽车企业在"走出去"过程中面临的海外知识产权贸易壁垒问题逐渐凸显。

创新是引领发展的第一动力，保护知识产权就是保护创新。在国家"十四五"规划纲要提出制造强国战略，推动制造业高端化、智能化等高质量发展的背景下，广东省作为全国汽车产业发展大省，在系统梳理汽车产业链全景、产业规模、出口市场、专利技术领域及主要出口市场准入政策、产业政策和知识产权保护政策基础上，通过实证数据和走访调研，着重分析了当前汽车产业在海外竞争过程中存在的知识产权贸易壁垒问题。这些问题主要包括美国"337 调查"、专利权滥用、商标域名恶意抢注、技术标准型贸易壁垒、商业秘密恶意诉讼和缺陷产品召回背后潜在的知识产权壁

---

[1] 中华人民共和国商务部. "十四五"对外贸易高质量发展规划[EB/OL].（2021-11-18）[2023-08-05]. http://www.gov.cn/zhengce/zhengceku/2021-11/24/5653009/files/2b503a03727a459eb49fe8e620461744.pdf.

[2] 中华人民共和国工业和信息化部[EB/OL].（2023-01-12）[2023-06-29]. https://www.miit.gov.cn/jgsj/zbys/qcgy/art/2023/art_ff136c2c686a4728a4905e62a7e991d6.html.

[3] 中国经济网[EB/OL].（2023-05-06）[2023-06-29]. https://baijiahao.baidu.com/s?id=1766012678867659166&wfr=spider&for=pc.

垒等类型。广东省进而提出了建立政府、协会、企业、第三方服务机构四位一体的海外知识产权贸易壁垒应对机制优化建议。

本书主要包括五章内容，第一章基于国内外形势分析了开展汽车产业知识产权贸易壁垒研究的必要性和意义；第二章系统介绍了汽车产业链全景概况；第三章详细梳理了汽车产业主要出口市场的市场准入和知识产权保护政策措施；第四章阐述了汽车企业"走出去"过程中遭遇的知识产权贸易壁垒现状；第五章针对汽车产业在国际竞争中如何应对知识产权贸易壁垒提出具体的应对策略，以期为政府相关部门、商协会、企业等提供参考。

本书前期进行了大量的准备工作，期间数易其稿，是全体编委会成员辛勤劳动的成果和集体智慧的结晶。其中，广东省WTO/TBT通报咨询研究中心主任陈权负责全书把控和指导，魏雅丽、杨婕莎负责统稿和审核，刘宝星、田静负责校对。参编者具体执笔情况如下：田静（第一章）；萧颖欣（第二章第一节、第二节，第三章第一节）；杨婕莎（第二章第三节、第四章第四节、第六节，第五章第四节、第六节）；汤照瑜（第三章第二节、第三节，附录1~6）；刘宝星（第三章第四节，第四章第一节、第二节，第五章第一节、第二节，附录7~11）；魏雅丽（第四章第三节、第五节，第五章第三节、第五节）。

本书的研究和编写，得到了广东省市场监督管理局（知识产权局）的大力支持和广东省WTO/TBT通报咨询研究中心主要领导的精心指导；广东省汽车智能网联发展促进会、比亚迪股份有限公司、深圳市速腾聚创科技有限公司等单位，以及华南理工大学机械与汽车工程学院等相关专家从不同侧面给予了很多实务与专业性建议，在此谨代表编委会向各位领导、老师和同人的指导和支持表示诚挚的感谢！最后，感谢知识产权出版社为本书的编辑出版所做的大量工作！

出版本书的目的是希望能够为汽车企业和相关创新主体更全面、更深入地了解出口过程中可能存在的海外知识产权贸易壁垒做好相关风险防范和应对等提供帮助。因时间仓促、水平有限，本书还存在许多疏漏与不足之处，希望读者不吝赐教，提出宝贵意见和建议。

本书编写组

2023年8月于广州

目录
CONTENTS

第一章 绪 论 ·· 001
第一节 研究背景 ·· 003
第二节 文献综述 ·· 007
第三节 研究内容及方法 ·· 019
第四节 技术路线图 ·· 021

第二章 汽车产业概述 ·· 023
第一节 产业链全景概况 ·· 025
第二节 重点汽车产业链发展情况 ·· 028
第三节 汽车领域主要专利技术分析 ·· 046

第三章 汽车产业主要出口市场政策 ·· 075
第一节 主要出口市场准入政策 ·· 077
第二节 主要市场出口管制政策 ·· 083
第三节 主要出口市场产业政策 ·· 088
第四节 主要出口市场产业知识产权保护政策 ···································· 104

第四章 汽车企业遭遇海外知识产权贸易壁垒现状 ·································· 129
第一节 美国"337调查" ·· 131
第二节 商标被抢注和侵权风险 ·· 137

第三节　专利权滥用 ································· 147

　　第四节　商业秘密恶意诉讼 ··························· 152

　　第五节　技术标准型贸易壁垒 ························· 155

　　第六节　国家战略驱动的知识产权贸易壁垒 ············· 174

第五章　汽车产业遭遇海外知识产权贸易壁垒时的应对策略 ··· 185

　　第一节　美国"337调查"的应对策略 ··················· 187

　　第二节　商标被抢注和侵权的应对策略 ················· 190

　　第三节　专利权滥用的应对策略 ······················· 192

　　第四节　商业秘密恶意诉讼的应对策略 ················· 195

　　第五节　技术标准型贸易壁垒的应对策略 ··············· 197

　　第六节　国家战略驱动的知识产权贸易壁垒的应对策略 ··· 201

附　录 ··· 205

　　附录1　近年主要经济体出口管制政策 ················· 207

　　附录2　近年主要经济体双碳政策 ····················· 211

　　附录3　近年主要经济体芯片政策 ····················· 214

　　附录4　近年主要经济体数据安全政策 ················· 218

　　附录5　近年主要经济体电池政策 ····················· 224

　　附录6　近年主要经济体自动驾驶政策 ················· 227

　　附录7　2022—2023年美国专利商标局知识产权政策一览表 ······ 233

　　附录8　欧盟标准必要专利政策 ······················· 238

　　附录9　美国标准必要专利政策 ······················· 240

　　附录10　日本标准必要专利政策 ······················ 242

　　附录11　韩国标准必要专利政策 ······················ 244

参考文献 ··· 245

第一章

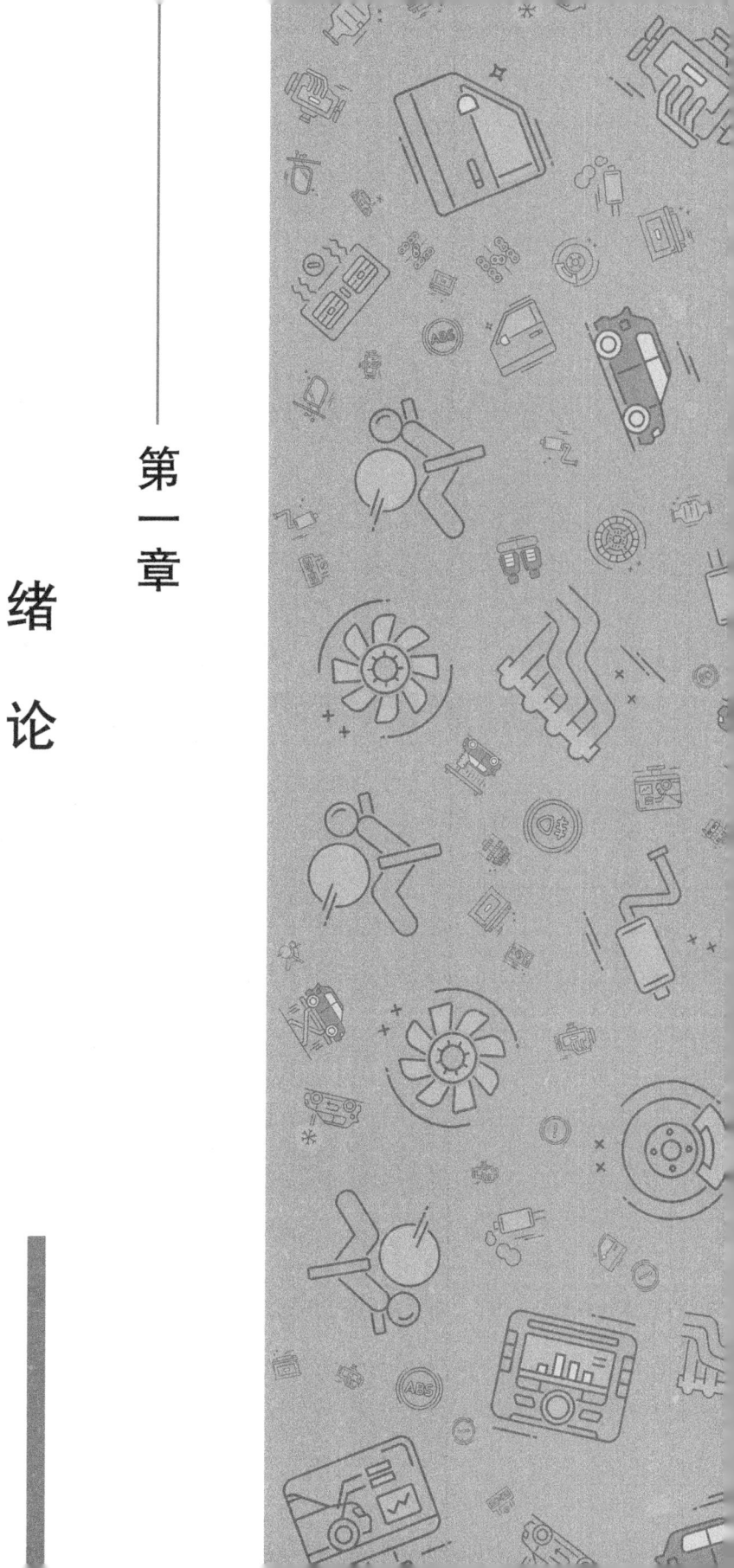

绪 论

第一章 緒論

第一节 研究背景

一、研究必要性

(一) 国内外形势下高质量推进汽车产业的必然要求

受俄罗斯与乌克兰冲突和全球通货膨胀压力影响,全球经济增速放缓明显。根据国际货币基金组织的预测,2023年全球GDP增速将从2022年的3.40%下降到2.80%,相较于2021年的6.10%,降幅达54.10%。[1] 全球政治、经济的不稳定使得各类产业链、供应链维持畅通稳定的难度加大,贸易安全发展面临新挑战。随着中美贸易战、科技战日益加剧,经济安全问题也逐步上升为意识形态与国家安全问题。以美国为首的同盟圈子强化关键产业的出口管制政策,企图形成以经济贸易为核心的对华技术封锁态势,推动诸如人工智能、高端半导体、5G、量子科技等涉及国家安全战略领域的对华经济或技术"脱钩",削弱中国在某些关键原材料市场的主导地位,利用软实力对冲中国在全球产业链、供应链中的影响力。与此同时,全球碳中和行动加速推进,汽车产业作为降碳减排的重要领域,发展新能源汽车成为全球共识,各国/地区从税收、财政等各环节推动本土汽车产业的发展,从能源利用效率、碳排放量标准等方面对包括汽车在内的制造业发展提出了更高要求,欧盟更是推出了"碳关税"等政策。总体来看,国际环境的变化对中国汽车,尤其是新能源汽车产业的健康发展提出了更高要求。

除了汽车产业发展所面临的上游核心零部件供应风险加剧、欧盟和美国等发达经济体新能源汽车市场快速发展带来的竞争压力及"碳排放"加速绿色壁垒等外部环境更为严峻外,中国汽车产业高质量发展面临的国内环境也

---

[1] International Monetary Fund. The outlook is uncertain again amid financial sector turmoil, high inflation, ongoing effects of Russia's invasion of Ukraine, and three years of COVID [EB/OL]. (2023-04-11) [2023-06-29]. https://www.imf.org/en/Publications/WEO/Issues/2023/04/11/world-economic-outlook-april-2023.

发生了深刻的变化。国家"十四五"规划纲要在提出加快构建以国内大循环为主体、国内国际双循环相互促进的新发展格局的同时,提出制造强国战略,要求加快推进"坚持自主可控、安全高效"的新发展格局。在新技术与新形势的推动下汽车产业生态汇集了新能源、互联网、人工智能、光伏应用等技术,汽车电动化、智能化的发展速度使得产业对芯片需求急剧增加,对产业链、供应链的稳定性提出更高的要求。然而,半导体市场研究机构 IC Insights 数据显示,2021 年中国汽车芯片的自给率只有 5.00% 左右。❶ 因此,如何突破"卡脖子"技术,提高产业创新能力、要素配置效率及全产业链优势成为全面提升汽车产业竞争力、高质量推进汽车产业发展的必然要求。

(二) 抓住新机遇发展广东省汽车产业的必然要求

《区域全面经济伙伴关系协定》(Regional Comprehensive Economic Partnership,RCEP) 作为全球最大、最具潜力的区域自贸协定,总人口、经济体量、贸易总额约占全球总量的 30.00%。在其框架下,中国与其他成员方在投资和贸易方面会更加开放、更加便利。受文化、地缘等因素影响,RCEP 所形成的制度性合作使得中国和成员方之间的经济关系更加紧密。RCEP 生效以来,各成员方之间关税降低,这让广东迎来新的外贸机遇。2022 年,中国对 RCEP 其他 14 个成员方进出口额达 12.95 万亿元,增长 7.50%,占中国外贸进出口总额的 30.80%。❷ 2022 年,广东省对东盟进出口额达 13 545.80 亿元❸,同比增长 9.10%。❹

伴随着全球汽车产业的转型升级,RCEP 成员方也陆续推出了新能源汽车产业政策,推动本土电动汽车产业发展。例如,马来西亚推出了电动汽车税收减免措施,包括将本地组装(Completely Knock Down,CKD)电动汽车所

---

❶ IC Insights[EB/OL].[2023 - 07 - 10]. https://www.icinsights.com/news/bulletins/Industry-RD-Spending-To-Rise-4-After-Hitting-Record-In-2021/.

❷ 海关总署.2022 年我国对 RCEP 其他 14 个成员国进出口占外贸进出口总值的 30.8%生效一周年,RCEP 助力全球贸易投资增长(大数据观察)[EB/OL].(2023-02-02)[2023-04-14]. http://www.customs.gov.cn/customs/xwfb34/mtjj35/4830585/index.html.

❸ 广东省统计局.2022 年广东国民经济和社会发展统计公报[EB/OL].(2023-03-31)[2023-08-22]. http://stats.gd.gov.cn/tjgb/content/post_4146083.html.

❹ 广东省商务厅.广东外贸成绩 2022 年 1 月-12 月[EB/OL].(2023-01-28)[2023-08-22]. http://com.gd.gov.cn/zwgk/tjxx/sjs/content/post_4086814.html.

用零部件的消费税、销售税和进口税豁免期延长 2 年至 2027 年 12 月 31 日，全进口（Complete Build-up，CBU）电动汽车的进口和消费税豁免也延长 2 年至 2025 年 12 月 31 日[1]；菲律宾通过了《电动汽车产业安全法》（Electric Vehicle Industry Development Act，EVDA），确立了菲律宾电动汽车行业综合规划（Comprehensive Roadmap for the Electric Vehicle Industry，CREVI)[2]；泰国政府调整电动车进口关税，并对 3 年内计划落地的整车厂予以补贴[3]。RCEP 的关税减让承诺和原产地积累规则及成员方汽车领域的利好政策，为中国与 RCEP 成员方开展电动汽车产业深度合作创造了良好环境，有利于有效降低贸易成本，稳定并优化区域产业链、供应链，构建更为紧密的生产分工网络。

此外，在当前全球产业链供应链不稳定，以及以美国为首的西方国家利用"技术脱钩""产业回流"等战略试图将中国排除在高端制造业等产业链之外的形势下，RCEP 特有的地域与战略属性也有利于中国更为有效且深度融入全球经济治理，通过区域深入合作，增强全球产业链和供应链与中国产业发展的黏度，降低西方国家企图利用"卡脖子""脱钩"等手段打压中国的负面影响，维持中国在新能源汽车领域的发展优势。广东省作为汽车制造大省，2022 年汽车产量超 410 万辆，已连续 6 年位居全国第一。汽车制造业成为广东省第八个产值超万亿的产业集群，因此 RCEP 也必然成为广东省乃至中国汽车产业实现技术和市场的双重"超车"，深入融入全球市场的重要窗口与平台。[4]

---

[1] Malaysian Investment Development Authority. Budget 2023: Extension of EV tax exemptions, more incentives[A/OL]. (2023-02-25)[2023-06-08]. https://www.mida.gov.my/mida-news/budget-2023-extension-of-ev-tax-exemptions-more-incentives.

[2] Republic Of The Philippines Department Of Energy. Comprehensive Roadmap for the Electric Vehicle Industry[A/OL]. (2023-06-27)[2023-08-07]. https://www.doe.gov.ph/energy-efficiency/comprehensive-roadmap-electric-vehicle-industry-0.

[3] 中国国际贸易促进委员会. 泰国出台支持电动车发展新举措,减税补贴双管齐下鼓励购车与生产[EB/OL]. (2022-02-18)[2023-06-29]. https://www.ccpit.org/thailand/a/20220218/20220218eqje.html.

[4] 广东省人民政府. 广东形成 8 个超万亿元产业集群汽车产业首次实现超万亿元营业收入[EB/OL]. (2023-01-06)[2023-06-29]. http://www.gd.gov.cn/hdjl/hygq/content/post_4076565.html.

（三）汽车产业海外知识产权保护的客观需要

新一代信息通信、新能源、新材料、物联网、人工智能等技术的迅速发展为产业发展提供强大支撑，汽车产业生态深刻变革。2022 年，中国智能网联汽车（Intelligent and Connected Vehicle，ICV）行业的市场规模约为 1209 亿元，同比增长 19.50%，新能源汽车产量 705.8 万辆，销量 688.7 万辆，同比分别增长 96.90% 和 93.40%❶，中国新能源汽车凭借先发优势发展迅速。数字化转型不仅推动了汽车研发和产业链等竞争格局全面重塑，而且使得作为智能终端的汽车产业成为各国争夺技术制高点和话语权的重要阵地。

欧盟和美国等发达经济体依托自身在全球标准和知识产权方面的制规权与话语权等优势，借助非关税手段如能源标准、技术法规、知识产权保护等提高市场准入门槛，构筑新型贸易壁垒。中国汽车产业是在消化吸收国外先进技术基础上强化自主研发创新发展壮大，然而汽车领域基础专利技术仍掌握在欧美等发达国家手中，多数企业在某些环节仍需通过引进国外技术进行产品研发与生产，且面临芯片等关键核心技术"卡脖子"问题，造成汽车企业参与国际市场竞争时易于遭受知识产权贸易壁垒等风险。同时，随着通信技术越来越多地应用于汽车产业，欧盟和美国等发达经济体利用在通信技术领域知识产权布局早且相对全面的先发优势，亦会对汽车企业提起知识产权诉讼。伴随着汽车产业应用的通信技术标准必要专利（Standard-Essential Patents，SEPs）越来越多，标准必要专利许可问题成为当前全球车企必须面对的问题，以 Avanci（通信技术专利池）为代表的专利权人，已经在欧盟和美国等发达经济体发起多起专利许可纠纷，并逐渐波及中国汽车企业。面对新的竞争形势，欧盟、美国、日本出台了针对标准必要专利许可谈判的指导性文件或者对已经发布的政策文件进行了更新，尽管相关政策仅面向本土发布，但在一定程度上影响全球范围内司法判决的走向，成为中国汽车企业出口必须面对的现实问题。因此，立足于技术

---

❶ 中商产业研究院.2023 年中国智能网联汽车行业市场前景及投资研究预测报告［R/OL］.（2023-06-29）［2023-06-29］.https://mp.weixin.qq.com/s/5J-cDCmREeJc-CAVpfZhAwQ.

创新和海外知识产权布局，建立应对技术性贸易措施预警机制与出口合规指南，增强汽车产业出口竞争力，切实提升产业国际规则话语权与海外知识产权纠纷应对能力，成为有效应对知识产权贸易壁垒的客观需要。

二、研究意义

（1）基于贯彻落实国家"十四五"规划纲要、广东省"十四五"规划纲要和发展战略性产业集群工作要求，以汽车产业为切入口，探讨新形势、新要求下，企业"走出去"面临的海外知识产权保护问题。

（2）基于当前国际竞争格局，系统梳理汽车产业全球产业链、价值链情况，以广东省汽车产业为研究对象，对标全球专利布局、主要市场知识产权贸易壁垒情况等，深入研究广东省汽车产业发展及海外知识产权贸易壁垒现状，从国际市场准入规则、产业战略、国家战略等多维度为汽车出口及全球知识产权竞争提供参考。

第二节 文献综述

一、国内外研究现状

（一）知识产权贸易壁垒研究现状

知识产权贸易壁垒的研究可追溯到20世纪六七十年代，当前国内外相关研究主要集中于知识产权贸易壁垒的实质特征、产生原因、应对措施、影响作用等方面。

1. 知识产权贸易壁垒的实质与特征研究方面

早在20世纪，西方学者就开始研究知识产权贸易壁垒问题。罗伯特·鲍德温（Robert Baldwin）认为技术性贸易壁垒的实质是非关税壁垒并进行解释，最终提出知识产权贸易壁垒这一概念。[1] 徐元分析了知识产权贸易壁垒的定义及其表现形式，指出其实质为权利的滥用，较其他关税壁垒，知

---

[1] BALDWIN E R. The Political Economy of U.S. Import Policy[M]. Cambridge：The MIT Press, 1986：52-56.

识产权贸易壁垒具有简便性、广泛性等特点。[1] 李大江指出知识产权贸易壁垒具有实施主体多元性、作用目标广泛性、打击手段立体性的特征及专利标准化、知识产权内部化、严格限制平行出口的表现形式。[2] 韩可卫等认为后危机时代知识产权保护贸易壁垒存在私营标准变多、评定标准更苛刻、影响及扩散效应增强、捆绑技术标准成为趋势、知识产权恶意滥用频繁、实质性攻击突出等特征。[3] 王敏等以"337调查"为例指出知识产权侵犯是核心诉由、案件裁定结果具有多元性、被诉产品结构不断升级是知识产权贸易壁垒的三大特征。[4] 陈本铿认为作为一种新型的贸易保护形式,知识产权壁垒呈现出隐蔽性、合法性、报复性、防御性和进攻性等一系列特征。[5]

2. 知识产权贸易壁垒的成因研究方面

保罗·克鲁格曼（Paul Krugman）指出不公平的知识产权制度是导致知识产权贸易壁垒的关键因素。[6] 艾伦·S. 格特曼（Alan S. Gutterman）等认为跨国企业抢占市场,是设置不合理的知识产权壁垒的主要原因。[7] 冯永晟认为贸易摩擦和贸易失衡是中国出口过程中遭遇知识产权贸易壁垒的主要原因。[8] 曹璋等利用1995—2016年中国知识产权保护强度指数、中国知识产权的"337调查"及中美贸易差额,构建VAR模型,进行格兰杰因果关系检验,揭示了中国知识产权保护强度指数是中美贸易差额的格兰杰原因,

---

[1] 徐元.知识产权贸易壁垒的实质及国际政治经济学分析[J].太平洋学报,2012(3):4-6.

[2] 李大江.知识产权壁垒的特征、形式及影响探析[J].科技经济市场,2014(4):142.

[3] 韩可卫,陈天明.知识产权贸易壁垒的特征及后危机时代新特点分析[J].产权导刊,2014(3):51-54.

[4] 王敏,卞艺杰,田泽,等.知识产权贸易壁垒特征与中国的防范对策——以337调查为例[J].江苏社会科学,2016,284(1):122-125.

[5] 陈本铿.国际贸易中的知识产权壁垒研究——评《知识产权保护与对外出口及投资》[J].广东财经大学学报,2021,36(6):114-115.

[6] KRUGMAN P. Strategic Trade Policy and The New International Economics[M]. Cambridge:The MIT Press,1986.

[7] GUTTERMAN A,ANDERSON J B. Intellectual Property in Global Markets[M]. Nederlanden: KluwerLaw International. 1997.

[8] 冯永晟.知识产权贸易壁垒的兴起与我国的应对[J].宏观经济管理,2012(12):59-61.

中美贸易差额是涉及中国知识产权"337调查"数量的格兰杰原因。[1] 代中强则详细分析了美国知识产权调查引致的贸易壁垒的特征事实、影响，提出诉讼双方地位不对等及信息不对称等问题，知识产权调查将成为影响中国企业走出去最为棘手的问题，并从政府顶层机制、行业保障机制和企业预警机制三维视角提出了对策建议。[2] 王璐认为出口国在进口国申请专利对进口国企业构成威胁、商品贸易赤字是造成国际贸易中知识产权壁垒的主要原因。[3]

3. 知识产权贸易壁垒的应对方面

黎氏清谭（Le Thi Thanh Tam）通过问卷分析，探讨了新兴经济体在管理和应用本国知识产权保护方面面临的问题，并提出重视提升公众保护意识等应对建议。[4] 米歇尔·格里马尔迪（Michele Grimaldi）强调了知识产权（IP）管理（IPM）对于保持竞争优势和管理对外开放创新（OI）的重要性，并介绍了三种基本的知识产权保护策略。[5] 宗艳霞认为调整全球投资布局，紧密结合解决贸易顺差与持续推进"一带一路"建设两个要点，是解决当前中国产品出口遭遇知识产权贸易壁垒的关键。[6] 赵云海在比较美国、欧盟、日本等海外知识产权保护经验的基础上提出中国应通过优化知识产权反垄断法举证责任细则、采用"信息平台+服务站点"综合服务、构建"三位一体"知识产权布局网络、建立一站式"审理+监管"中心、积极开

---

[1] 曹璋,李伟,陈一超.知识产权保护、知识产权贸易壁垒和中美贸易三者关系研究——基于向量自回归与格兰杰因果关系检验[J].宏观经济研究,2020(2):92-101.

[2] 代中强.美国知识产权调查引致的贸易壁垒:特征事实、影响及中国应对[J].国际经济评论,2020(3):107-122,6-7.

[3] 王璐.知识产权壁垒对我国出口贸易的影响及对策研究[J].产业与科技论坛,2022,21(18):25-26.

[4] LE THI T T, HOANG D T, PHAM THI T H, et al. The Level of Perception, Awareness, and Behavior on Intellectual Property Protection: A Study of the Emerging Country[J]. Journal of Governance and Regulation, 2021, 10(1):29-34.

[5] GRIMALDI M, GRECO M, CRICELLI L. Framework of Intellectual Property Protection Strategies and Open Innovation. [J]. Journal of Business Research, 2021, (123):156-164.

[6] 宗艳霞.中美贸易摩擦对大连市的影响及政策建议[J].大连海事大学学报(社会科学版),2018,17(5):52-57.

展国际产权合作与贸易规则制定等举措推进中国知识产权贸易保护体系建设。❶ 曹刚指出中美知识产权贸易摩擦的主要原因在于法律法规不完善、企业自主创新不足、中美知识产权认定制度差异、美国过度扩大知识产权外延。❷ 魏雅丽等在分析广东省产业遇到的知识产权贸易壁垒主要类型的基础上,提出要提升企业创新和应对能力、加强知识产权风险预警机制和能力建设等对策建议。❸ 张蕾探讨了中小企业加强专利、商标、商业秘密等知识产权保护的重要性及应对方式。❹ 于洋在分析美国"337调查"的基础上,从企业和国家两个层面提出要提高创新能力和加强知识产权保护的应对措施。❺ 吴雪玲等指出中国在出口贸易过程中已遇到技术标准、商标抢注、专利知识型和基于美国"337条款"形成的贸易壁垒,将对企业出口和全国经济发展造成多方面影响。❻

4. 知识产权贸易壁垒影响的实证研究

崔日明等以新兴经济体11国家为实证样本,使用引力方程考察双方知识产权保护对贸易的影响。❼ 薄晓东等在分析1995年以来中国外贸转型升级现状的基础上,通过构建向量自回归模型(Vector Autoregression,VAR)实证知识产权保护对中国外贸转型升级有长期的正向影响。❽ 黄先海等通过构建包含知识产权保护和出口贸易成本因素的企业创新模型,以实证模型

---

❶ 赵云海.国外知识产权贸易保护的实践经验及其对中国的启示[J].价格月刊,2021(6):52-57.

❷ 曹刚.中美知识产权贸易摩擦的主要表现及应对[J].对外经贸实务,2018(10):93-96.

❸ 魏雅丽,谢欢.企业应对美国知识产权贸易壁垒问题研究——以广东省为例[J].当代经济,2022,39(3):84-89.

❹ 张蕾.中小企业知识产权保护战略选择[J].法制与社会,2021(6):164-165.

❺ 于洋.美国337调查的发展历程、特征事实及中国应对[J].亚太经济,2022,231(2):63-69.

❻ 吴雪玲,赵强.中国出口贸易中知识产权贸易壁垒现象及其应对策略[J].全国流通经济,2022,(19):132-136.

❼ 崔日明,张玉兰,耿景珠.知识产权保护对新兴经济体贸易的影响——基于贸易引力模型的扩展[J].经济与管理评论,2019,35(3):135-146.

❽ 薄晓东,邹宗森.知识产权保护下的中国外贸转型升级研究[J].现代管理科学,2017,292(7):58-60.

表明协同推进国内知识产权保护与对外新型开放新格局建设能够最大程度促进企业创新发展。❶ 李玲玲也以实证模型分析了知识产权贸易壁垒对中国出口额的影响，建议出口企业优化产业结构，加强自主创新。❷

5. 具体产业的知识产权贸易壁垒研究

伴随技术争夺、专利争夺等的白热化，知识产权贸易壁垒研究进一步细化。李鹏程从知识产权保护下中国高新技术产品出口现状入手，并从发达国家贸易保护主义增强、企业自主创新能力有待提高、中国高新技术产品出口监管制度不完善等方面剖析中国高新技术产品出口面临的主要问题，结合实际提出对策建议。❸ 徐艳认为短期内知识产权壁垒将限制中国高新技术产品出口竞争力的提高，造成中国企业依赖贴牌生产并出口。但从长期看能够刺激企业提高研发力度、改善管理方式、融入国际市场。❹ 杜敏着重从知识产权保护对中国高新技术产品出口的成本效益影响的角度出发，借鉴美日等发达国家先进的知识产权保护机制，提出应加强对中国高新技术产业的发展。❺ 林崇诚从全球市场竞争与技术标准挑战出发，提出通讯产业要加快全球区域布局，实施多元化经营策略，加强研发与专利申请等知识产权保护措施，增加自身在全球舞台上的透明度，以更好地"走出去"。❻ 艾伦·S. 格特曼等深入探究了知识产权保护，尤其是技术密集型产品出口保护的必要性。❼ 谢欢等以广东省打印耗材企业海外知识产权贸易壁垒纠纷案件分析为

---

❶ 黄先海,卿陶.知识产权保护、贸易成本与出口企业创新[J].国际贸易问题,2021,463(7):21-36.

❷ 李玲玲.美国专利壁垒对我国技术性密集产品出口的影响研究[D].合肥:安徽大学,2016.

❸ 李鹏程.知识产权保护与我国高新技术产品出口[J].商业经济,2020(5):96-97,117.

❹ 徐艳.知识产权壁垒对我国高新技术产品出口的影响研究[J].改革与战略,2015,31(5):154-159.

❺ 杜敏.知识产权保护对我国高技术产品出口的影响研究[D].杭州:浙江工商大学,2015.

❻ 林崇诚.中国网络通讯产业"走出去"的挑战与应对措施[J].国际贸易,2016,409(1):21-25.

❼ GUTTERMAN S A, ANDERSON J B. Intellectual Property in Global Markets[M]. Nederlanden:Kluwer Law International Press,1997.

基础，归纳总结海外知识产权贸易壁垒纠纷特征，并提出应对建议。[1] 魏雅丽等从广东省智能家电企业遭遇海外知识产权贸易壁垒现状入手，剖析企业在应对过程中存在的主要困难，并提出建立政府、协会、企业、第三方服务机构四位一体的知识产权贸易壁垒应对机制的对策建议。[2] 王芬等举例论证了知识产权壁垒对中国汽车产业发展带来的积极和消极影响，并提出知识产权保护与知识产权壁垒问题将会越来越多地出现在汽车贸易当中。[3]

6. 知识产权贸易壁垒中标准必要专利研究

伴随科技发展与企业自身对于专利布局等知识产权发展战略意识的逐渐增强，标准必要专利在知识产权贸易壁垒中出现的频率日渐提高，当前有不少学者对知识产权贸易壁垒中标准必要专利问题开展研究。

克里斯蒂安·亨宁森（Kristian Henningsson）通过比较欧盟和美国在遭遇标准必要专利侵权时使用禁令救济的具体做法和相关研究，发现现有案件（如华为诉中兴案、摩托罗拉案等）中存在能够保障标准对产业发展利好的同时，平衡诉讼双方利益的禁令救济使用方式。[4] 洛伦兹·布拉赫滕多夫（Lorenz Brachtendorf）等人提出了一种基于专利和技术标准语义相似性的自动化方法，通过实证，该方法可有效估计真实标准必要专利在标准必要专利组合中的份额。[5] 国内研究主要在于标准必要专利滥用的反垄断规制方面。郭媛媛以"高通案"为视角，归纳出标准必要专利滥用行为分为拒绝许可、搭售非无线标准必要专利许可、要求被许可人进行免费反向许可、

---

[1] 谢欢,魏雅丽.打印耗材行业海外知识产权贸易壁垒研究与建议[J].品牌与标准化,2021,370(5):86-88.

[2] 魏雅丽,杨婕莎,刘宝星.广东省智能家电出口面临的知识产权贸易壁垒及应对策略[J].科技管理研究,2022,42(24):158-165.

[3] 王芬,夏玉香.知识产权壁垒对我国汽车出口的影响[J].今日财富(中国知识产权),2017(4):11.

[4] HENNINGSSON K. Injunctions for Standard Essential Patents Under FRAND Commitment: A Balanced, Royalty-Oriented Approach[J]. International Review of Intellectual Property and Competition Law,2016(47):438-469.

[5] BRACHTENDORF L,GAESSLER F,Harhoff D. Truly standard-essential patents? A semantics-based analysis[J]. Journal of Economics & Management Strategy,2023,(32):132-157.

对过期专利继续收费四种形式。❶ 祝建军指出实务中，标准必要专利垄断纠纷案件多发生在非专利实施主体（Non-Practicing Entities，NPE）与标准必要专利实施人之间，以及标准必要专利实力不相当的主体之间。❷ 董新凯论述了反垄断法的利益平衡价值，指出反垄断法介入标准必要专利的运用过程主要是对标准必要专利的滥用行为进行规制。❸ 王渊等认为标准必要专利禁令救济反垄断规制具有可以维护专利权人与社会公众之间利益平衡、减少滥用带来的危害等多种合理性益处。❹ 张世明认为标准必要专利既可以引起滥用市场支配的反竞争行为，又可以成为微观经济学意义上专利劫持的工具，反垄断法适用于解决滥用市场支配地位情形的案件。❺ 陆小倩以"高通案"为分析基础，认为中国标准必要专利滥用的反垄断规制还存在相关体系不完善、标准必要专利许可费计算标准尚未建立、反垄断公共执法与民事赔偿协调机制缺失等不足。❻

（二）汽车产业研究现状

国内外关于汽车产业的研究主要集中在技术研发及产业应用研究方面，涉及知识产权方向的研究聚焦在汽车产业整体或具体企业的知识产权保护与发展方面，较少有涉及海外知识产权贸易壁垒情况的文献。

1. 汽车产业知识产权发展与保护研究

（1）汽车产业专利研究方面。尼科洛·巴比耶里（Nicolò Barbieri）从燃料价格和技术相关性对绿色和非绿色专利动态的影响入手，指出较高的

---

❶ 郭媛媛.论标准必要专利权滥用的反垄断规制——以高通案为视角[J].法制与社会,2017(10):63-65.

❷ 祝建军.标准必要专利滥用市场支配地位的反垄断法规制[J].人民司法,2020,888(13):50-55.

❸ 董新凯.反垄断法规制标准必要专利运用时的利益平衡——兼评《关于滥用知识产权的反垄断指南（征求意见稿）》[J].学术论坛,2019,42(4):27-35.

❹ 王渊,赵世桥.标准必要专利禁令救济滥用的反垄断法规制研究[J].科技管理研究,2016,36(24):136-141.

❺ 张世明.标准必要专利FRAND承诺与反垄断法作用[J].内蒙古师范大学学报（哲学社会科学版）,2019,48(1):66-89.

❻ 陆小倩.标准必要专利滥用的反垄断规制——以"高通案"为分析基础[J].广西教育学院学报,2022,178(2):38-42.

含税燃料价格将有效推动专利活动由非绿色技术领域向绿色技术领域发展。❶ 伊恩·哈特韦尔（Ian Hartwell）等基于对英国与再制造活动相关的法律和法律决定的批判性审查，针对提高再制造车辆电池系统生产过程效率提出了一套修订后的循环经济活动的定义和管理知识产权不确定性的新框架，有利于保护原始设备制造商的创新和再制造活动。❷ 严索等通过比较蔚来与特斯拉的专利布局情况，指出专利运营是专利价值落地生根的重要途径，应当结合竞争对手的实际情况和自身发展需要，借助专利运营实现自身权益保护和降低潜在风险。❸ 丁彦辞等认为汽车行业或将成为继移动终端行业之后下一个专利纠纷高发的行业，汽车行业应该在发展过程中重视专利储备和布局。❹ 贺宁馨基于工业机器人和智能汽车产业的专利申请数据，认为中国企业的自主创新能力迅速提升，但在关键技术领域还较为薄弱。❺ 刘秀玲等分析了标准必要专利所产生的问题、问题解决路径、规制措施，并在此基础上提出了汽车行业标准必要专利生态圈，从四方面分析了标准必要专利对汽车行业的影响，提出了应对建议。❻ 李云伟等以国外标准化组织标准必要专利问题处置方法为参考借鉴，以汽车标准管理流程为主体，从标准预研、制定、发布、使用和复审等多个环节提出汽车标准必要专利问题应对机制。❼

---

❶ BARBIERI N. Fuel Prices and the Invention Crowding Out Effect: Releasing the Automotive Industry from its Dependence on Fossil Fuel[J]. Technological Forecasting and Social Change,2016,(111):222-234.

❷ HARTWELL I,MARCO J. Management of Intellectual Property Uncertainty in a Remanufacturing Strategy for Automotive Energy Storage Systems[J]. Journal of Remanufactur,2016,(6):3.

❸ 严索,冯远征.蔚来汽车和特斯拉汽车的专利比较分析[J].中国发明与专利,2021,18(S1):55-66+79.

❹ 丁彦辞,刘可.汽车行业应用5G标准必要专利的许可问题探讨[J].汽车工艺师,2020,202(5):30-33.

❺ 贺宁馨.中美经贸摩擦背景下我国知识产权保护战略研究——基于工业机器人和智能汽车产业的专利申请数据[J].中国科学院院刊,2019,34(8):866-873.

❻ 刘秀玲,吕佳颖,许多,等.标准必要专利对汽车行业的影响研究[J].中国汽车,2022,363(6):28-34.

❼ 李云伟,李维菁,陆春.汽车标准视角下必要专利问题应对机制研究[J].标准科学,2022,573(2):6-12.

（2）汽车产业知识产权发展与保护方面，瓦西塞克·阿明（Wasicek Armin）认为保护电子控制单元（Electronic Control Unit，ECU）等虚拟商品及其相关知识产权是决定未来汽车市场的重要环节。[1] 殷斯霞等运用实证模型验证了提高知识产权保护和汽车产业对外直接投资将显著促进中国汽车产业技术创新。[2] 刘佳比较了"本田与石家庄双环汽车股份有限公司""路虎汽车公司与陆风汽车"两起典型的汽车知识产权纠纷案例，为中国汽车外观设计专利保护提出发展策略。[3] 马克山等具体分析了奇瑞公司的知识产权发展历程与保护和运营战略，并提出了促进汽车企业知识产权高质量发展所必备的塑造高质量专利申请文本、重视知识产权发展过程、提高发明专利授权率等建议。[4] 张鹏通过对2019年汽车产业知识产权诉讼纠纷进行数据分析，指出推进数字化、智能化制造形成"智能汽车"，高效运用知识产权形成产业竞争力，促进汽车产业转型升级是中国汽车产业发展乃至中国现代制造业发展的重要方向。[5] 刘秀玲等认为虽然中国汽车行业少有非专利实施主体诉讼案例，但由于中国汽车出口形势保持良好发展势头，更需防范国外非专利实施主体起诉。[6] 孙丽等认为国际经贸规则重构带来的关税、原产地规则、标准的变化可能形成新的壁垒，将对中国本土汽车的生产销售与出口贸易产生负面影响，导致出现更多的知识产权贸易壁垒，增

---

[1] WASICEK A. Protection of Intellectual Property Rights in Automotive Control Units[J]. SAE International Journal of Passenger Cars - Electronic and Electrical Systems, 2014, 7(1): 201-212.

[2] 殷斯霞, 肖伟, 赖明勇. 知识产权保护与技术创新关系研究——中国汽车产业的实证检验[J]. 兰州学刊, 2010, 207(12): 64-68.

[3] 刘佳. 论我国汽车外观设计专利保护策略——以两例典型汽车知识产权纠纷为案例[J]. 中国艺术, 2021, 124(5): 107-111.

[4] 马克山, 何钰. 奇瑞汽车知识产权发展战略研究[J]. 科技创业月刊, 2019, 32(4): 140-143.

[5] 张鹏. 盘点2019: 汽车产业知识产权保护实务进展与未来展望[J]. 中国发明与专利, 2020, 17(7): 6-11.

[6] 刘秀玲, 苏莉, 孙明, 等. 标准必要专利下NPE对我国汽车企业技术创新的影响研究[J]. 中国汽车, 2022, 369(12): 15-22.

加企业遭遇经贸摩擦与知识产权纠纷的风险。❶ 刘伟认为中国汽车产业国际知识产权保护存在知识产权保护意识薄弱、相关法律制度不完善、知识产权人才不足、自主创新能力不高、研发投入不足五方面问题。❷

2. 不同类型汽车产业发展研究

（1）传统汽车发展方面。近年来国外研究着重于汽车技术优化及安全性分析等，如卡尔·科舍尔（Karl Koscher）等人通过实验证实了底层系统结构的脆弱性是影响现代汽车安全性的重要原因。❸ 哈里哈兰（Hariharan）等研究了乙醚对轮胎热解油燃料柴油机的影响，发现当乙醚以一定的排速在轮胎热解油中使用时，发动机性能更好，排放更低。❹ 国内研究主要集中在新能源与智能网联技术对传统汽车产业的影响方面。周玲芝等基于巴斯扩散模型实证分析认为，在无极端环境政策出台的条件下，未来30年新能源汽车对传统汽车产业造成的影响不大。❺ 周谧等以奇瑞电动汽车和江淮燃油汽车为研究对象，分别从环境、成本和社会维度构建模型对燃油汽车和电动汽车可持续性进行评价，认为电动汽车明显优于燃油汽车，并提出进一步提升电动汽车生命周期表现的建议。❻ 王晔等认为智能驾驶技术的出现与传统汽车形成互补效应，释放了中国汽车市场的消费潜力，租赁化、共享化将是未来配备智能驾驶汽车的最主流的消费模式。❼

（2）新能源汽车发展方面。刘宗伟等认为中国新能源汽车市场需求日

---

❶ 孙丽,图古勒. 国际经贸规则重构对我国汽车产业的影响及对策——基于USMCA、CPTPP和RCEP的分析[J]. 亚太经济,2021,226(3):106-114.

❷ 刘伟. 我国汽车产业国际贸易知识产权保护问题[J]. 现代商业,2022,626(1):41-43.

❸ KOSCHER K,CZESKIS A,ROESNER F,et al. Experimental Security Analysis of a Modern Automobile[R]. 31st IEEE Symposium on Security and Privacy, SP 2010,2010:447-462.

❹ HARIHARAN S,MURUGAN S,NAGARAJAN G. Effect of Diethyl Ether on Tyre Pyrolysis Oil Fueled Diesel Engine[J]. Fuel,2013(104):109-115.

❺ 周玲芝,孙竹,孙林,等. 新能源汽车发展对传统汽车业的影响——基于Bass模型的实证研究[J]. 国际经济合作,2018,386(2):37-42.

❻ 周谧,甄文婷. 新能源汽车与传统汽车的生命周期可持续性评价[J]. 企业经济,2018,449(1):129-134.

❼ 王晔,曲林迟. 智能驾驶技术对传统汽车产业的影响:互补与替代效应[J]. 复旦学报(自然科学版),2020,59(4):483-489.

益多样化，新生代消费者的偏好与以往消费者大相径庭，考验着企业满足消费者需求的快速反应能力。①赵玺龙认为扩大新能源汽车市场有助于减少中国对燃油汽车的对外依存度，保护中国能源安全。②张国防从产业链优化角度分析了在全球化与逆全球化博弈背景下中国新能源汽车存在的问题，提出要加强政策支持、满足人才需求、健全产学研良性互动合作机制、完善配套设施建设等产业链优化路径。③王璨认为在石油短缺和环境污染的制约下中国汽车工业能源结构转型势不可挡，与发达国家相比中国汽车产业处于发展初期，汽车保有量低，使得中国石油基础设施与发达国家相比相对较小，在新能源汽车的实施方面更具优势。④同年，王璨通过分析中国典型企业开发的新能源汽车，梳理出中国新能源汽车市场在技术、价格、安全技术策略方面存在的问题并对应提出解决方案。⑤

（3）智能网联汽车发展方面。国外在具体技术研究基础上更注重安全性方面的研究，如马赫迪·迪拜（Mahdi Dibaei）等认为网络攻击是智能车辆面临的重要安全问题，提出可以从密码学、网络安全、软件漏洞检测和恶意软件检测四个方面防御安全攻击。⑥王云鹏等通过开展智能车联网基础理论与共性关键技术及应用研究，为智能车联网技术的产业化落地提供了技术理论支撑。⑦廖奕驰等通过比对苹果智能网联汽车专利布局态势分析中国智能网联汽车存在专利壁垒、话语权丧失、低端锁定等风险并对应

---

① Liu Z W, Hao H, Cheng X, et al. Critical issues of energy efficient and New Energy Vehicles Development in China[J]. Energy Policy, 2018,(115):92-97.
② 赵玺龙.浅析新能源汽车发展现状与问题[J].技术与市场,2021,28(7):88-89.
③ 张国防.中国新能源汽车产业链优化探析[J].济宁学院学报,2021,42(1):94-99.
④ 王璨.新能源汽车技术的发展及商用车的机遇和挑战[J].时代汽车,2022,389(17):109-111.
⑤ 王璨.我国新能源汽车的现状及发展前景分析[J].中国设备工程,2022,511(22):263-265.
⑥ Dibaei M, Xi Zheng, Kun Jiang, et al. Attacks and Defences on Intelligent Connected Vehicles: A Survey[J]. Digital Communications and Networks,2020,6(4):399-421.
⑦ 王云鹏,鲁光泉,陈鹏,等.智能车联网基础理论与共性关键技术研究及应用[J].中国科学基金,2021,35(S1):185-191.

提出对策建议。❶ 刘宗巍等认为基于4S融合的新一代智能汽车是对智能汽车在价值、功能、技术等方面的全面升级，中国应当选择车路协同的智能汽车技术路径，实现创新引领。❷ 王志勤从无人驾驶的角度探析网联无人驾驶的理论与技术现状，认为当前中国网联深度支撑无人驾驶仍然面临着基础设施建设、技术融合创新和商业运营模式等方面的挑战。❸ 朱冰从智能网联汽车的准入、术语定义、测试体系和事故责任划分细致梳理了智能网联汽车标准化建设进程，明确了传统汽车向智能网联汽车转型过程中相关法规标准演变历程，以及当前智能网联汽车产业所面临的技术性要求和社会性问题。❹

(三) 国内外相关文献研究评述

目前关于知识产权贸易壁垒的研究主要集中在壁垒的表现形式及具体应对方式，以及基于相关数据以定性或定量方法探讨企业遭遇海外知识产权贸易壁垒的原因，从而给出对策建议，在此基础上，延伸出针对相关出口企业的具体研究和案例分析，特别是在当前智能互联网、新能源、通信技术等知识产权竞争的白热化，以及绿色低碳、节能环保、转型升级、高质量发展等国家战略发展背景下，汽车产业尤其是新能源汽车与智能网联汽车的研究日益丰富。现有研究主要集中在车联网结合4G/5G网络技术升级、未来发展趋势预测、新技术对传统燃油车发展的影响、智能网联汽车安全性等方面。在汽车专利及汽车领域的标准必要专利分析方面，国内研究主要以国内外、不同品牌汽车企业专利布局比较分析和宏观专利总数分析，标准必要专利对中国汽车产业未来发展的影响及如何应对；国外研究较为分散在具体技术专利的发展研究等方面。但现有文献均未将汽车与知识产权尤其是产业国际竞争与海外知识产权进行综合分析，对中国汽车企

---

❶ 廖奕驰,于晓丹,张义忠.从苹果造车看我国智能网联汽车产业的知识产权风险[J].机器人产业,2021,38(3):78-81.

❷ 刘宗巍,宋昊坤,郝瀚等.基于4S融合的新一代智能汽车创新发展战略研究[J].中国工程科学,2021,23(3):153-162.

❸ 王志勤.车联网支持实现无人驾驶的思考[J].人民论坛·学术前沿,2021,212(4):49-55.

❹ 朱冰,范天昕,张培兴,等.智能网联汽车标准化建设进程综述[J].汽车技术,2023(7):1-16.

业出口过程中遭遇的海外知识产权纠纷研究相对较少。

基于此,将汽车产业海外知识产权贸易壁垒作为研究对象,在选题上具有一定的创新性,并在某种程度上丰富了汽车产业海外知识产权贸易壁垒方面的研究成果。同时,面对国际形势的变化、区域合作的深入及对外开放的新要求,如何在新形势下优化汽车产业国际竞争格局,增强企业出口竞争力,开展汽车产业海外知识产权贸易壁垒研究尤为必要。

第三节　研究内容及方法

一、研究内容

本书以广东省汽车产业为研究对象,基于产业发展、出口市场和全球专利布局现状,梳理汽车产业主要出口市场的准入政策和知识产权保护政策,并在此基础上,挖掘汽车企业涉海外知识产权贸易壁垒纠纷案件背后的深层次原因,分析总结汽车企业在国际市场竞争中遭遇的主要知识产权贸易壁垒类型,提出提高汽车企业海外知识产权风险应对能力和出口竞争力的应对策略。本书主要涵盖以下内容。

(一)汽车产业概述

基于汽车产业链全景,分析广东省汽车细分产业在全球汽车产业链、价值链中的位置,并从全球专利布局与专利质量角度分析广东省乃至中国与海外市场主体直接的差异。

(二)汽车产业主要出口市场汽车产业市场准入、产业政策和知识产权保护政策措施

重点梳理中汽车产业主要出口市场的准入政策、出口管制政策、产业政策、知识产权保护政策及发展趋势,分析企业出口过程中可能存在的壁垒,探讨各种保护政策的作用与影响。

(三)汽车企业遭遇海外知识产权贸易壁垒现状

将技术性贸易壁垒与知识产权壁垒结合,依托专利数据库、美国国际贸易委员会(US International Trade Commission,USITC)官方网站 EDIS 数据库等数据资源，深入分析当前全球汽车企业在专利、商标、商业秘密等诉讼纠纷及涉美国"337调查"情况，总结存在的知识产权贸易壁垒类型及本质，为中国汽车企业"走出去"提供前瞻性信息。

（四）汽车产业遭遇海外知识产权贸易壁垒时的应对策略

根据汽车产业存在的主要知识产权壁垒现状及相关国家保护本国产业的政策，实地调研了解企业在应对各种知识产权壁垒中存在的困难，提出具体的应对建议。

二、研究方法

本书采用文献分析法、比较分析法、调查研究法、案例分析法和分析归纳法开展研究。

（1）文献分析法。利用电子资源库、互联网等广泛查阅相关文献资料，梳理现有研究成果及主要出口市场的市场准入和知识产权保护政策等文件，总结汽车产业出口过程中面临的政策和规则方面的制度安排。

（2）比较分析法。通过比对全球汽车产业专利布局中广东省和主要出口市场技术领域分布特征，以及相关市场主体在专利技术领域的布局情况，分析广东省汽车产业知识产权布局在全球产业知识产权链条中的位置与差异。

（3）调查研究法。针对广东省汽车企业开展实地调研，详细了解企业在海外知识产权布局、知识产权贸易壁垒纠纷等情况，搜集企业在应对海外知识产权及技术性贸易壁垒存在的主要困难，以及对政府部门、行业协会等推进知识产权保护的相关诉求。

（4）案例分析法。借助实地调研、美国国际贸易委员会 EDIS 系统、中国贸易救济信息网及商业知识产权数据库等资源，收集广东省汽车企业遭遇海外知识产权贸易壁垒的主要案件，总结案件类型和特点，为梳理总结汽车产业遭遇的海外知识产权贸易壁垒类型提供案例支撑。

（5）分析归纳法。通过梳理广东省汽车产业主要出口市场各类市场准入、产业发展和知识产权保护政策，分析全球汽车企业知识产权纠纷情况，分析贸易壁垒的主要类型及本质，对全球竞争过程中存在的不同贸易壁垒类型提出应对建议，为企业顺利"走出去"提供智力支撑。

第四节 技术路线图

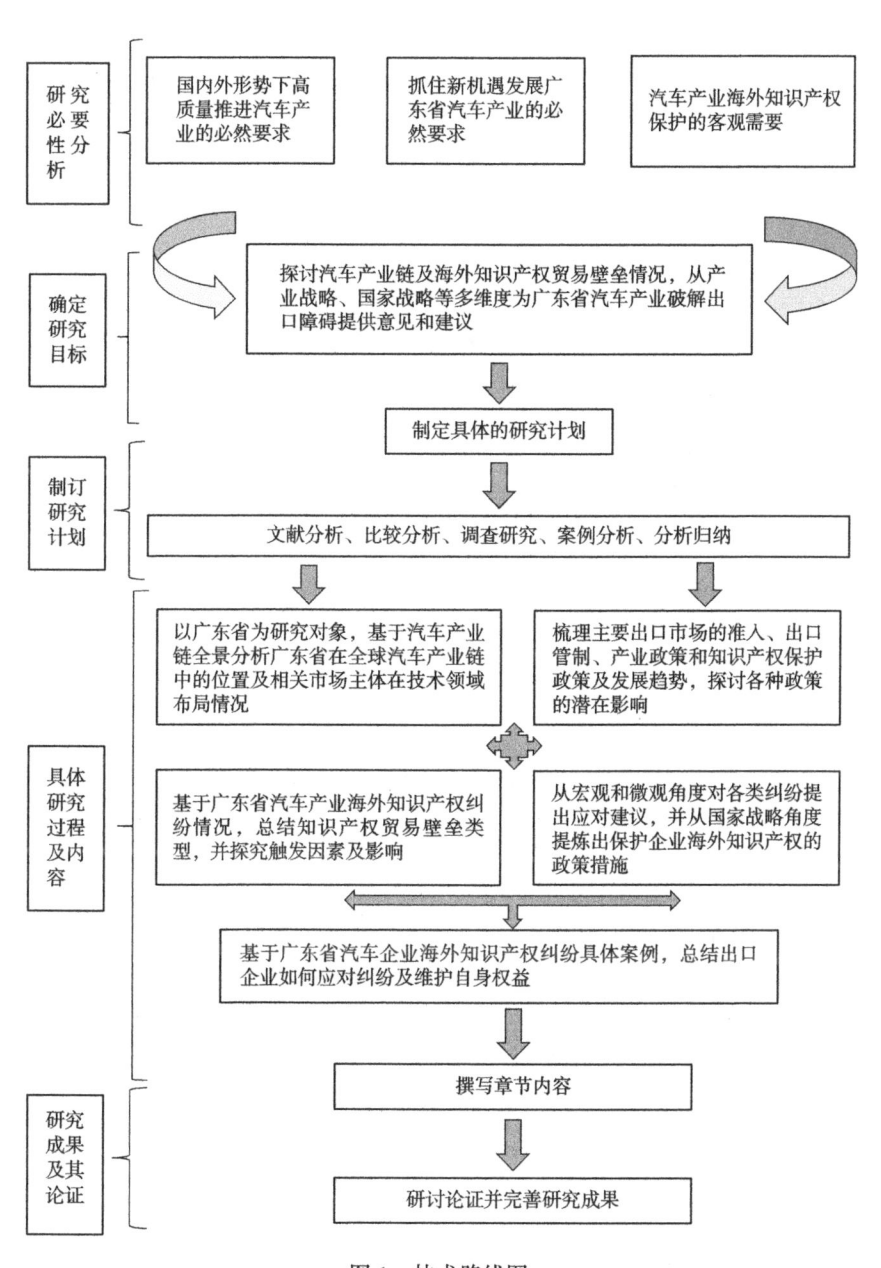

研究必要性分析：
- 国内外形势下高质量推进汽车产业的必然要求
- 抓住新机遇发展广东省汽车产业的必然要求
- 汽车产业海外知识产权保护的客观需要

确定研究目标：
探讨汽车产业链及海外知识产权贸易壁垒情况，从产业战略、国家战略等多维度为广东省汽车产业破解出口障碍提供意见和建议

↓

制定具体的研究计划

制订研究计划：
文献分析、比较分析、调查研究、案例分析、分析归纳

具体研究过程及内容：
- 以广东省为研究对象，基于汽车产业链全景分析广东省在全球汽车产业链中的位置及相关市场主体在技术领域布局情况
- 梳理主要出口市场的准入、出口管制、产业政策和知识产权保护政策及发展趋势，探讨各种政策的潜在影响
- 基于广东省汽车产业海外知识产权纠纷情况，总结知识产权贸易壁垒类型，并探究触发因素及影响
- 从宏观和微观角度对各类纠纷提出应对建议，并从国家战略角度提炼出保护企业海外知识产权的政策措施
- 基于广东省汽车企业海外知识产权纠纷具体案例，总结出口企业如何应对纠纷及维护自身权益

研究成果及其论证：
- 撰写章节内容
- 研讨论证并完善研究成果

图 1 技术路线图

第二章

汽车产业概述

汽车产业涉及面广、关联度高、消费拉动大，对上游产业和下游服务业具有很强的带动作用，逐步成为各主要汽车生产国的支柱产业。本章分析汽车产业链全景、产业规模、出口市场及专利布局情况，为深入研究汽车产业出口过程中遭遇的知识产权贸易壁垒问题提供基础支撑。

第一节 产业链全景概况

一、产业规模不断扩大

广东省是国内主要汽车制造生产基地之一，汽车产业发展态势良好。广东省统计局数据显示，2022年广东省汽车制造业实现工业增加值2442.27亿元人民币，同比增长20.80%[1]，高于全国平均水平14.50个百分点[2]，比同期全省工业增加值增速（1.60%）高19.20个百分点；完成汽车制造业营业收入11 987.44亿元人民币[3]，占全国汽车制造业营业收入的12.90%[4]，成为广东省培育发展战略性产业集群第八个突破万亿元人民币的产业集群；实现利润总额666.51亿元人民币，同比增长15.50%[5]，高于全国平均水平14.90个百分点[6]；汽车产量415.37万辆，同比增长22.00%[7]，占全国汽车

---

[1] 广东省统计局.2022年1-12月分行业工业增加值[EB/OL].（2023-02-08）[2023-04-08]. http://stats.gd.gov.cn/zyhygyjz/content/post_4091763.html.

[2] 国家统计局.2022年12月份规模以上工业增加值增长1.3%[EB/OL].（2023-01-17）[2023-04-08]. http://www.stats.gov.cn/xxgk/sjfb/zxfb2020/202301/t20230117_1892124.html.

[3] 广东省统计局.2022年1-12月分行业工业企业主要经济指标[EB/OL].（2023-02-08）[2023-04-08]. http://stats.gd.gov.cn/zyjjzb/content/post_4091781.html.

[4] 国家统计局.2022年全国规模以上工业企业利润下降4.0%[EB/OL].（2023-01-31）[2023-04-08]. http://www.stats.gov.cn/xxgk/sjfb/zxfb2020/202301/t20230131_1892601.html.

[5] 同[3].

[6] 国家统计局.2022年全国规模以上工业企业利润下降4.0%[EB/OL].（2023-01-31）[2023-04-08]. http://www.stats.gov.cn/xxgk/sjfb/zxfb2020/202301/t20230131_1892601.html.

[7] 广东省统计局.2022年1-12月主要产品产量[EB/OL].（2023-02-08）[2023-04-08]. http://stats.gd.gov.cn/zycpcl/content/post_4091767.html.

产量的 15.12%❶，连续六年位居全国首位，其中新能源汽车产量 129.73 万辆，同比增长 142.30%❷，高于全国平均水平 44.80 个百分点❸。

二、产业集聚程度不断提高

广东省汽车产业集聚程度高，竞争综合能力强。目前广东省已汇集了广汽乘用车、广汽本田、广汽丰田、东风日产、北汽（广州）、比亚迪、一汽-大众佛山分公司、一汽解放汽车有限公司、珠海广通汽车有限公司、中兴智能汽车、宏远汽车等整车企业，形成以整车企业为龙头，零部件企业为基础，产销研一体化的产业链配套体系，建立了以广州、深圳、佛山、肇庆为重点，辐射东莞、惠州、珠海、中山、江门等珠三角沿岸城市的汽车制造产业带和产业销售网络，拥有比亚迪、广汽传祺、广汽埃安、小鹏汽车、东风日产启辰等品牌企业，形成了自主品牌、日系品牌和欧美系品牌并举发展的多元化汽车品牌格局，以及以乘用车为主，商用车及专用车为辅的丰富产品结构。

三、出口呈现快速增长势头

2022 年，中国汽车出口总体延续了快速增长势头，汽车（包括底盘）的出口量达 332.10 万辆，同比增长 56.80%，占全球汽车出口量的 17.5%，超过德国，仅次于日本，成为世界第二大汽车出口国。其中，乘用车 267.19 万辆，同比增长 62.90%；商用车 64.93 万辆，同比增长 35.80%。汽车出口额 4054.4 亿元，同比增长 82.20%；汽车零配件产品出口 5411.3 亿元，同比增长 10.90%。电动载人汽车 106.37 万辆，同比增长 92.1%，

---

❶ 国家统计局.中华人民共和国 2022 年国民经济和社会发展统计公报[EB/OL].(2023-02-08)[2023-04-08].http：//www.stats.gov.cn/xxgk/sjfb/zxfb2020/202302/t20230228_1919001.html.

❷ 广东省统计局.2022 年 1-12 月主要产品产量[EB/OL].(2023-02-08)[2023-04-08].http：//stats.gd.gov.cn/zycpcl/content/post_4091767.html.

❸ 同❶.

其中，纯电动乘用车 94.46 万辆，同比增长 89.4%。❶汽车商品出口金额排名前十位的国家依次是美国、墨西哥、俄罗斯、比利时、英国、日本、德国、韩国、澳大利亚和阿联酋，累计金额为 744.6 亿美元，占全部汽车商品出口总额的 46.50%。❷

2022 年，广东省汽车（包括底盘）出口 10.85 万辆，同比增长 185.3%，出口额 142.4 亿元，同比增长 167.8%❸，出口市场主要集中在泰国、荷兰、以色列、墨西哥、沙特阿拉伯等国家；新能源汽车出口 7.1 万辆，增长 4.3 倍，出口金额达到 88.27 亿元，增长 4.7 倍❹，出口市场主要集中在荷兰、泰国、以色列等国家；汽车零部件产品出口额达 572.99 亿元人民币，出口市场主要集中在美国、日本、马来西亚等国家❺。数据显示，广汽集团全年累计出口超 3.3 万辆，同比增长 59.00%，聚焦沙特、墨西哥及智利三个重点市场，并积极推进尼日利亚、突尼斯 KD 项目和马来西亚 CKD 项目❻；比亚迪全年累计出口 5.59 万辆，同比增长 307.20%，已进入日本、德国、澳大利亚、巴西、泰国等全球 40 多个国家和地区❼。

---

❶ 中华人民共和国海关总署广东分署.(13)2022 年 12 月出口主要商品量值表(人民币值)[EB/OL].(2023-02-28)[2023-04-08]. http://gdfs.customs.gov.cn/customs/302249/zfxxgk/2799825/302274/302277/302276/4807001/index.html.

❷ 中国汽车工业协会.2022 年我国汽车商品出口金额前十国情况简析[EB/OL].(2023-02-09)[2023-04-08]. https://mp.weixin.qq.com/s/ba219doOWgY87SsgRLgH1Q.

❸ 广东省统计局.2022 年广东国民经济和社会发展统计公报[EB/OL].(2023-03-31)[2023-08-22]. http://stats.gd.gov.cn/tjgb/content/post_4146083.html.

❹ 广东省人民政府.广东省提振信心激发活力助推市场主体高质量发展系列政策措施第二次新闻发布会[EB/OL].(2023-03-20)[2023-08-22]. http://www.gd.gov.cn/zwgk/zcjd/qtjd/content/post_4138131.html.

❺ 中华人民共和国海关总署.海关统计数据在线查询平台[DB/OL].[2023-07-20]. http://stats.customs.gov.cn.

❻ 广汽集团.广汽集团加强国际化战略部署,助力推进"万亿广汽"目标[EB/OL].(2023-02-02)[2023-04-08]. https://mp.weixin.qq.com/s/FNlYvkqhJ4b-Ay43-GQ3kw.

❼ 第一财经.比亚迪:"乘用车出海"已呈现多点爆发局面全球市场将带来新的增长空间和量级[EB/OL].(2023-02-17)[2023-04-08]. https://www.yicai.com/news/101677935.html.

第二节 重点汽车产业链发展情况

一、广东省传统燃油汽车产业链情况

如图 2-1 所示,传统燃油汽车产业链涉及范围广泛,主要以汽车整车制造业为核心,上游延伸至汽车零部件制造业、与零部件制造相关的其他基础工业(零部件制造与零部件相关原材料制造等),下游延伸至服务贸易领域(汽车销售、维修、金融等),以及汽车产业链各环节的完善支撑体系(法规标准、试验研发、认证测试等)。在传统燃油车领域,广东省是我国汽车制造业大省和创新排头兵。

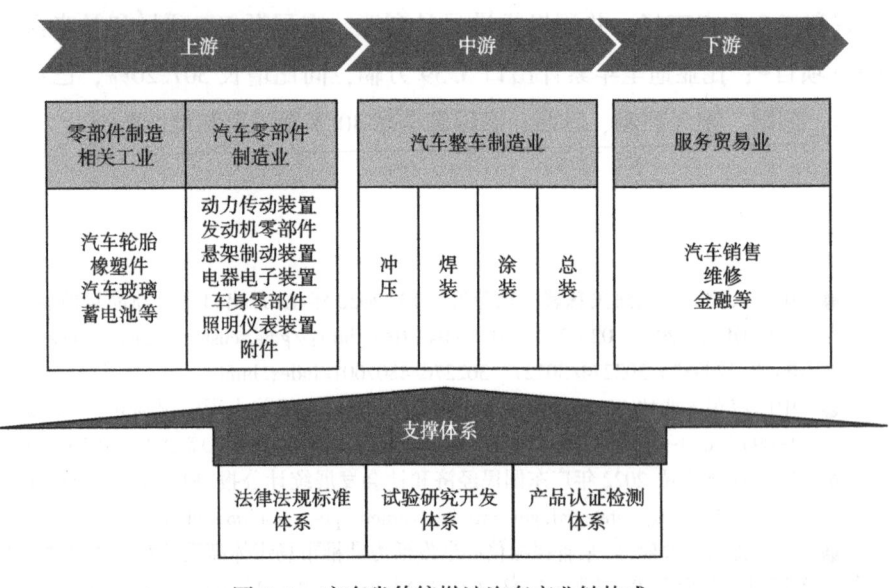

图 2-1 广东省传统燃油汽车产业链构成

(一)整车研发设计方面

广东省拥有广汽集团汽车工程研究院、比亚迪汽车深圳研究院、东风日产研究中心、广汽本田研究中心、广汽丰田研究中心等研发机构。其中,在混合动力技术领域广东汽车产业具备一定的先发优势,产业链配套成熟,

具备相当强的市场普及前景。

（二）传统燃油汽车主机厂方面

广东省汇集了广汽本田、广汽丰田、广汽乘用车、东风日产、一汽-大众佛山分公司、北汽（广州）、广汽日野汽车有限公司、中集车辆（集团）股份有限公司等整车企业。其中，传统燃油汽车产品持续热销，2022年广汽丰田产销量分别为100.9万辆和100.5万辆，同比增长22.60%、21.40%，产销双双突破100万辆，稳坐合资品牌的头部阵营；广汽本田产销分别为76.8万辆和74.2万辆，雅阁系列累计销量超20万辆，并蝉联国内B级车年度销量亚军[1]；广汽传祺累计产销量突破37.3万辆和36.2万辆，同比增长15.6%和11.80%，钜浪混动车型稳居中国品牌HEV销量冠军，传祺M8连续38个月位居中国豪车多用途汽车（Multi-Purpose Vehicles，MPV）销量第一，M8宗师被誉为"中国豪华MPV天花板"[2]；东风日产旗下轩逸品牌销量达42万辆[3]，成为国内狭义乘用车市场轿车零售销量年度冠军。

（三）传统燃油汽车零部件方面

1. 车身部件方面

一是动力总成方面。广东省聚集了东风本田发动机有限公司、广汽丰田发动机有限公司、加特可（广州）自动变速箱有限公司、广汽爱信自动变速器有限公司、韶能集团韶关宏大齿轮有限公司、湛江德利车辆部件有限公司、广州电装有限公司、广东鸿图科技股份有限公司等零部件企业。其中，广汽传祺钜浪混动专用发动机最高热效率突破44.14%，再次刷新中国品牌发动机最高热效率认证纪录。[4] 二是内外饰件方面。广东省拥有广州

---

[1] 广汽集团.广汽集团2022全年汽车销量超243万完美收官[EB/OL].（2023-01-06）[2023-04-08].https://www.gac.com.cn/cn/news/detail?baseid=18523.

[2] 广汽传祺.劲韧2022！广汽传祺全年销量超36.2万辆,同比增长11.8%[EB/OL].（2023-01-06）[2023-04-08].https://mp.weixin.qq.com/s/ykqlz47zm4AqkJ14rDEEYg.

[3] 中国汽车流通协会汽车市场研究分会(乘联会).2022年12月零售销量排名快报[EB/OL].（2023-01-11）[2023-04-08].http://www.cpcaauto.com/newslist.php?types=csjd&id=2982.

[4] 广汽集团.十佳发动机及混动系统！详解广汽2.0ATK+GMC 2.0钜浪混动关键技术[EB/OL].（2022-11-16）[2023-04-08].https://www.gac.com.cn/cn/news/detail?baseid=18508.

安道拓、深圳佛吉亚汽车部件有限公司、罗定大友汽车座椅有限公司等座椅生产企业；广州市三泰汽车内饰材料有限公司、广州帕卡汽车零部件有限公司、森密汽车零部件（广州）有限公司等内饰件生产企业；金发科技股份有限公司、广州中新汽车零部件有限公司等车用塑料生产企业；广州福耀玻璃有限公司等玻璃企业，以及广州维高集团有限公司、广州奥托立夫汽车安全系统有限公司等车灯生产企业。

2. 底盘部件方面

广东省拥有广州曙光制动器有限公司、伟福科技工业（中山）有限公司等制动件企业；广州华德汽车弹簧有限公司、广东溢滔空气减震科技有限公司等悬架件企业；东莞恩斯克转向器有限公司、江门市兴江转向器有限公司、佛山市恒威汽车动力转向器有限公司等转向器企业，以及爱信精机（佛山）汽车零部件有限公司、广州优尼冲压有限公司等车身及附件企业。

二、广东省新能源汽车产业链情况

如图 2-2、图 2-3 所示，广东省新能源汽车产业已经形成了涵盖上游关键原材料、中游核心零部件、下游汽车整车制造、充换电及汽车后市场服务在内的全产业链条，已成为新能源汽车产业链企业聚集高地。截至 2022 年 8 月，广东省涉及新能源汽车产业的企业数量超 1.6 万家，其中新能源汽车电池制造企业达 1785 家，新能源汽车整车制造企业达 60 家，培育出包括比亚迪、广汽埃安、亿纬锂能、奥动新能源等一批新能源汽车产业链龙头企业。[1] 2022 年 1—12 月，广东省累计制造新能源汽车 129.73 万辆，同比增长 142.30%，新能源汽车产量增速屡创新高[2]，占全国新能源汽车产量的 18.52%[3]。

---

[1] 前瞻经济学人.2022 年广东省新能源汽车产业链全景图谱[EB/OL].（2022-09-09）[2023-04-08]. https：//www.qianzhan.com/analyst/detail/220/220908-da9c5e65.html.

[2] 广东省统计信息网.2022 年 1—12 月主要产品产量[EB/OL].（2023-02-08）[2023-04-08]. http：//stats.gd.gov.cn/zycpcl/content/post_4091767.html.

[3] 国家统计局.中华人民共和国 2022 年国民经济和社会发展统计公报[EB/OL].（2023-02-28）[2023-12-26]. https：//www.stats.gov.cn/sj/zxfb/202302/t20230228_1919011.html.

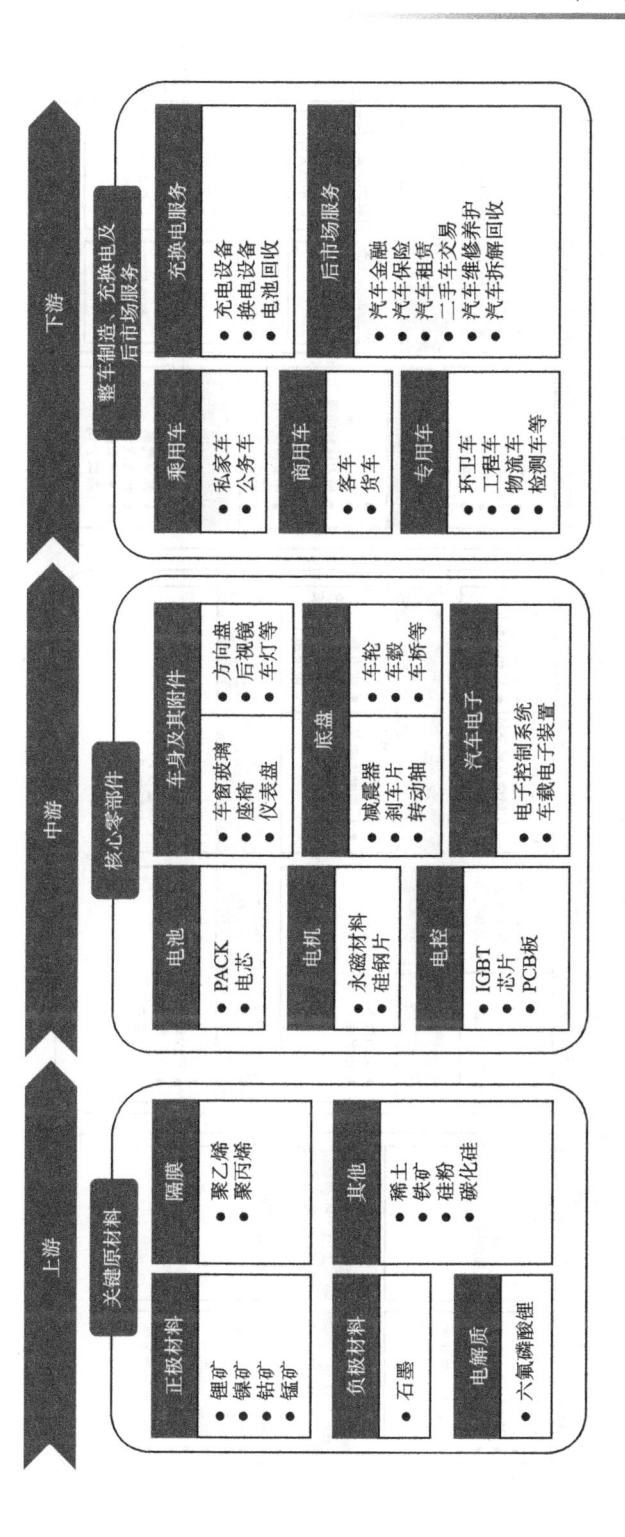

图 2-2 广东省新能源汽车产业链构成

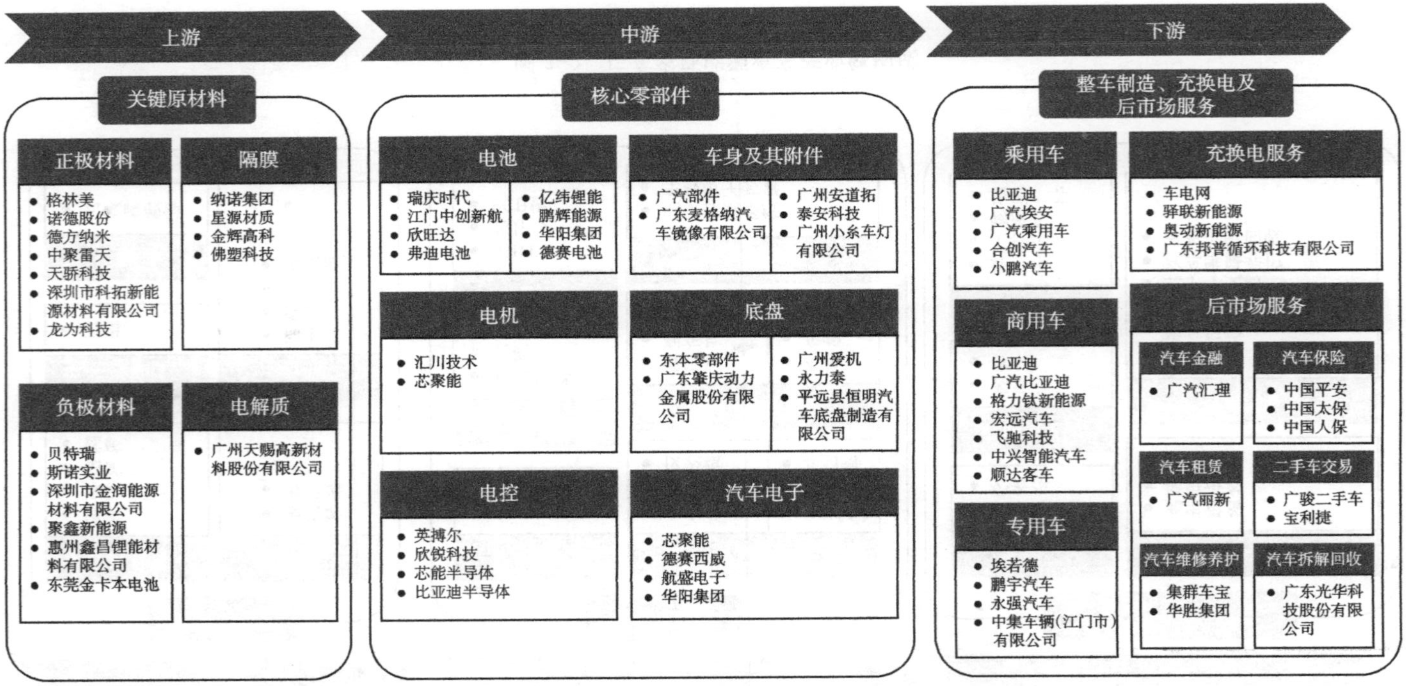

图 2-3 广东省新能源汽车产业链上主要企业图谱

（一）上游：关键原材料

上游关键原材料主要包括矿产资源及电池材料两大部分，电池材料又包括正极材料、负极材料、电解液和隔膜。广东省在电池材料产业方面具有较强竞争力，多家电池正负极材料、电解液、隔膜等企业位居全国前列。格林美是世界硬质合金材料产业链与新能源材料产业链的头部企业；诺德股份的锂离子电池用电解铜箔在国内市场占有率位居前列，连续多年全国第一[1]；德方纳米的锂离子电池核心材料纳米磷酸铁锂市场占有率连续多年领跑全国；纳诺集团是全球新能源动力电池领域重要的导电涂层铝箔和导电涂层铜箔生产厂家；广州天赐高新材料股份有限公司是动力电池电解液的龙头企业，拥有较高的产能规模和成本优势，是全球可靠的新能源集成材料服务商；深圳贝特瑞是全国负极材料龙头企业，连续9年负极材料出货量全球第一[2]；深圳市星源材质是中国锂电池隔膜行业领军企业。

（二）中游：核心零部件

新能源汽车产业中游主要包括"三电系统"和汽车电子等核心零部件。广东省的新能源核心零部件产业规模领跑全国，拥有多家优秀龙头企业，构建了安全稳定的供应链体系。欣旺达以电动汽车电池系统为产品核心，连续多年进入国内装机量前十；亿纬锂能是具有全球竞争力的锂电池公司，2022年在全球储能电池出货量排名第三；鹏辉能源是一家同时拥有圆柱、方型、软包动力电芯生产技术的高新技术企业；深圳汇川科技为国内电驱动龙头，在"产品集成化、高压化、高速化"等方面保持领先水平；英博尔是一家专注于新能源汽车动力系统研发、生产的领军企业；欣锐科技是车载电源细分领域的龙头企业，主要专注集成高压"电控"系统领域；芯聚能车规级功率模块广泛应用于新能源汽车领域；深圳芯能拥有完全自主知识产权的汽车级IGBT芯片；比亚迪半导体发布了兼具低损耗、高功率密度的比亚迪IGBT6.0。

---

[1] 诺德股份.公司概括[EB/OL].[2023-04-08].http://www.ndgf.net/about/page?menu_id=36 & top_id=3.

[2] 中信证券.贝特瑞-835185-投资价值分析报告:全球负极龙头再起航,高端赛道优势尽显[EB/OL].(2022-05-24)[2023-04-08].https://mp.weixin.qq.com/s/XYVHOSj0fAYpF2h4YFc1YA.

(三) 下游：整车制造、充换电及后市场服务

1. 传统车企与造车新势力助力广东省新能源汽车制造业高质量发展

比亚迪是首个跻身万亿市值俱乐部的汽车自主企业。2022 年比亚迪全国产销量分别为 187.7 万辆和 186.35 万辆，均位列全国第一[1]；广汽埃安产销量分别为 27.35 万辆和 27.12 万辆[2]，创造销量增速新纪录，并提前实现全年销量翻倍的目标[3]；小鹏汽车在疫情与供应链的影响下，仍创出造车新势力全新纪录，历史累计交付量突破 25 万辆[4]。

2. 广东省公共充电基础设施保有量高速增长

2022 年广东省公共充电桩保有量 38.3 万台，充电站保有量 2.17 万座，均居全国第一[5]。深圳市的车电网和珠海的驿联新能源是省内两家龙头充电设施运营商，两家企业目前分别建设运营 68 616 台和 7170 台充电桩（公共桩及共享私桩）[6]。广东省换电站建设速度加快，2022 年广东有换电站 248 座，约占全国同期（1973 座）的 13.00%，居全国第二[7]。省内优秀换电龙头企业奥动新能源汽车科技有限公司的市场布局已覆盖全国 58 座城市，投运超过 812 座换电站（含在建），形成规模化商业换电运营解决方案。

---

[1] 新浪财经.比亚迪 2022 年 12 月产销快报[EB/OL].（2023-01-03）[2023-04-08]. https://vip.stock.finance.sina.com.cn/corp/view/vCB_AllBulletinDetail.php?id=8767117.

[2] 新浪财经.广汽集团 2022 年 12 月产销快报[EB/OL].（2023-01-03）[2023-04-08]. http://vip.stock.finance.sina.com.cn/corp/view/vCB_AllBulletinDetail.php?gather=1&id=8774030.

[3] 广汽集团.广汽集团 2022 全年汽车销量超 243 万完美收官[EB/OL].（2023-01-06）[2023-04-08]. https://www.gac.com.cn/cn/news/detail?baseid=18523.

[4] 小鹏汽车.小鹏汽车 12 月交付 11,292 台,22 年交付超 12 万[EB/OL].（2023-01-01）[2023-04-08]. https://mp.weixin.qq.com/s/NLkVhJV9FZ4cSE-76o54UA.

[5] 中国电动汽车充电基础设施促进联盟.2022 年全国电动汽车充换电基础设施运行情况[EB/OL].（2023-01-12）[2023-04-08］. https://mp.weixin.qq.com/s/i97-491nHcVTn773J9aJGw.

[6] 中国电动汽车充电基础设施促进联盟.2022 年全国电动汽车充换电基础设施运行情况 6.充电运营商运营桩整体情况[EB/OL].（2023-01-12）[2023-04-08］. https://mp.weixin.qq.com/s/i97-491nHcVTn773J9aJGw.

[7] 中国电动汽车充电基础设施促进联盟.2022 年全国电动汽车充换电基础设施运行情况[EB/OL].（2023-01-12）[2023-04-08］. https://mp.weixin.qq.com/s/i97-491nHcVTn773J9aJGw.

三、广东省智能网联汽车产业链情况

如图 2-4、图 2-5 所示，广东省已成为全国重要的智能网联汽车生产基地和零部件集散地，拥有涵盖汽车生产企业、自动驾驶科技公司、传感器等零部件配套供应商、网联技术服务商、检测机构等较完备的智能网联汽车产业链，发展势头强劲。

（一）上游：电子电气产业

广东省强劲的电子电气产业为汽车产业的发展提供了良好的生存土壤，形成了一条完善而成熟的智能网联汽车产业链，并培育出一批具备自主研发能力的本土企业。广州市泰谷汽车电子有限公司是汽车安全驾驶电子行业的领先专业制造商；深圳道可视科技有限公司是业内实现给 360°全景的 4 颗摄像头植入宽动态（Wide Dynamic Range，WDR）算法的企业；铁将军汽车电子股份有限公司为国家级高新科技企业、广东省工程技术研究中心、中国合格评定国家认可中心；深圳市豪恩汽车电子装备股份有限公司汽电超声波雷达系统产品的探测精度、车辆前方与后方的探测覆盖率等均高于同行业标准；承泰科技是中国领先的毫米波雷达供应商[1]；速腾聚创是全球领先的智能激光雷达系统科技企业[2]；镭神智能是全球领先的全场景激光雷达及整体解决方案提供商；览沃科技在业界首次提出并实现了"超帧率"激光雷达探测技术[3]；丰图科技（深圳）有限公司具备工业级的最后一公里深度信息，覆盖全国小区院落的各类"兴趣面"（Area of Interest，AOI）深度信息；导远电子是全球领先的定位感知和解决方案供应商；华阳集团致力于成为国内外领先的汽车电子产品及其零部件的系统供应商；比亚迪半导体的 IGBT6.0 芯片产品性能已实现重大突破，并达到国际领先行列[4]；中

---

[1] 承泰科技.核心优势[EB/OL].[2023-04-08].http：//www.chengtech.com.
[2] 速腾聚创（RoboSense）.公司简介[EB/OL].[2023-04-08].https：//www.robosense.ai/about/aboutus.
[3] 览沃科技有限公司（Livox）.Livox 联手小鹏汽车开启激光雷达前装量产新时代[EB/OL].(2021-01-01)[2023-04-08].https：//www.livoxtech.com/cn/news/14.
[4] 比亚迪半导体.从韬光养晦到厚积薄发比亚迪半导体 IGBT 迈入 6.0 时代[EB/OL].(2021-05-13)[2023-04-08].http：//www.bydmicro.com/cn/news/news-detail/125.

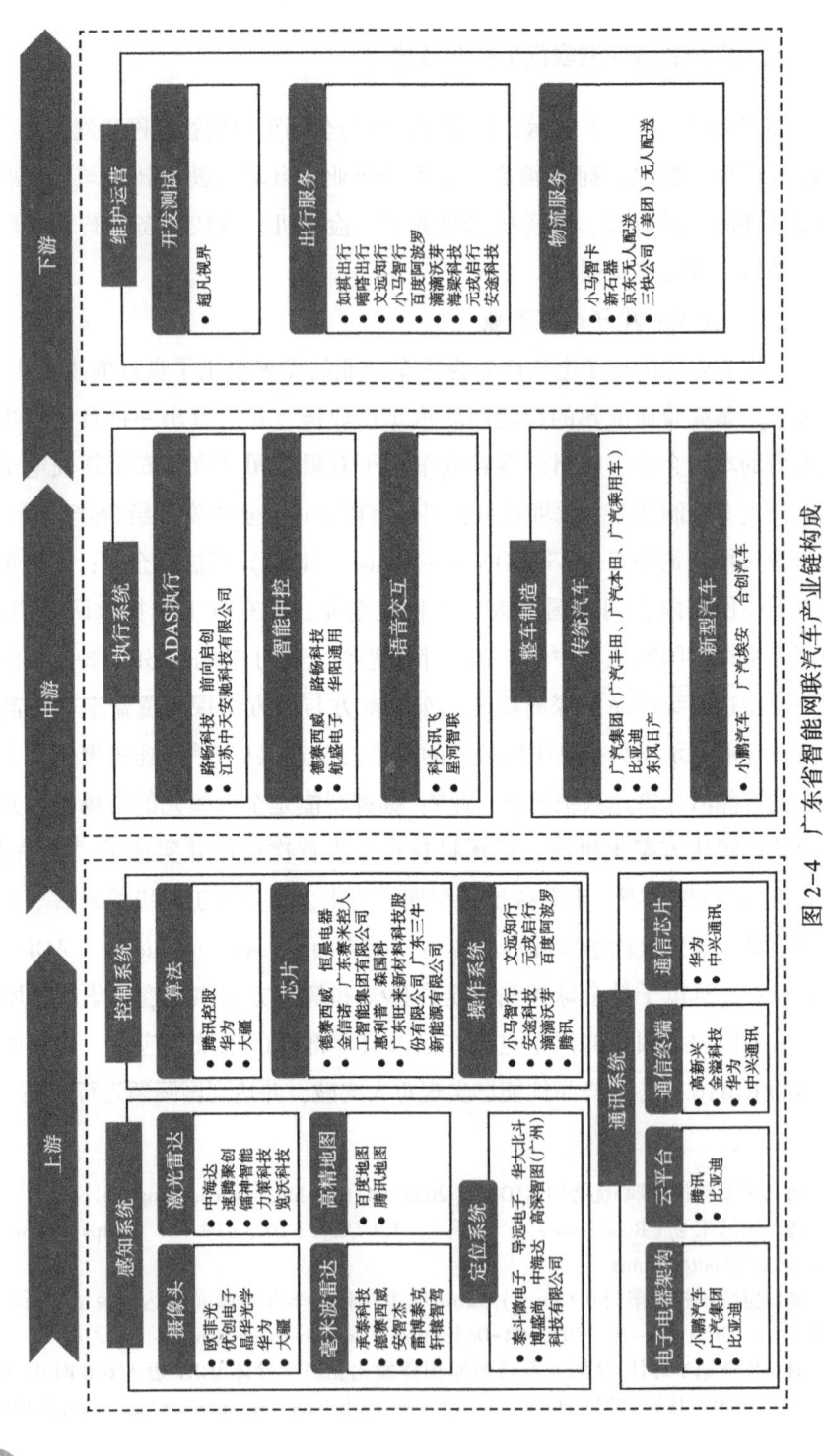

图 2-4 广东省智能网联汽车产业链构成

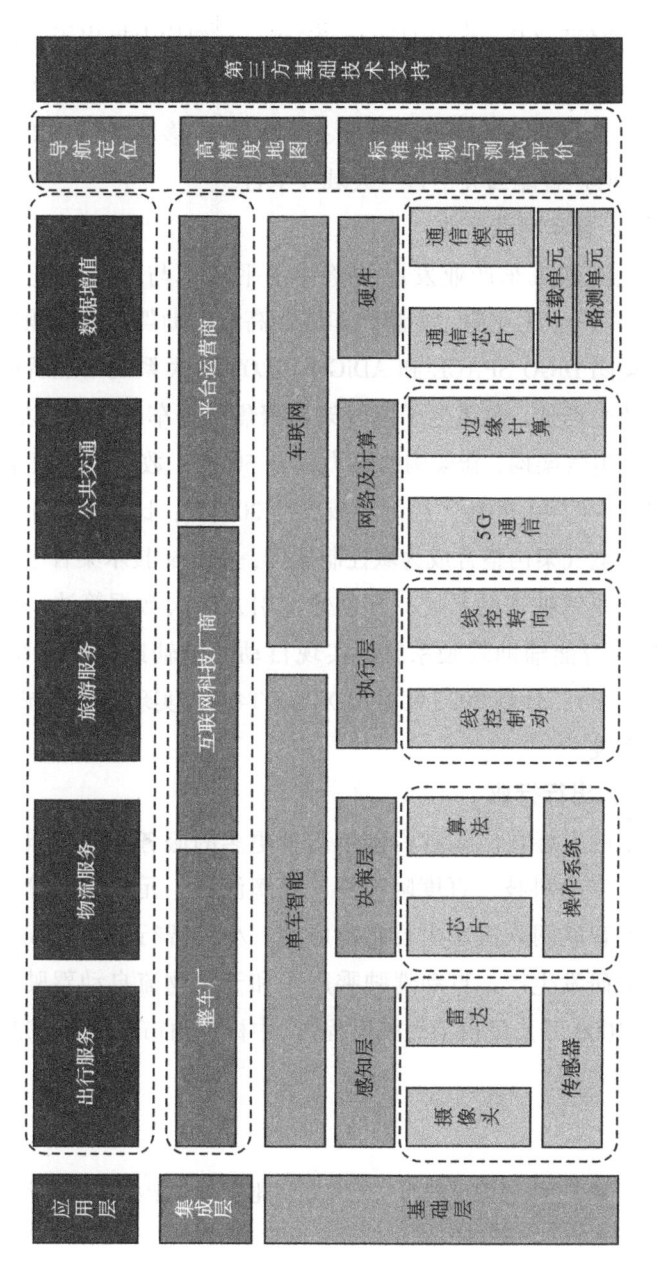

图 2-5　广东省智能网联汽车产业链上主要企业图谱

微半导体（深圳）股份有限公司车规级 MCUBAT32A2 系列标志中微半导是车规级 32 位微控制单元（Micro Controller Unit，MCU）市场上的重大突破；华为在"计算+通信"（Computer+Communication）架构上推出了智能座舱域控制器（Cockpit Domain Controller，CDC）智能座舱平台、车控域控制器（Vehicle Domain Controller，VDC）整车控制平台、移动数据中心（Mobile Data Center，MDC）智能驾驶平台三大域控平台。

（二）中游：整车制造产业

广东省智能网联汽车产业发展的整体水平基本与国际先进水平处于"并跑"阶段，广汽、比亚迪、小鹏汽车等在高级辅助驾驶技术领域处于先进水平。广汽集团 DiGO SPACE 和 ADiGO PILOT 两大系统聚焦智能座舱和智能驾驶两大核心场景，星灵电子电气架构聚焦全新车云一体化集中计算，相比上一代电子电气架构，新架构的算力提升 50 倍，数据传输速率提升 10 倍，线束回路减少约 40.00%，控制器减少约 20 个[1]；比亚迪 e 平台 3.0 将传统分布式电子电气架构整合成为域控制架构，Dipilot 技术集合了智能、安全与个性化的智能驾驶辅助系统，开创性地引入了大数据算法；小鹏汽车拥有 XPILOT3.5 智能辅助驾驶系统，实现自动导航辅助驾驶（Navigation-Guided Pilot，NGP），计划 2023 年推出 XPILOT4.0，实现高速和城市内全场景的智能辅助驾驶。

（三）下游：出行行业

车联网技术的发展在广东省内催生出了更多的服务应用场景。小马智行、文远知行、安途科技、百度阿波罗、滴滴沃芽、元戎启行等企业在省内多地积极开展智联网联汽车出行示范应用。小马智行聚焦全栈式自动驾驶软硬件系统的研发生产，自动驾驶乘用车和干线物流自动驾驶重卡截至 2022 年已累计 2000 万公里自动驾驶里程[2]，中标广州市南沙区 2022 年出租

---

[1] 广汽集团.除了"用户定义汽车"，广汽星灵电子电气架构还有什么厉害之处？[EB/OL].（2021-12-07）[2023-04-08]. https：//www.gac.com.cn/cn/news/detail？baseid=18292.

[2] 小马智行.广州发布智能网联汽车道路测试与应用报告，小马智行多项指标名列第一[EB/OL].（2023-01-08）[2023-04-08]. https：//mp.weixin.qq.com/s/LleaEOyf9ofvEicgyqkR6Q.

车运力指标成为国内首个颁发给自动驾驶出租车经营许可的企业❶；文远知行商业化应用场景覆盖智慧出行、智慧货运和智慧环卫，陆续开启无人驾驶环卫运营，自动驾驶小巴载人示范运营；安途科技建成全球规模最大的 RoboTaxi 车队，实现城市公开道路完全空车无人驾驶 RoboTaxi 运营❷；百度阿波罗在自动驾驶、智能汽车、智能交通三大领域拥有业内领先的解决方案❸；滴滴沃芽依靠滴滴平台上每天产生的大量数据，打造了得天独厚的基础。

四、广东省氢燃料电池汽车产业链情况

如图 2-6、图 2-7 所示，目前广东省氢燃料电池汽车全产业链已初具雏形，汇聚氢能企业超过 300 家❹，氢能产业产值超过百亿元人民币。氢能源汽车推广应用全国领先，氢能基础设施建设步伐加快，产业聚集发展形成良好态势，佛山和云浮两市尤其发展较快。截至 2022 年 10 月，广东共有氢气生产企业 16 家，氢气年生产能力（潜力）约为 65 万吨；建成加氢站 47 座，其中独立加氢站 30 座、油（气、电）氢合建站 11 座、制氢加氢一体化 5 座。❺ 广东省在氢能关键领域已掌握了一批核心技术，取得了一系列国内领先的技术成果，部分达到国际先进水平。电解水制氢转换效率优于国内同类产品、石墨双极板的核心指标在国内领先、单堆氢燃料电池系统额定功率在国内率先取得突破、固体氧化物燃料电池电解质已占据全球大部分市场份额。

---

❶ 小马智行.小马智行成为国内首个获得出租车经营许可的自动驾驶公司[EB/OL].(2022-04-24)[2023-04-08].https://mp.weixin.qq.com/s/Joma7vxFXyveM7sm4YY7XQ.
❷ 安途科技.公司介绍[EB/OL].[2023-04-08].https://www.autox.ai/zh/index.html.
❸ 百度阿波罗.全球智能驾驶产业领跑者[EB/OL].[2023-04-08].https://www.apollo.auto/aboutus.
❹ 国家税务总局广东省税务局.退税政策"暖阳"照进广东新能源产业[EB/OL].(2022-08-05)[2023-04-08].https://guangdong.chinatax.gov.cn/gdsw/zjsw_swxw/2022-08/05/content_02684ef3c40c4bb2be61857463e2a479.shtml.
❺ 广州日报.2022 年中国氢能产业大会在佛山举行[EB/OL].(2022-11-16)[2023-04-08].https://www.gd.gov.cn/gdywdt/zwzt/kdyxtz/xwsl/content/post_4046908.html.

上游		中游（部分）		下游
氢制取	氢储运	氢加注	燃料电池动力系统	燃料电池应用
化石能源制氢	高压气氢拖车	加氢站	燃料电池电堆	乘用车
煤制氢	液氢槽车	加氢机	铂基催化剂	物流车
天然气制氢	储氢瓶	卸氢机	质子交换膜	专用卡车
石油类燃料制氢	管道气氢	压缩机	碳纸碳布	重型卡车
工业副产氢		储氢瓶组	膜电极	大型客车
焦炉气		氢气汇流排	双极板	船舶
氯碱副产氢		站控系统、管道及阀门	密封垫片	有轨电车
丙烷脱氢副产气			紧固件	飞机
乙烷裂解副产氢			系统其他主要配件	固定式电源/电站
电解水制氢			空气压缩机	天然气掺氢
太阳能发电			增湿器	氢能冶金
风能发电			储氢瓶	天然气掺氢
水力发电			散热器	微型热电联供
生物质发电			DC/DC	
核电			传感器	
			稳压罐	
			各种电磁阀及管路	
			氢气循环泵或引射器	

交通领域 / 工业及能源领域 / 建筑领域

图 2-6 广东省氢燃料电池汽车产业链构成

领域	企业
整车领域	飞驰科技、广汽集团、深圳开沃汽车有限公司、中兴新能源、晓兰汽车
系统领域	雄川氢能、鸿力氢动、国鸿重塑、广东清能、清极能源、广东探索汽车有限公司、泰罗斯、雄韬氢恒、深圳市氢雄燃料电池有限公司、南科动力、氢蓝时代、佳华利道、喜玛拉雅、锐格新能源
电堆	国鸿氢能、广东清能、雄韬氢恒、韵量燃料电池（广东）有限公司、清极能源、攀业氢能、泰罗斯、深圳市氢雄燃料电池有限公司、南科动力、喜玛拉雅、爱德曼
膜电极	国鸿氢能、泰极动力、韵量燃料电池(广东)有限公司、爱德曼、广东清能、清极能源、攀业氢能、鸿基创能、深圳市氢雄燃料电池有限公司、南科动力、众创新能
双极板	国鸿氢能、广东清能、金亚隆新材料科技(广州)有限公司、嘉裕碳素、泰极动力、韵量燃料电池(广东)有限公司、爱德曼、清极能源、攀业氢能、佛山市南海宝碳石墨制品有限公司、深圳市氢雄燃料电池有限公司
质子交换膜	东材科技
催化剂	济平新能源、深圳市氢雄燃料电池有限公司、深圳伊腾迪新能源有限公司、喜玛拉雅
碳纸	通用氢能
空压机	势加透博、广顺新能源、稳力(广东)科技有限公司、昊志机电、大洋电机、广东重塑能源科技有限公司
氢气循环系统	广东清能、广顺新能源、鸢鸟电气、大洋电机、清极能源

图 2-7 广东省氢燃料电池汽车产业链上主要企业

（一）上游：制氢、储氢和加氢站

氢能是实现碳达峰目标的重要突破口。化石能源制氢为我国目前主流的制氢方式，电解水制氢方案的碳排放最低，是未来技术攻关的主要领域。广东盛氢制氢设备有限公司的制氢设备实现了在同产氢量的情况下具备更小的设备体积，同时具备更高的电流密度和能效水平；鸿达兴业股份有限公司作为国内最早涉足氯碱制氢的企业，已打通制氢、储氢、运氢和用氢的一体化链条；林德气体（广州）有限公司、广州广钢气体能源股份有限公司、广东能创科技有限公司为甲醇裂解制氢；明阳智慧能源集团股份公司推出每小时 2500 标方的碱性电解水制氢电解槽产品[1]；中科富海拥有太阳能制氢、天然气重整、尾气回收、工业副产氢等制氢方案，在全国建立起多个制氢基地，也拥有国内唯一完全自主知识产权的大型低温装备，通过零蒸发液氢储罐进行储存，再由零排放车载液氢储罐进行运输，液氢增

---

[1] 明阳智能.明阳全球最大单体水电解制氢装备下线［EB/OL］.（2022-10-13）［2023-04-08］.http://www.myse.com.cn/jtxw/info.aspx?itemid=938.

压泵与加氢站配套设备实现加注,完成整套储运方案。❶ 截至2022年10月,广东省建成加氢站46座,其中独立加氢站30座,油(气、电)氢合建站11座,制氢加氢一体化5座。❷

(二)中游:氢燃料电池及系统

广东省内生产燃料电池系统的企业数量可观,且市场占有率较高;广东在国内燃料电池系统生产和装机量方面排名靠前。佛山市清极能源自主研发的大功率(130KW)金属板燃料电池电堆功率密度达世界先进水平;广州鸿基创能是我国首家实现质子交换膜燃料电池膜电极大规模产业化的企业,为国内外燃料电池厂商提供低成本、高性能的膜电极核心组件,填补国内在该领域的空白❸;深圳市通用氢能解决PEM电解水制氢和氢燃料电池领域的"卡脖子"问题,通过关键材料的降本增效助力我国氢能产业的快速发展;广东国鸿氢能在2017年建成全球规模领先的氢燃料电池电堆生产设施;济平新能源是国内第一家实现氢能和燃料电池催化剂批量化生产的企业,并实现国产催化剂出口的零突破❹;稳力(广东)科技有限公司拥有基于完全自主和全球领先的空压机技术❺;大洋电机重点开展氢燃料电池系统平衡组件(Balance of Plant,BOP)的研发与生产,包括燃料电池多合一控制器、高速离心压缩机、直流-直流转换器(DC-DC converter,DC-DC)、高压电子泵、氢气循环系统。

(三)下游:应用市场

广东省以"示范促应用、以应用促发展"积极推进氢燃料电池汽车推广应用工作走在全国前列。广东省在氢燃料电池汽车整车产业拥有广阔的

---

❶ 南方都市报.如何"氢"装上阵,实现弯道超车?[EB/OL].(2023-03-24)[2023-04-08]. https://epaper.oeeee.com/epaper/A/html/2023-03/24/content_5586.htm#article.

❷ 广东省人民政府.2022年中国氢能产业大会在佛山举行[EB/OL].(2022-11-16)[2023-04-08]. https://www.gd.gov.cn/gdywdt/zwzt/kdyxtz/xwsl/content/post_4046908.html.

❸ 鸿基创能.关于我们[EB/OL].[2023-04-08]. https://sinohykey.com/zh-hans/about-us.

❹ 氢能技术网.济平新能源|简介[EB/OL].(2022-02-21)[2023-04-08]. https://www.htech360.com/a/3353.

❺ 佛山市南海区华南新能源汽车产业促进中心.稳力(广东)科技有限公司[EB/OL].(2021-11-01)[2023-04-08]. http://www.chfe.org.cn/nd.jsp?id=764.

市场空间。目前，氢燃料电池主要应用于汽车市场，由于燃料汽车价格高昂及前期投运成本较高，目前国内市场多用于商用领域。佛山飞驰科技为华南地区重要的氢燃料电池客车生产基地；晓兰汽车发布21款自主研发的专用车、客车等，包括氢燃料重卡和专用车4款、氢燃料客车2款（1款公交车1款通勤车）。广东省氢燃料电池乘用车方面以广汽集团为龙头企业开展整车研发，广汽集团AIONLXFuelCell通过了高温、高寒、高湿近100万公里的安全行驶测试。❶

五、广东省汽车零部件产业链情况

（一）汽车产业链上游（汽车零部件）

广东省零部件产业主要以广州、深圳为中心，向佛山、中山、江门、珠海、肇庆等邻近城市辐射，形成较为集中分布的情况，差异化布局多个零部件特色产业园区。广州番禺经济技术开发区已经发展成为广州市南部汽车产业集群的重要载体，是广州市乃至广东省汽车产业发展的重要战略板块之一，基本形成了产业规模化、配套核心化、智能信息化的智能制造示范园区；增城经济技术开发区是广州三大汽车板块之一，是国家级经济技术开发区，涵盖了整车及关键零部件企业，形成生产、研发、销售、租赁、物流等全产业链；佛山国家高新技术产业开发区（南海园）形成涵盖整车制造、零部件生产和汽车销售服务的完整产业链，并向整零协作、传统汽车、新能源汽车、氢能产业的全产业链跃升；台山产业转移工业园已经形成具有一定规模的汽车零部件制造产业群，园区产业链完整，产品种类丰富，汽车零部件领域发展潜力巨大；广州（梅州）产业转移工业园重点培育发展以汽车关键零部件为特色的高端装备制造业，是承接广州汽配产业转移的重要载体，粤闽赣地区重要的汽车及零部件制造基地和出口基地；中国汽车零部件制造基地（中山火炬开发区）中三分之一的企业为多

---

❶ 广汽集团.广汽集团首款氢燃料电池车近日于如祺出行开启示范运营[EB/OL].（2021-10-18）[2023-04-08]. https://www.gac.com.cn/cn/news/detail?baseid=18255.

家世界汽车整车厂巨头提供配套零部件服务❶，是广东省规划最好、汽配企业最集中的汽配工业园之一。

（二）汽车产业链中游（整车制造）

广东省整车制造产业发达，拥有广州、深圳、佛山、肇庆等整车生产基地，在产业规模、产业创新、产业融合等方面处于全国领先地位。广州花都（国际）汽车产业基地是广州市汽车工业重要的组成板块，形成了规模较大、产业结构相对完整和产业成长速度较快的产业集群，被广东省政府认定为广东省唯一一家汽车产业集群升级示范基地❷；广州南沙经济技术开发区是广东省首批特色产业园之一，正在加速构建千亿级新能源汽车产业集群；黄埔区汽车产业园作为第六大园区已形成了中新广州知识城、广州科学城和广州国际生物岛三大片区的产业布局；番禺汽车城形成了"三电"（电池、电驱、电控系统）齐全的智能网联汽车产业链，已初具规模化、配套核心化、智能信息化的智能制造示范园区雏形；广州东部（增城）汽车产业基地落实广州"东进"战略，承接广州工业的转移，以广州本田增城工厂为龙头，以汽车、摩托车及其零部件产业集群发展为主导，以大力发展高新技术产业；从化汽车及零部件产业基地是国家汽车及零部件出口基地广州从化分基地，是华南地区最大的以商用车及其零部件研发制造为主的现代化产业基地；坪山新能源汽车产业园区位于国家新能源产业基地内，是集新能源汽车研发、轻型生产、科技体验展示于一体，城市功能与产业要素相结合的开放型新型产业园；南海汽车产业园区通过发布汽车产业链地图、出台实施产业链"六个一"精准服务，加快形成汽车产业完整产业链；佛山市三水工业园区的北汽福田汽车股份有限公司佛山汽车厂的产品出口亚洲、非洲、欧洲和美洲的多个国家，可拉动佛山市汽车零部件及其他关联行业发展❸；佛山（云浮）产业转移工

---

❶ 中国汽车工业协会.中国汽车零部件制造基地（中山火炬开发区）介绍[EB/OL].(2018-04-04)[2023-04-08].http://www.caam.org.cn/chn/46/cate_262/con_5216512.html.

❷ 百度百科.花都汽车产业基地[EB/OL].[2023-04-08].https://baike.baidu.com/item/%E8%8A%B1%E9%83%BD%E6%B1%BD%E8%BD%A6%E4%BA%A7%E4%B8%9A%E5%9F%BA%E5%9C%B0/3707517.

❸ 佛山国家高新技术产业开发区.北汽福田在佛山建整车生产基地[EB/OL].(2013-11-18)[2023-04-08].http://fs-hitech.foshan.gov.cn/tz/02/content/post_1999842.html.

业园是佛山、云浮两市联手共建的产业转移工业园,是广东省示范性产业转移工业园,拥有飞驰科技整车制造基地;格力钛(原珠海银隆)新能源工业园是格力钛新能源汽车电池及电动汽车的珠海广通汽车有限公司、奥钛储能系统两大企业的基地;肇庆高新区小鹏智能网联汽车科技产业园是小鹏汽车全球首个自建整车的生产基地[1],该生产基地以发展新能源纯电动汽车为核心,集国际业务、汽车服务贸易等多种业务为一体。

(三)汽车产业链下游(运营和服务)

依托于广东省汽车产业优势,汽车维修养护企业分布合理,二手车、租赁、汽车用品市场处于全国领跑,汽车进出口口岸发展迅速;智能网联汽车运营服务企业多分布于广州、深圳,并正积极探索城市自动驾驶商业化服务新模式;新能源汽车运营服务中,电动汽车充电桩企业主要分布在广州和东莞等城市。

1. 汽车后市场服务

汽车维修养护是以中小型企业为主,一、二类机动车维修企业集中分布在市区,三类维修企业主要分布在市区大街小巷,具有分散性。广东省汽车租赁相关企业数量最多,总量超13万家。[2]广州盛大国际汽车用品市场是全国最大的汽车用品市场,广州永福国际汽车用品交易中心是全国汽车用品的核心集散地。

2. 智能网联汽车道路测试与示范应用

广东省持续规划建设智能网联汽车封闭测试区及半开放、全开放测试区测试场,加快推进智能网联汽车道路测试。智能网联企业主要分布在广州和深圳,截至2022年年底,广州市累计开放测试道路433条,单向里程833.98公里,双向里程1667.96公里,开放测试路段涉及白云区、花都区、番禺区、黄埔区、南沙区、海珠区6个行政区,累计向308辆测试车辆发放

---

[1] 小鹏汽车.小鹏汽车配套零部件产业园奠基,打造世界级新能源智能汽车集群[EB/OL].(2022-05-31)[2023-04-08].https://www.xiaopeng.com/news/company_news/4343.html.

[2] 封面新闻.3年内中国租车市场规模或达1500亿元,多少玩家在"瓜分蛋糕"?[EB/OL].(2023-02-17)[2023-04-08].https://www.thecover.cn/news/jYGeqPeZIfGH90qSdq8Jkw==.

道路测试许可，交通事故认定记录为零。其中 2022 年，累计开放测试道路 298 条，单向里程 580.97 公里；截至 2022 年，深圳市示范推进智能网联汽车全城开放，开放测试道路里程达到 300 公里以上❶；肇庆市差异化布局，积极引入智能网联商用车路测。

3. 新能源汽车运营服务

广东省积极服务新能源汽车产业发展，加快构建充电服务保障体系，2022 年 1 月实现高速服务区充电设施全覆盖，于 10 月实现所辖 1123 个乡镇公共充电桩全覆盖。❷ 广东电动汽车充电桩企业主要分布在广州、东莞和深圳，截至 2022 年 6 月，广东省电动汽车充电桩企业共 835 家，其中广州 241 家，东莞 150 家，深圳 121 家。❸ 充电桩企业主要有中国南方电网有限责任公司、车电网、云杉智慧新能源技术有限公司、广东万城万充电动车运营股份有限公司、广州巨湾技研有限公司、广东天枢新能源科技有限公司、奥动新能源汽车科技有限公司。

第三节　汽车领域主要专利技术分析

基于广东省汽车产业主要集中在智能网联汽车、新能源汽车及氢燃料电池等细分领域，本节针对上述细分领域的全球及广东省专利情况进行分析，探讨广东省与全球专利布局的差异，并重点选取体现专利技术价值、法律价值、战略价值的被引用、专利规模、涉诉情况等维度，对近 20 年相关技术领域主要专利进行分析。

---

❶ 广州市智能网联汽车示范区运营中心,广东省智能网联汽车创新中心.广州市智能网联汽车道路测试与应用示范运营报告[EB/OL].(2023-01-08)[2023-04-08].https://www.vzkoo.com/document/20230319f84fabb44a53a7340b405c1b.html.

❷ 人民网.广东实现乡镇公共充电桩全覆盖[EB/OL].(2022-10-17)[2023-04-08].http://finance.people.com.cn/n1/2022/1017/c1004-32546440.html.

❸ 前瞻产业研究院.2022 年广东省电动汽车充电桩企业大数据全景分析[EB/OL].(2022-08-18)[2023-04-08].https://www.qianzhan.com/analyst/detail/220/220818-372637a5.html.

一、智能网联汽车专利全景分析

智能网联汽车是智能车和车联网的有机结合。在工业和信息化部与中国汽车工程学会联合发布的《节能与新能源汽车技术路线图》中明确，智能网联汽车是指搭载先进的车载传感器、控制器、执行器等装置，并融合现代通信与网络技术，实现车与X（车、路、人、云端等）智能信息交换、共享，具备复杂环境感知、智能决策、协同控制等功能，可实现"安全、高效、舒适、节能"行驶，并最终可实现替代人的新一代汽车。与智能网联汽车相关的概念有自动驾驶汽车、智能汽车、无人驾驶汽车、轴智能化等级和智能交通系统等。本节基于智能网联汽车领域的专利分析其技术发展态势，并比较广东省智能网联汽车与全球汽车技术领域的发展异同，探讨这一领域技术发展的趋势。

（一）专利申请趋势

2000—2022年全球智能网联汽车领域专利申请量达12.93万件，其中处于"有效"状态（含PCT指定期内）的专利5.14万件，占专利申请量的37.79%。[1] 如图2-8所示，2010年之前，全球智能网联汽车年专利申请量较为平稳，中国的专利申请量约占全球的11.95%，广东省专利申请量约占全球的1.32%。2011年开始，智能网联汽车专利申请量开始缓慢增长，到2015年进入快速增长阶段，并于2020年达到峰值，近5年的专利申请占总申请量的

---

[1] 专利检索式："（TA：）（智能网联汽车 OR intelligent networked car OR 自动驾驶 OR intelligent driving OR 车联网 OR V2X OR 人机共驾 OR 驾驶辅助 OR 人机交互 OR 语音识别 OR 手势识别 OR 车辆状态识别 OR 驾驶员状态识别 OR 交通信息识别 OR 物体检测 OR 汽车雷达 OR 车载相机 OR 传感器融合 OR 路径规划 OR 态势预警 OR 车联网 OR V2X OR Intelligent connected car OR autonomous OR intelligent driving OR man-machine co-driving OR man-machine interaction OR speech recognition OR gesture recognition OR vehicle state recognition OR driver state recognition OR traffic information recognition OR object detection OR car radar OR vehicle camera OR sensor fusion OR path planning OR situation early warning）AND（IPC：）（H04L29 OR H04W ORB60W60 OR G05D1 OR H04W04 OR G08G1 OR G06K9 OR B60W50 OR H04L67 OR H04N13 OR B60R25）NOT（TA：）（无人驾驶飞行器 OR 航行器 OR Unmanned aerial vehicles OR aircraft OR Mobile Phone OR Truck OR Train）"专利数据均来自智慧芽专利数据库，采集日期：2023年6月7日，下同。

比例达到57.93%。随着智能化、网联化技术的日新月异，预计智能网联汽车领域的专利申请将保持增长势头，广东省作为全国重要汽车生产制造基地，智能网联汽车专利申请始终走在全国前列，截至2022年，广东省智能网联汽车专利申请量占中国的比重为15.80%，占全球的比重为9.98%。可见，广东省在智能网联汽车领域的专利申请与全球技术发展趋势具有较强的一致性。

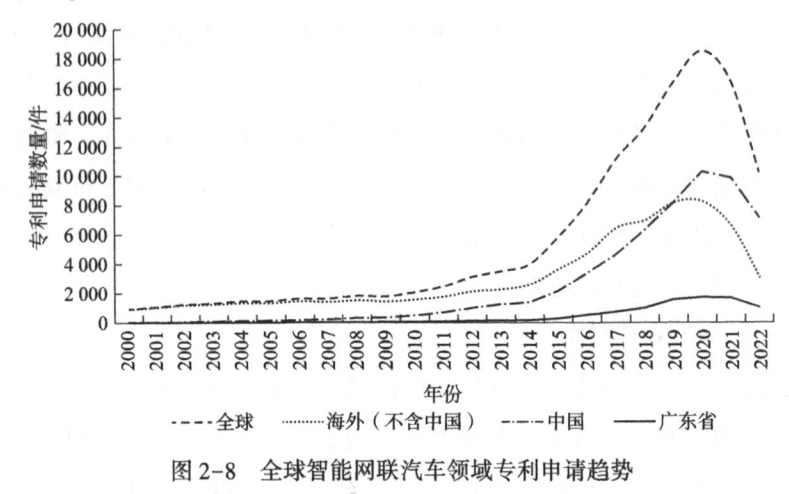

图2-8 全球智能网联汽车领域专利申请趋势

（二）技术来源国（组织）/目标国（组织）地域分布

如图2-9所示，当前智能网联汽车处于"有效"（含PCT指定期内）状态的专利技术的权利人主要集中在中国、美国、日本、韩国、德国等国家。其中，中国专利申请量遥遥领先，接近四成；美国紧随其后，排名第三的是日本，三国专利申请量之和超过全球专利申请总量的八成，展现出中国、美国、日本在全球智能网联汽车领域技术创新和研发能力的高活跃度和领跑优势。

如图2-10所示，全球智能网联汽车专利目标市场主要集中在中国与美国，二者之和已超过专利申请总量的七成，遥遥领先于其他国家/地区/组织，反映出两国对智能网联汽车技术的重视程度。进一步比较智能网联汽车专利申请的来源国（组织）和目标国（组织）可以发现，在目标市场中，日本与韩国的专利申请量所占比重均较技术来源国（组织）的比重有所下降，而中国、美国、德国及欧洲专利局均存在一定比例的增加，这也表明在智能网联汽车领域全球的竞争市场主要分布在欧洲、美国和中国，尤其是中国成为重要的技术争夺市场和应用市场。

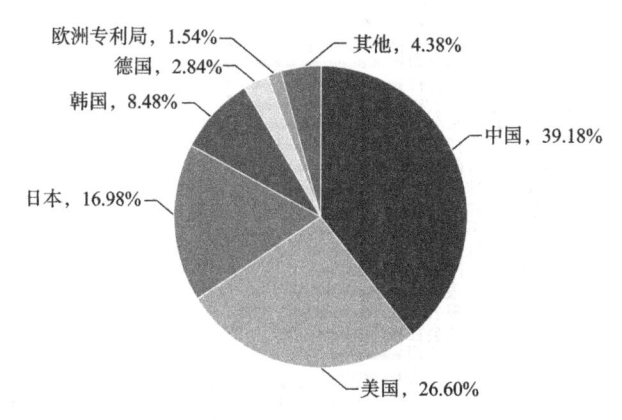

图 2-9　全球智能网联汽车领域专利主要技术来源国分布

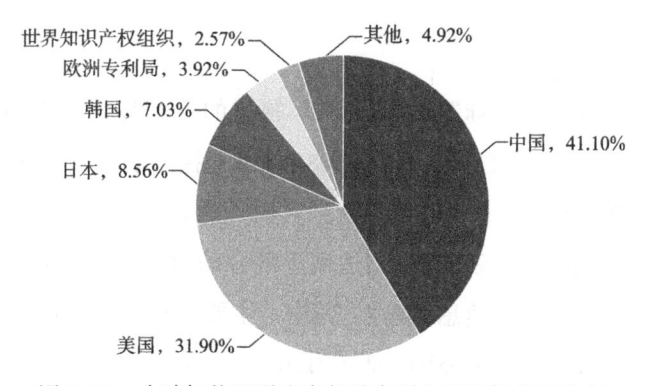

图 2-10　全球智能网联汽车领域专利主要目标市场分布

(三) 主要专利权人/申请人情况

通过对"有效"（含 PCT 指定期内）专利进行统计分析，筛选出智能网联汽车领域专利全球排名靠前的主要权利人/申请人。如图 2-11 所示，当前智能网联汽车专利主要掌握在美国、日本、韩国、德国的相关企业手中，且企业类型较为丰富，传统车企具有较强的技术优势，互联网企业如谷歌的自动驾驶汽车公司——伟摩有限责任公司、百度等企业的专利申请量也居高位；汽车配件公司如博世、日本电装、麦格纳等企业在这一领域的专利布局也十分明显。此外，通信类企业如乐金电子、三星、华为也积极在智能网联汽车领域进行布局。

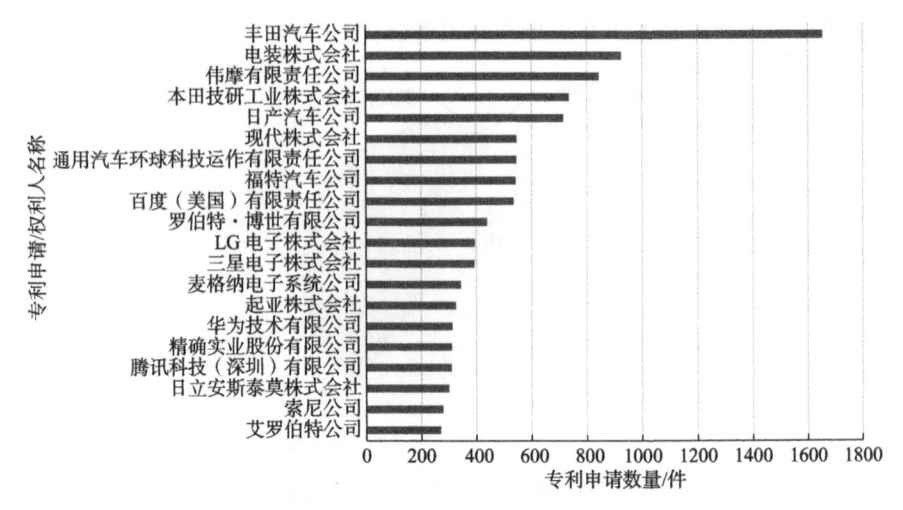

图 2-11 全球智能网联汽车领域主要专利权利人/申请人统计

（四）技术构成分析

如表 2-1 所示，全球智能网联汽车领域的专利技术主要分布在 G 部（物理），包含 G06K（数据识别）、G08G（交通控制系统）、G05D（非电变量控制或识别系统）等；B 部（作业；运输）的 B60W（不同类型或不同功能的车辆子系统的联合控制；专门适用于混合动力车辆的控制系统）；H 部（电学）的 H04L（数字信息传输）。其中，主要 IPC 小组专利数占比分别为 G06K9/00（21.87%）、G05D1/02（21.09%）、G08G1/16（11.94%）。总体来看，当前全球智能网联汽车技术集中在自动驾驶的控制系统、数据处理等领域。

表 2-1 2000—2022 年全球智能网联汽车领域专利主要 IPC 统计

分类号	释义	全球 IPC 分类占产业申请总量比重/%
G06K9/00	识别模式的方法或装置	21.87
G05D1/02	二维的位置或航道控制	21.09
G08G1/16	防撞系统	11.94

续表

分类号	释义	全球 IPC 分类占产业申请总量比重/%
G06K9/62	应用电子设备进行识别的方法或装置	9.92
G05D1/00	陆地、水上、空中或太空中的运载工具的位置、航道、高度或姿态的控制,例如自动驾驶仪	8.32
H04N7/18	闭路电视[CCTV]系统,即电视信号不广播的系统	5.96
B60W60/00	尤其适用于自主道路车辆的驱动控制系统	5.91
H04L29/08	传输控制规程,例如数据链级控制规程	4.86
G08G1/017	识别车辆	4.55
G08G1/017	检测要统计或要控制的交通运动	4.32

就关键技术地域分布看,如图 2-12 所示,G05D1(陆地、水上、空中或太空中的运载工具的位置、航道、高度或姿态的控制)与 G08G1(道路车辆的交通控制系统)在全球技术竞争中较为激烈,中国、美国、日本和韩国均有布局,美国在 G06K9(识别图形)与 G05D1 上有明显优势,日本重点布局在 G08G1 上,中国重点布局在 G06K9、G08G1 与 G05D1 方面。可见,虽然主要经济体在智能网联汽车上均有布局,但各国的技术创新活跃度与研发应用的关键点仍存在差异。

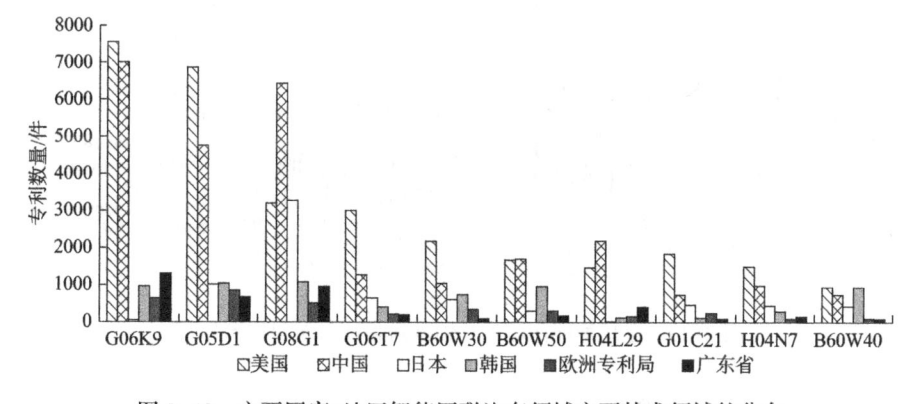

图 2-12 主要国家/地区智能网联汽车领域主要技术领域的分布

(五)专利质量分析

本节通过整理汇总2000—2022年全球智能网联汽车领域有效专利数据,分别从高频被引用专利、高频涉诉专利、同族专利三个角度进行专利质量分析。

1. 高频被引用专利分析

专利被引用次数多少是衡量专利质量高低的重要指标。全球智能网联汽车领域高频被引用居前50位的专利的主要申请人以高新技术公司,尤其是互联网类公司孵化的自动驾驶公司为主,如伟摩有限责任公司、硅谷的自动驾驶初创公司Zoox公司,这类公司依托自身在智能网联相关领域的技术积累,结合新形势下汽车产业发展,进行相关研发与布局。除此之外,还有诸如整车厂及汽车零部件企业,如通用、本田、麦格纳等。此外,鉴于智能网联使得汽车行业涉及的产业链更为丰富与复杂化,通信或早期进行自主控制系统类企业相关技术被重点应用到智能网联汽车领域。

如图2-13所示,智能网联汽车领域高频被引专利的技术焦点主要集中在传感器、自主车辆、自动驾驶等应用中。聚焦到IPC小类,G05D1/00(陆地、水上、空中或太空中的运载工具的位置、航道、高度或姿态的控制,如自动驾驶仪)、G05D1/02(二维的位置或航道控制)、G06K9/00(识别图形等,如指纹识别方法)领域的专利技术引用频率最为频繁。

图2-13 全球智能网联汽车领域高频被引专利技术分布

2. 高频涉诉专利分析

专利的诉讼情况是其技术稳定性的直接体现,也是权利人维护自身知识产权的重要方式。2000—2022 年，智能网联汽车领域高频诉讼 TOP50 专利共涉及 158 起专利诉讼，被告累计达两百余家。其中，涉及美国专利商标局（United States Patent and Trademark Office，USPTO）下设的专利审查和上诉委员会（Patent Trial and Appeal Board，PTAB）无效申请或"337 调查"案件数十起，可见，企业正努力采用司法和行政等多种途径保护自身权利。值得注意的是，智能网联汽车领域的涉诉专利案件在美国主要是专利侵权之诉，在中国主要为员工离职带来的专利权属纠纷，在德国涉诉专利主要为专利撤销与否的行政诉讼。❶ 由此可以看出，专利权人在不同国家或地区维护自身权利的方式存在一定差异。

高频涉诉专利案件的原告集中在数据处理、车联网联技术及交通解决方案等类型的公司，如 Mellaconic IP LLC、Haley IP LLC、美国交通解决方案公司（American Traffic Solutions, Inc.）。智能机器人企业 iRobot 公司（iRobot Corporation）也有上榜，原因主要在于其频繁利用拥有的无人控制与导航系统、对接与能量管理等专利技术提起诉讼。汽车零部件企业如麦格纳、B & W Sensors LLC，通信类企业如三星、摩托罗拉等也是高频原告的重要组成。由此可以看出，智能网联汽车领域技术参与者具有多元化的特征。

如图 2-14 所示，在已结案的高频涉诉专利案件中，以"和解"结案的案件占 88.09%，以"程序性转移"结案的案件占 7.93%，"被告胜诉"与"原告胜诉"的案件占比分别为 2.38% 和 1.60%。可见，专利诉讼俨然成为市场主体竞争的手段之一，"和解"成为原被告双方达成谈判的主要方式。

如图 2-15 所示，高频诉讼居前 50 位的专利的技术焦点集中在计算机、传感器、控制器及各类检测等领域，主要技术具体应用在各类电力系统如锂电池、充电系统中，尤其在 G05D（非电变量的控制或调节系统）、G06K（数据识别；数据表示；记录载体；记录载体的处理）及 G08G（交通控制系统，也指空中航行器的交通控制系统等，可应用于无人机路径规划、着陆和巡检）领域的专利技术应用与市场竞争最为激烈。

---

❶ 智慧芽. 专利检索［DB/OL］. ［2023-05-29］. https://home.zhihuiya.com/#.

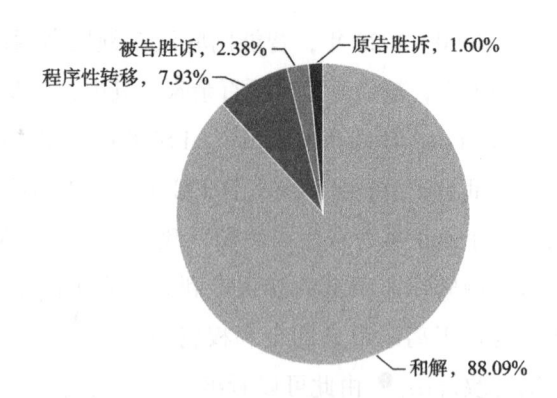

被告胜诉,2.38% 原告胜诉,1.60%
程序性转移,7.93%
和解,88.09%

图 2-14 全球智能网联汽车领域高频涉诉专利案件结案方式统计

图 2-15 全球智能网联汽车领域高频涉诉专利技术分布

3. 同族专利分析

同族专利的规模反映了专利在全球广泛布局和保护的力度。智能网联汽车同族规模居前 50 位的专利的权利人分布相对分散,除了 Autoconnect Holdings LLC 公司、特励达菲力尔公司(Teledyne Flir, LLC)与 Flir Belgium BVBA 公司分别拥有同族数量居前 50 位的专利中 4.00% 的份额外,其他专利均分散在各个权利人手中,既包括通信类企业如高通、苹果、三星及乐金电子等,也包括专门从事自动驾驶或人工智能的企业如无比视科技有限公司(Mobileye Vision Technologies Ltd.),以及少量的整车企业如福特、蔚来等。值得注意的是,TOP50 中车企拥有的同族专利相对较少,主要是因为智能网联汽车涉及的技术更多涉及通信、无线数据传输等,而非传统汽车领域的技术研发,这在一定程度上说明在智能网联汽车领域存在一定的技术壁垒,多数重要专利掌握在各类行业领跑者手中,权利人在增强专利技术稳定性的同时，十分重视专利攻防的战略价值，通过知识产权保护与运用增强在不同领域的渗透，以维护自身企业的竞争力。

如图2-16所示，同族规模居前50位的专利主要分布在56个国家/地区，美国、世界知识产权组织、欧洲、中国、德国及日本受理居前50位的同族专利的数量相当，占比在6.00%~9.00%，其他同族专利分布在诸如加拿大、韩国、澳大利亚、印度、巴西、奥地利，以及其他类别中南非、菲律宾、马来西亚、以色列等国家。由此可以看出，智能网联技术专利权利人尤为重视专利的全球性布局和保护。

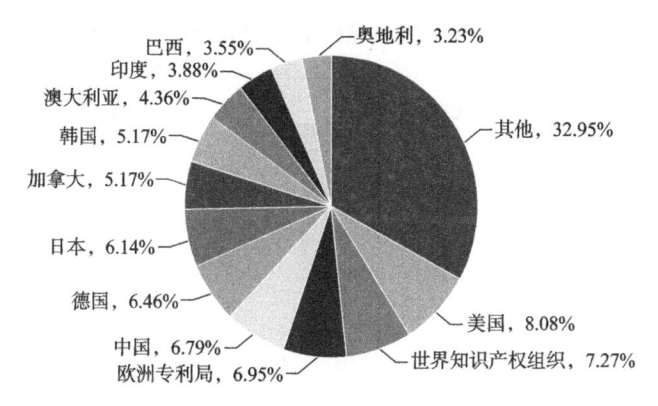

图2-16 全球智能网联汽车领域居前50位的专利家族地域分布

如图2-17所示，同族规模居前50位的专利主要应用在对象检测、手势识别及控制系统等技术主题上。聚焦到IPC小类，G06K9/00（识别模式的方法或装置）占比最多，达20.52%，其次为G05D1/02（二维的位置或航道控制），占比达14.10%。与高频被引专利和高频被诉专利所涉技术领域不同的是，同族规模居前50位的的专利还分布在H04L29（H04L1/00至H04L27/00单个组中不包含的装置、设备、电路和系统），以及H04W4（专门适用于无线通信网络的业务；设施）等数据或信息传输技术。

如图2-18、图2-19所示，同族规模居前50位的专利中，拥有1~5个优先权专利的占比达66.00%，拥有6~20个优先权专利的占比达20.00%，拥有20个以上优先权专利的占比达6.00%，无优先权专利的占比仅为8%；从技术来源国看，本国优先权专利占56.52%，国外优先权专利占36.96%，同时拥有PCT优先权专利的占比为6.52%。

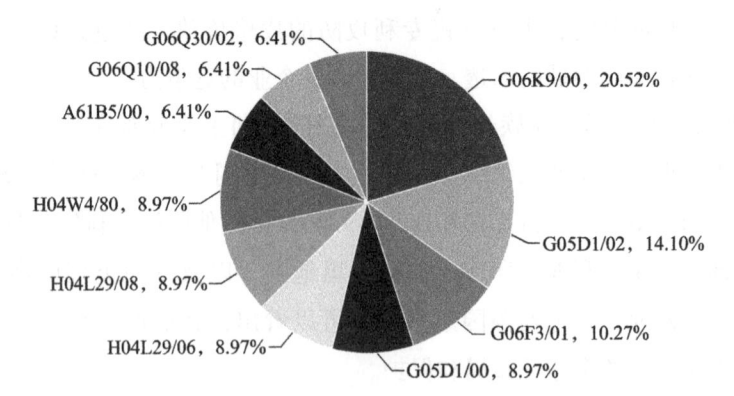

图 2-17　全球智能网联汽车领域同族规模居前 50 位的专利 IPC 分布

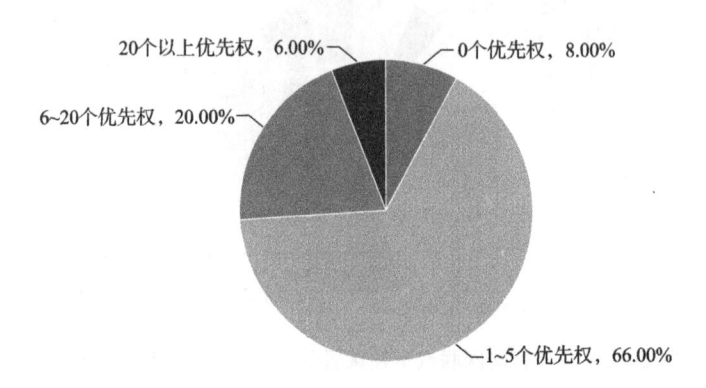

图 2-18　全球智能网联汽车同族规模居前 50 位的专利优先权数量统计

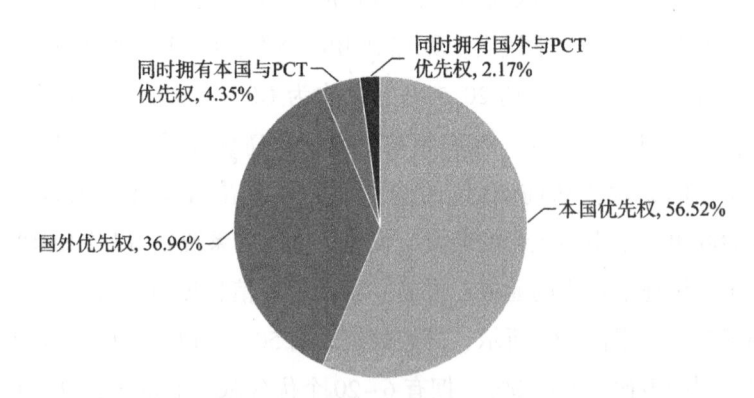

图 2-19　全球智能网联汽车同族规模居前 50 位的专利优先权类型统计

总体来看，在智能网联汽车领域，尽管当前广东省乃至中国在相关技术研发的投入较大，且成果较为明显，但从专利质量角度看，由于智能网联运用的通信等技术成熟度高且主要集中在国外，所以智能网联汽车的高质量专利仍集中在国外权利人手中，这也造成在智能汽车推进过程中，中国车企面临技术受限等情况，汽车的智能化、网联化程度受掣肘的程度较高。

二、新能源汽车领域技术对比分析[①]

新能源汽车，是指采用非常规的车用燃料作为动力来源（或使用常规的车用燃料、采用新型车载动力装置），综合车辆的动力控制和驱动方面的先进技术，形成的技术原理先进，具有新技术、新结构的汽车，主要分为汽车整车制造、新能源汽车相关服务、新能源汽车相关设施制造与新能源汽车装置、配件制造等。

（一）专利申请趋势

截至2022年12月31日，全球新能源汽车产业拥有的已公开或公告的专利达140万余件，其中，维持"有效"状态（含PCT指定期内）的专利51.4万件，占专利总申请量的36.71%。[②] 如图2-20所示，尽管海外在新能源汽车领域的专利技术布局早于中国，但随着新能源汽车应用技术的不断发展，2016年中国在新能源汽车领域的专利申请量首次超过海外，并于近年保持快速增长势头，2016—2022年中国新能源汽车专利申请量占全球申请总量的比重约为64.33%。广东省新能源汽车专利申请趋势与全球发展趋势保持一致，并在2022年十分接近海外专利技术布局的申请量，达1.65万件，占2022年中国新能源汽车专利申请量的比重20.86%，占2022年全球专利申请比重17.06%。总体上来说，在新能源汽车领域，广东省乃至中国在全球均保持一定技术领先优势。

（二）技术来源与目标市场国/地区分析

如图2-21所示，通过对有效/在PCT指定期内专利的统计来看，截至2022年12月31日，全球新能源汽车领域主要技术来源国是中国与日本，占当前这一领域有效专利的比例分别为53.82%、17.11%，欧洲专利局、美国、韩国共占据29.14%的比例。同时结合图2-22所示的技术目标市场来

[①] 本节对于新能源汽车专利技术检索依据智慧芽专利数据库，根据国家战略性产业集群即国民经济行业分类表、国际专利分类表进行汇总结果进行统计分析。

[②] 智慧芽.专利检索［EB/OL］.［2023-05-29］.https://home.zhihuiya.com/#.

看，中国仍然占据较大比例，接近六成，其次为美国，这也反映出中美作为新能源汽车技术的主要应用市场，专利技术布局较多。从技术来源地与目标市场来看，新能源汽车的技术研发活跃与应用市场潜力大的地区主要集中在具有一定工业基础的国家。同时中国作为较早开始研发新能源汽车的国家，专利技术布局与应用在全球保持着一定领先位置，成为全球新能源汽车重要竞争地，权利人也成为当前技术领域的主要竞争主体。

图 2-20 全球新能源汽车领域专利申请趋势

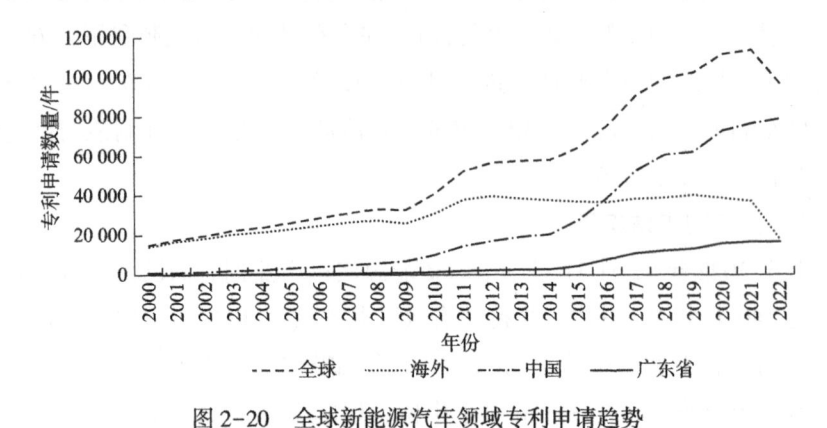

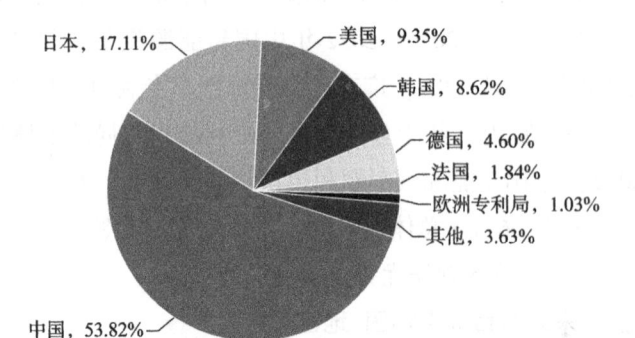

图 2-21 全球新能源汽车领域专利技术主要技术来源地分布

（三）主要专利权人/申请人情况

如图 2-23 所示，全球新能源汽车专利权人申请数量排名居于前列的专利权人既有汽车整车厂、汽车技术供应商、研发机构及零部件供应商，如电池生产商博世、三星及宁德时代新能源科技股份有限公司等，自动变速箱生产商爱信艾达株式会社，汽车系统和部件定牌加工（Original Entrusted

Manufacture，OEM）供应商日本电装等，但总体来说车企是新能源汽车技术研发的主体。

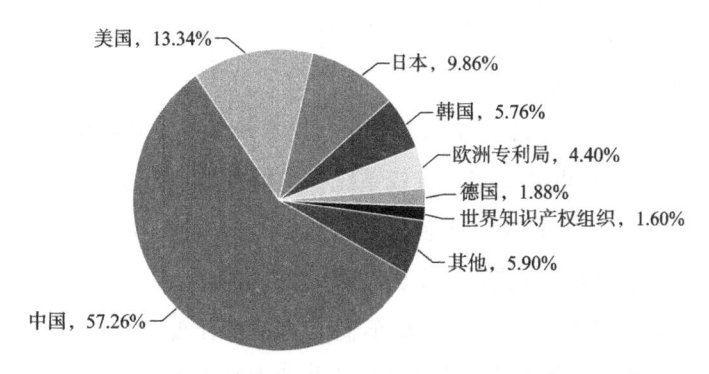

图 2-22　全球新能源汽车领域专利技术主要目标市场分布

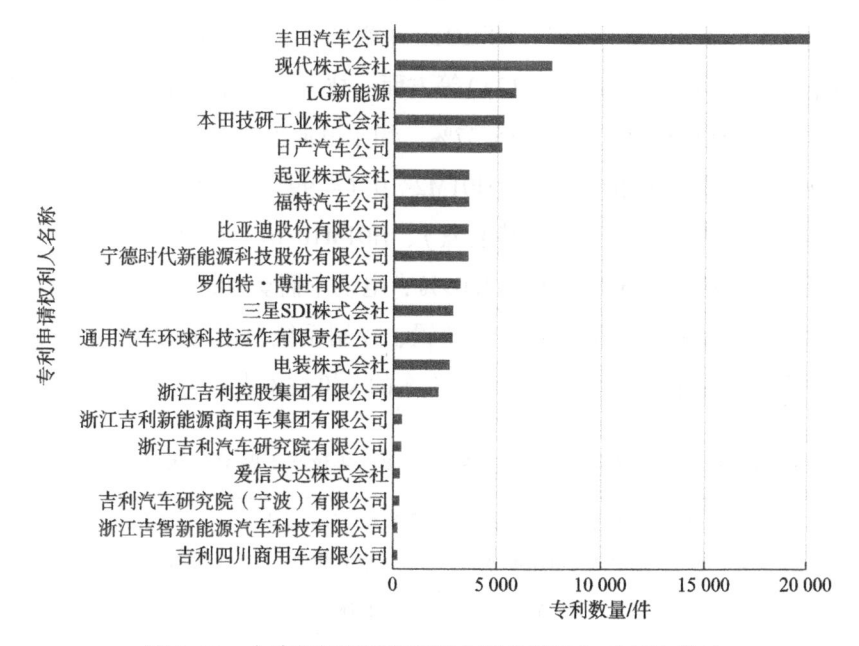

图 2-23　全球新能源汽车领域主要专利权人/申请人统计

总体看，全球新能源汽车专利的核心技术仍由日本、韩国掌握，分别占比 45.41% 与 26.93%。尽管中国企业上榜最多，但总量占比并不靠前。日本、韩国在技术上的研发实力雄厚，尤其是丰田、日产等传统车企，排名第一的丰田，其专利申请量遥遥领先于其后其他企业。排名前 20 位的专利权人中，中国入围的 8 家企业，分别为 5 家车企、2 家研究机构与 1 家电池企业，其中一家为广东省企业，这也表明，广东省乃至中国在新能源汽车的技术研发能力正逐渐向世界先进水平看齐。

（四）技术构成分析

如表 2-2 所示，全球新能源汽车专利技术领域主要分布在 H 部（电学）的 H02J（供电或配电的电路装置或系统；电能存储系统）、H01M（用于直接转变化学能为电能的方法或装置，例如电池组）与 B 部（作业；运输）的 B60L（电动车辆动力装置；车辆辅助装备的供电；一般车辆的电力制动系统；车辆的磁悬置或悬浮；电动车辆的监控操作变量；电动车辆的电气安全装置）。相关技术还散落在 B60K（电动力装置的布置或安装）、B60W（不同类型或不同功能的车辆子系统的联合控制；专门适用于混合动力车辆的控制系统）及 G 部（物理）的 G01R（测量电变量；测量磁变量（指示谐振电路的正确调谐入 H03J3/12））等方面。技术领域相对集中的 IPC 小组专利数占比分别为 H02J7/00（15.37%，用于电池组的充电或去极化或用于由电池组向负载供电的装置）、H01M2/10（4.99%，安装架；悬挂装置；减震器；搬运或输送装置；保持装置）、H01M10/613（4.55%，电池冷却系统及冷却方法）、B60L11/18（4.09%，电动车辆动力装置）。总体看，新能源汽车多数专利申请均涉及动力装置、控制系统及电池技术等，动力控制系统和电池技术是当前全球新能源汽车的关键技术点。

表 2-2　2000—2022 年全球新能源汽车技术主要 IPC 统计

全球 IPC 分类前十大技术领域	全球 IPC 分类占产业申请总量比重/%	全球 IPC 分类前十大技术领域	全球 IPC 分类占产业申请总量比重/%
H02J7/00	15.37	H01M10/42	3.50
H01M2/10	4.99	H01M50/244	3.46
H01M10/613	4.55	H01M10/625	3.30
B60L11/18	4.09	H01M10/44	2.92
H01M10/48	3.56	H02J7/02	2.78

从关键技术地域分布来看，如图 2-24 所示，H02J7（电池组充电与供

电）与 H01M 领域竞争尤为激烈，且仔细比较可以发现，各国在新能源汽车领域技术重心具有一定的趋同性，在关键技术领域均有布局；中国 H01M10（二次电池及其制造）、H02J7（用于电池组的充电或去极化或用于由电池组向负载供电的装置）、H01M50（除燃料电池外的电化学电池非活性部件的结构零部件或制造工艺，如混合电池）等技术领域拥有技术竞争力，广东省在以上技术领域的布局也具有相对优势。

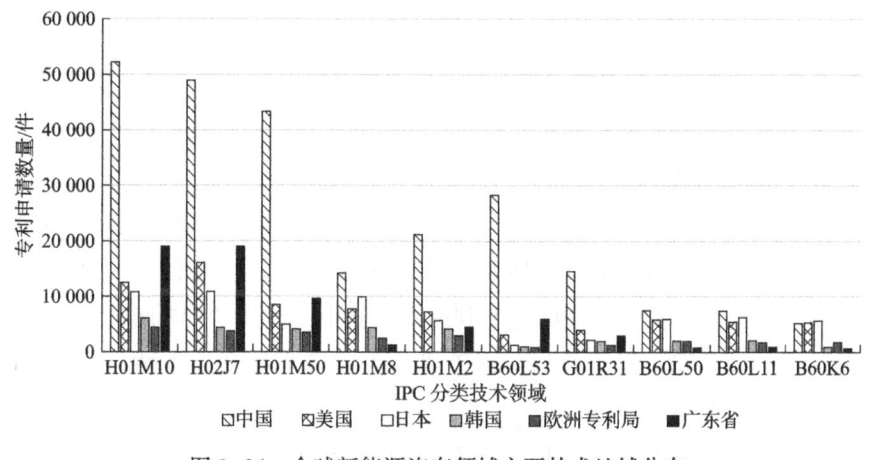

图 2-24　全球新能源汽车领域主要技术地域分布

（五）专利质量分析

通过整理汇总 2000—2022 年全球新能源汽车领域有效专利数据，分别从高频被引用专利、专利涉诉次数、同族专利规模进行专利质量分析。

1. 高频被引用专利分析

新能源汽车领域高频被引用居前 50 位的专利权利人/申请人类型较为丰富，不仅有特斯拉作为汽车新势力出现，还有汽车零部件企业如博世等，以及专业电动工具制造商如日本的牧田株式会社（Makita Corporation）与史丹利百得（StanleyBlack & Decker INC.）。值得注意的是，随着新能源汽车技术属性和应用场景的不断丰富，互联网技术企业如微软、联想等亦出现在高频被引用专利中。

如图 2-25 所示，以上高频被引用专利技术焦点集中在电池系统、电动机及控制器等领域。聚焦到 IPC 技术分类上，当前被引用专利主要集中在 H02J7（电池组技术）、H01L（电能存储系统）、B60L（车辆控制系统）及

G06F（数据测量电/磁变量）方面，涉及的技术细分领域较多。其中，早期的电池技术在当前新能源电池技术的研发过程中仍然占据着重要的技术价值，是创新和技术变革研究的重要数据源。

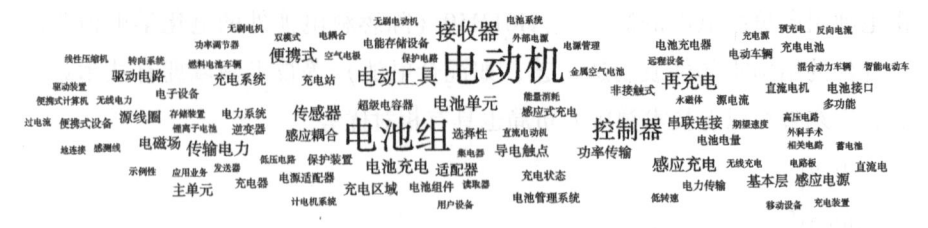

图 2-25　全球新能源汽车高频被引专利技术分布

2. 高频涉诉专利分析

专利诉讼不仅是权利人维护自身知识产权的手段，亦是专利法律价值、经济价值乃至战略价值的直接体现。从高频诉讼居前 50 位的专利来看，在剔除行政诉讼后，共涉及 398 起专利诉讼，其中，涉及"337 调查"案件数十起，这也表明司法诉讼叠加行政手段的方式成为权利人维护自身专利权或市场竞争力的重要方式。

全球新能源汽车领域高频涉诉专利案件的原告集中在锂电池等能源类企业，如 NOCO 公司、瓦尔达微电池有限责任公司等，且以上两家公司均对中国相关企业发起过专利诉讼。而高频涉诉专利案件的原告除了美国公司，中国的企业提起诉讼的情况也占据了一定的比例，如深圳来电科技有限公司、北京博合智慧科技有限公司等。此外，值得注意的是，在国外相关企业提起的诉讼中出现诸如 Scramoge Technology Limited、微软旗下的 Intellectual Ventures Hldg 88 等非专利实施主体，通过其母公司的无线充电或车载相关的通信技术发起相关诉讼，被告涉及的范围较为广泛，既有半导体类企业，也有整车企业。因此，在新能源汽车领域，因技术发展的成熟度与市场布局的完善度引起相关非专利实施主体的注意，使得其在新能源汽车领域诉讼较为活跃。

如图 2-26 所示，已结案的高频涉诉专利案件判决结果主要以"和解"结案，占比达 83.45%，"中止""转移""有争议""合并"等程序性结案的案件占比为 14.39%，"原告胜诉"案件的占比仅为 2.16%。由此可见，"和解"是车企间解决争端的主要方式。

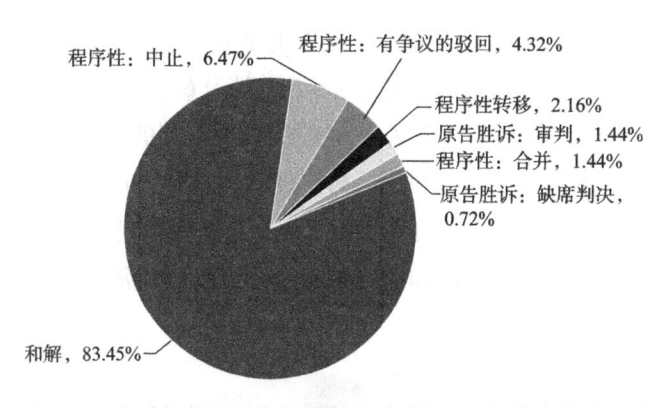

图 2-26　全球新能源汽车领域高频涉诉专利案件结案方式统计

如图 2-27 所示，高频涉诉居前 50 位的专利技术焦点主要集中电池、电机和电控系统，具体应用在电池组（包或模组或模块）、电动机、充电桩、控制装置等技术领域，相关专利技术应用与市场竞争尤为激烈，专利诉讼集中在电池供电与二次电池制造技术上。

图 2-27　新能源汽车领域高频涉诉专利技术分布

3. 同族专利规模分析

同族专利的布局是权利人争夺技术市场的方式之一。从新能源汽车同族规模居前 50 位的专利来看，申请人分布较为分散，除了中国相关企业如 OPPO、比亚迪与昶洧新能源汽车发展有限公司分别拥有 8.00%、4.00% 和 4.00% 的专利，其他专利均分散在各个权利人手中，既包括能源科技公司 Solaredge Tchnologies 公司、燃料电储能类公司英诺利（Innolith）、埃克森研究与工程公司（Exxon Research & Engineering Co.），也包括通信类企业如谷歌，以及专业电动工具制造商如 Techtronic Cordless GP 等，涉及整车企业的专利权利人/申请人反而不多。由此也可以看出，由于技术属性的多样化，新能源汽车领域所涉及的基础专利的持有人也呈多元化特征。

如图 2-28 所示，居前 50 位的同族专利共涉及 65 个国家/地区的专利受理局，其中，美国专利商标局受理居前 50 位的同族专利的数量远远高于其他国家，位居第一；中国、欧洲专利商标局、日本及世界知识产权组织等受理量较为接近。综上可以看出，当前同族规模居前 50 位的专利家族主要集中在美国、欧洲专利局、日本、韩国和中国，印度等汽车市场潜力大的国家亦成为布局的重点。

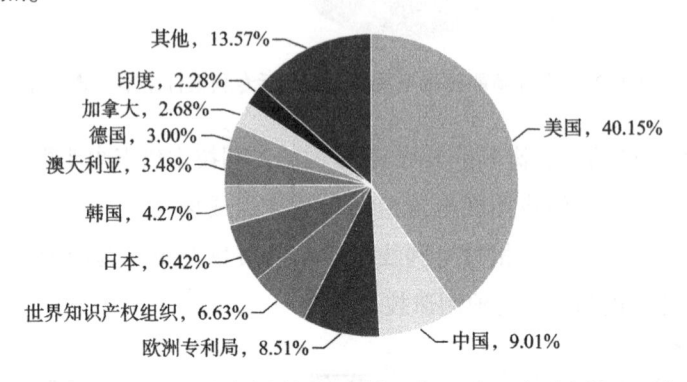

图 2-28 全球新能源汽车领域同族规模居前 50 位的专利家族地区分布

如图 2-29 所示，同族规模居前 50 位的专利技术主要来源于 H02J、H01M、B60L（电动车辆动力装置）及 B60K（车辆动力装置或传动装置的布置或安装）大类上，细分 IPC 小组方面主要集中在 H02J/00。总体来看，在全球新能源汽车专利技术布局主要集中在二次电池、集电器、电池组零部件、电池数据交换及车辆储能等多个方面。

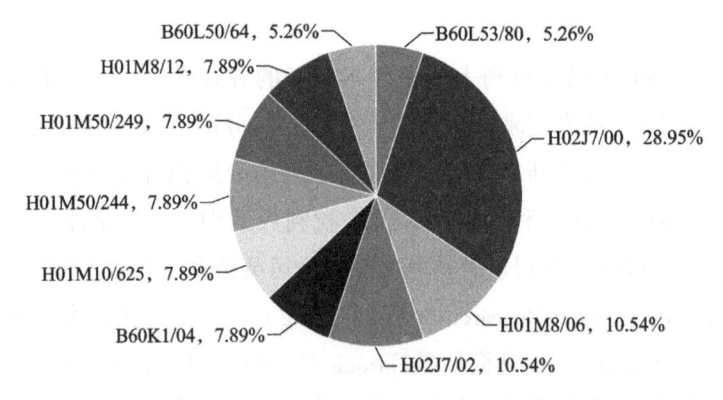

图 2-29 全球新能源汽车领域同族规模居前 50 位的专利 IPC 统计

同族专利规模越大，在全球布局越广泛，稳定性越强。如图 2-30、图 2-31 所示，在当前新能源汽车同族规模居前 50 位的专利中，拥有 1~5 个优先权专利的比例达 72%，拥有 6~20 个优先权专利的比例达 14%，拥有 20 个以上优先权专利的比例达 2%，无优先权专利的比例达 12%。从技术来源国看，本国优先权专利占 32.56%，国外优先权专利占 55.81%，拥有 PCT 优先权专利的占比为 11.63%。

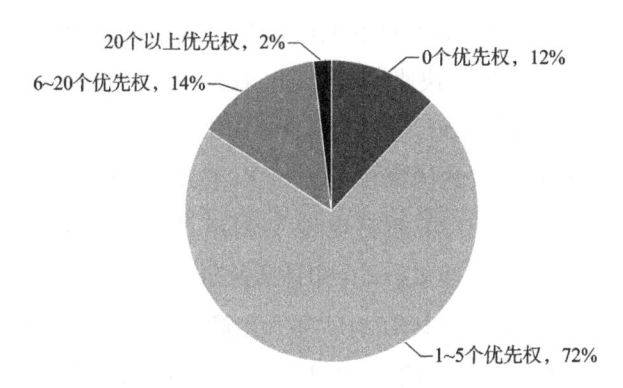

图 2-30 全球新能源汽车领域同族规模居前 50 位的专利优先权数量统计

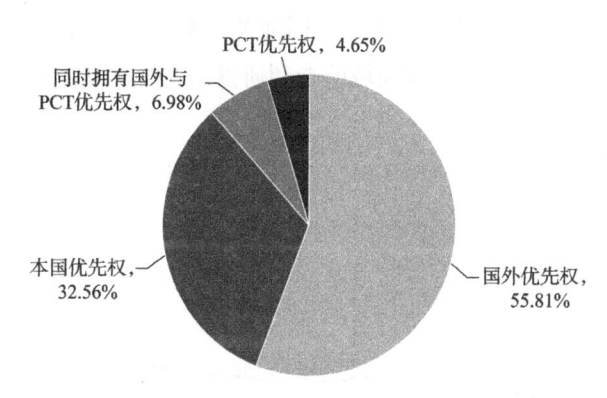

图 2-31 全球新能源汽车领域同族规模居前 50 位的专利拥有优先权类型统计

总体来看，广东省乃至中国在新能源汽车技术发展迅速，不管是专利布局数量还是专利质量方面，均具有与全球其他地区专利相抗衡的实力。同时伴随技术成熟度的提高，中国成为当前新能源汽车重要的技术与目标市场，展现了较强的创新活力与市场潜在竞争力，且专利权人对于专利保护运用的手段逐渐熟练。

三、氢燃料电池在汽车应用领域的专利分析

在全球节能减排硬约束的驱动下,氢燃料在清洁能源领域持续受到关注,并在交通、传播、航空等领域逐步推进应用。本节通过对氢燃料电池开展的专利进行检索分析,挖掘氢燃料电池在汽车领域的应用现状与前景。

(一)专利申请趋势

2000—2022年,全球氢燃料电池产业专利申请量为10.50万件,其中发明专利占91.49%,处于快速发展阶段,各国或地区创新主体纷纷加强技术研发及其布局。如图2-32所示,20余年以来,全球氢燃料电池技术研发总体趋于活跃。伴随着发达国家在21世纪以来大力提倡环保降碳发展氢能技术的影响,2002—2007年燃料电池专利申请量迎来首个高峰,并于2008—2011年逐渐走低后迎来第二个申请活跃期。中国自2000年以来始终保持低开高走的上升趋势,尤其是2017年开始高速发展,2018年申请量超过海外并保持持续增长态势。截至2022年12月31日,中国专利申请量达2.62万件,占全球专利申请比重达24.95%。广东省与中国专利申请趋势总体保持一致。在当前氢能日益成为各国能源战略布局的重点的情况下,关于氢能运用尤其是燃料电池等领域的专利研发与竞争将持续升温。

图2-32 全球氢燃料电池领域专利申请趋势

(二)技术来源与目标市场国/地区分析

如图2-33所示,当前全球氢燃料电池专利技术来源地主要集中在中国

和日本，两国之和超总量的七成，中国占比超四成。美国、韩国、德国及法国共同占据 24.24%。

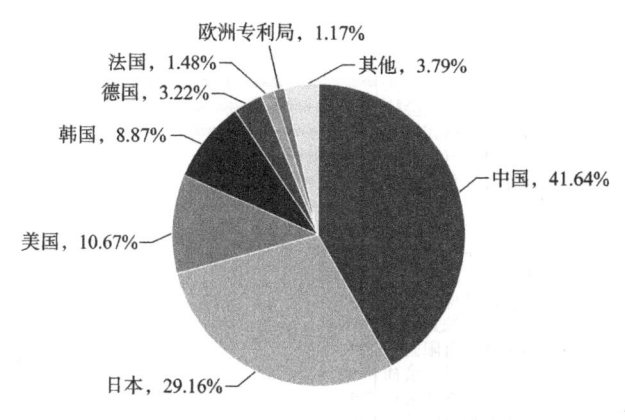

图 2-33 全球氢燃料电池领域专利主要技术来源地分布

如图 2-34 所示，中国与美国是当前氢燃料电池技术的重点应用市场。此外，尽管日本的技术研发比例远远高于美国，但从目标市场反映出的市场潜力来看，专利权利人更看重美国市场。欧洲在减少碳排放战略目标推动下，致力于绿色能源开发，该地区也成为当前技术目标市场之一，具有较大的应用市场潜力。

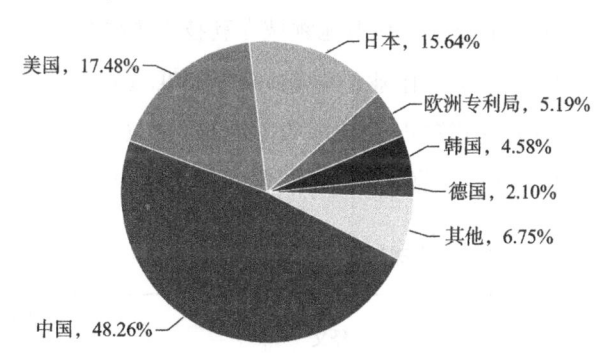

图 2-34 全球氢燃料电池领域专利主要目标市场分布

（三）主要专利权人/申请人

如图 2-35 所示，当前全球氢燃料电池技术仍由传统车企、汽车零部件企业掌握，但也有材料类或研发类公司参与。氢燃料电池专利的全球排名靠前的主要权利人/申请人主要集中在日本和韩国企业手中，丰田、现代、本田、日产拥有的专利占 58.07%。与国外传统车企作为研发主体不同的是，中国的北京亿华通、中国科学院、清华大学和神力科技也有上榜，体现了产学研共同布局的格局。

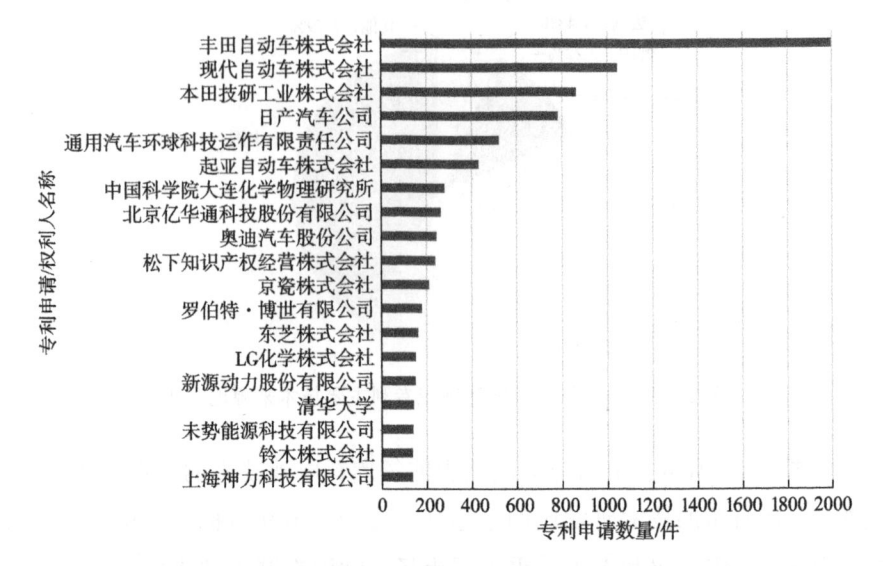

图 2-35 全球氢燃料电池领域主要专利权人/申请人统计

（四）技术构成分析

如表 2-3 所示，全球氢燃料电池领域专利技术主要分布在 H 部（物理）的 H01M，以及少量 B 部（作业；运输）的 B60L（电动车辆动力装置）。其中，主要 IPC 小组专利数占比分别为 H01M8/04（26.62%）、H01M8/10（19.18%）。总体来看，当前全球氢燃料电池技术集中在电堆等领域。

表 2-3 全球氢燃料电池领域主要 IPC 统计

分类号	释义	全球 IPC 分类占产业申请总量比重/%
H01M8/04	辅助装置，例如用于压力控制的，用于流体循环	26.62
H01M8/10	固体电解质的燃料电池	19.18
H01M8/02	零部件	11.73
H01M8/00	燃料电池及其制造	11.53
H01M4/88	制造方法	6.84

续表

分类号	释义	全球IPC分类占产业申请总量比重/%
B60L11/18	使用初级电池、二次电池或燃料电池供电	6.64
H01M4/86	用催化剂活化的惰性电极	6.57
H01M8/04089	气态反应物	4.27
H01M8/04746	压力；流量	3.63
H01M8/04302	用在启动期间	2.99

如图2-36所示，中国、日本、美国、韩国和欧洲在H01M8（燃料电池；及其制造）这一关键技术的竞争尤为激烈。此外，从各领域的分布情况来看，除了B60L11在日本布局处于领先位置，其他各类技术在中国的分布远远高于其他地区，这也印证了当前中国氢燃料电池研发的热点。

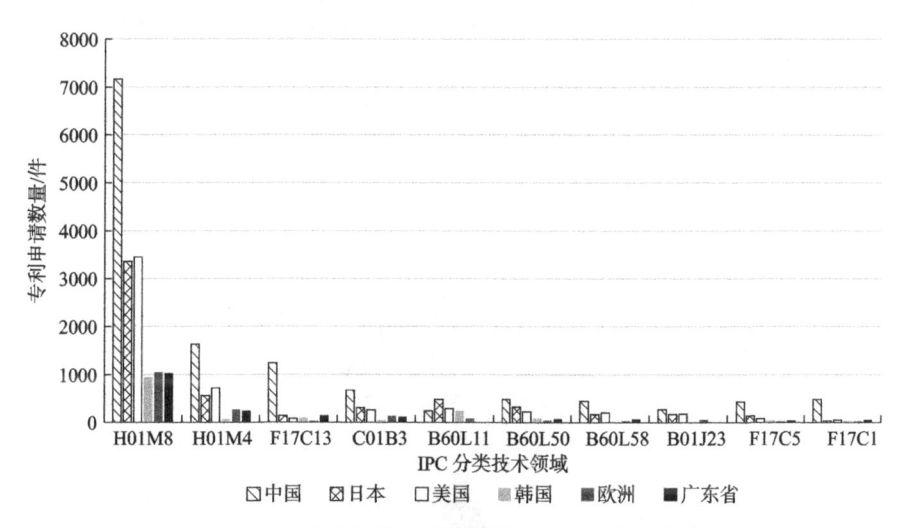

图2-36 全球氢燃料电池领域主要IPC分类统计

（五）当前全球氢燃料电池领域主要专利分析

通过整理汇总2000—2022年全球氢燃料电池领域有效专利数据进行分析。

1. 高频被引用专利分析

全球氢燃料电池领域高频被引用居前50位的专利的主要申请人以日韩系主机厂如日产、本田、现代等，以及燃料电池类能源公司如布鲁姆能源公司、Solaredge Tchnologies 公司为主。可见，在氢燃料电池领域，早期的被引用专利具有明显的地域特征，汽车作为日本和韩国的重要产业，国家战略与产业发展密切融合，技术研发较为活跃。

如图 2-37、图 2-38 所示，全球氢燃料电池领域高频被引用专利的技术焦点集中在燃料电池及其系统、电池组零部件、电池电极、电池化合物等应用中。聚焦到 IPC 技术分类上，主要集中 H01M 大类上，少量涉及 H02J 电力连接装置上。细分到具体的 IPC 小组，被引用专利主要涉及燃料电池的具体成分如电解质、电池堆及辅助装置等方面。但也能明显看到，在高频被引用专利中，早期的氢燃料电池技术在当前推进环保型燃料电池技术中，仍然是技术研发与创新的基础。

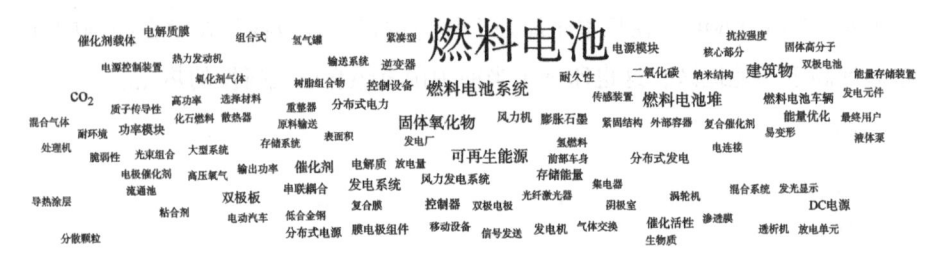

图 2-37 氢燃料电池领域高频被引用专利技术分布

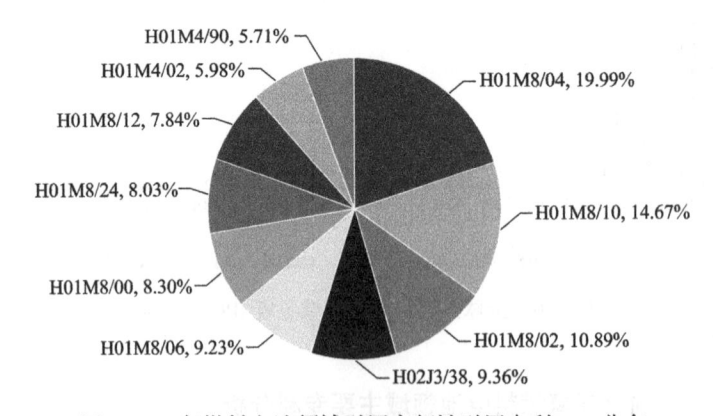

图 2-38 氢燃料电池领域引用高频被引用专利 IPC 分布

- H01M8/04, 19.99%
- H01M8/10, 14.67%
- H01M8/02, 10.89%
- H02J3/38, 9.36%
- H01M8/06, 9.23%
- H01M8/00, 8.30%
- H01M8/24, 8.03%
- H01M8/12, 7.84%
- H01M4/02, 5.98%
- H01M4/90, 5.71%

2. 同族规模分析

氢燃料电池同族规模居前 50 位的专利的申请人分布较为分散，国外权利人所掌握的数量较为靠前，且以国外能源类公司及汽车制造商为主，如英国智慧能源公司、明亮光源能源公司、UltraCell 公司均为全球著名的电池技术企业，日本丰田在这个领域的专利全球布局也较为广泛，还存在高校或研究院所作为权利人出现如麻省理工学院及财团法人工业技术研究院等。由此也可以看出，由于国外技术研发周期开始较早，其技术成熟度与布局完善程度较高，氢燃料电池领域专利家族在全球的分布较广。

如图 2-39 所示，同族专利规模居前 50 位的专利涉及的受理局十分广泛，共涉及 65 个国家/地区/组织专利受理局，美国、欧洲、中国、世界知识产权组织及日本受理同族专利的数量相当，分别占比都在 6.00%～8.00%。同时可以看到，印度、澳大利亚、巴西及"其他"类别中泰国、菲律宾等国家均有受理同族专利。这说明权利人不仅重视主要应用市场、潜力市场的战略布局，同时对任何可能出现纠纷的市场进行布局，体现出技术应用的广泛性及价值度。

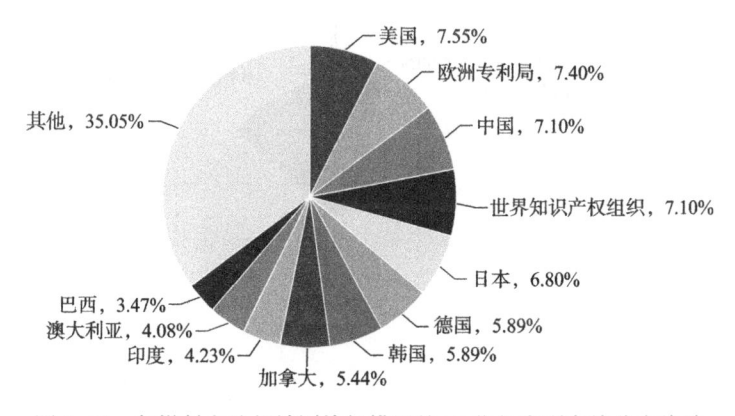

图 2-39　氢燃料电池领域同族规模居前 50 位的专利家族分布统计

如图 2-40 所示，同族专利规模居前 50 位的专利的同族专利技术构成主要来源于 H01M8 大类，以及少量 H01M2 与 H01M4，细分 IPC 小组方面主要集中在 H01M8/04（19.05%）。总体来看，在全球氢燃料电池专利家族规模大的专利技术市场应用主要集中在燃料电池、电极/电解质、零部件、合成气产生及车辆储能等多个方面。

如图 2-41、2-42 所示，全球氢燃料电池领域的同族规模居前 50 位的专利中，拥有 1～5 个优先权专利的比例达 72%，拥有 6～20 个优先权专利的比例达 10%，拥有 20 个以上优先权专利的比例达 4%，无优先权专利的比例达 14%。专利优先权主要为国外优先权，占比达 50.82%，且主要集中在美国。总体来看，居前 50 位的专利的优先权集中在主要竞争市场，且十分注重国外专利布局。

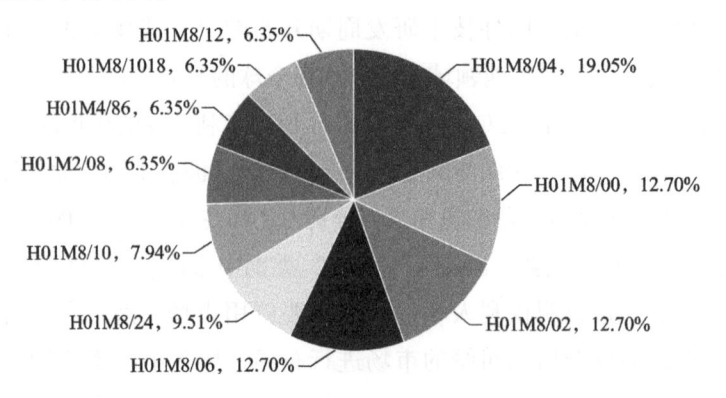

图 2-40　氢燃料电池领域同族规模居前 50 位的专利 IPC 统计

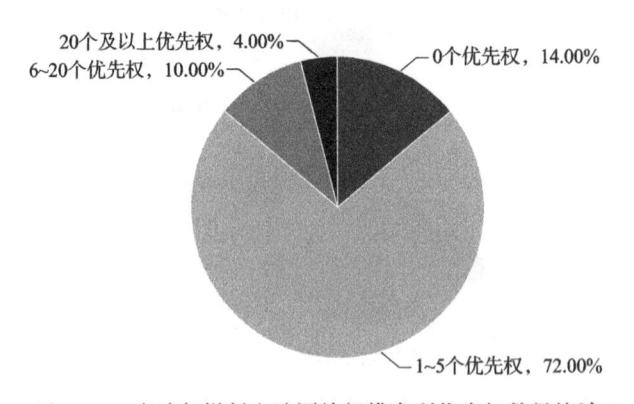

图 2-41　全球氢燃料电池同族规模专利优先权数量统计

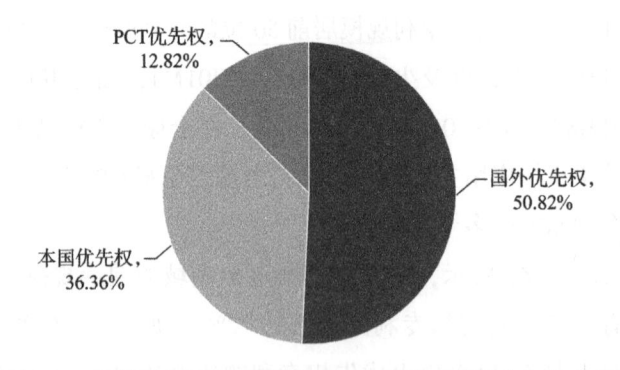

图 2-42　氢燃料电池同族规模居前 50 位的专利优先权分布统计

总体来看，在氢燃料电池领域，国外对各类清洁能源的推广力度要早于中国等发展中国家，以日本为代表的相关企业为抢占技术高地，较早地开始实施相关布局。但伴随着中国清洁能源技术的发展，中国在氢燃料电池领域的技术更迭十分迅速，成为重要的技术来源国与目标市场国。但专利质量分析结果显示，当前氢燃料电池领域具有高质量专利的当前权利人主要集中在海外，欧洲、美国、日本、韩国企业是高频被引与同族规模大专利的主要持有人，这反映出尽管广东省乃至中国在氢燃料电池专利布局速度较快，但就专利质量及专利的运营而言，国外权利人具有先发优势。

综上所述，汽车产业作为广东省战略性支柱产业的重要组成部分，已形成了完整的产业链，在产业规模、创新能力、产业链配套等方面在全国保持一定领先地位，拥有一批龙头企业。为适应汽车发展新趋势，广东省企业加大研发投入，在新能源、智能网联汽车及氢燃料电池等多技术领域拥有多项专利技术，尤其是在新能源汽车领域，在重点专利布局上具有一定的优势，但通过全球专利比对可以看出，有关智能网联、新能源所涉及的核心器件部分如半导体器件、电池、芯片等方面专利布局优势并不明显。通过有效专利占申请数量的比例、高频被引与涉诉专利等重点维度的分析可以看出，在汽车领域，国外技术研发虽迭代较快，但其基础性专利的稳定性强，技术叠加效应明显，同时国外企业尤为重视专利家族的扩展，相关专利的稳定性较强，并呈现专利"合围"保护的态势。我国应高度重视挖掘重要专利的战略价值，积极发挥专利的攻防作用，维护自身的知识产权，提高市场竞争能力。

第三章

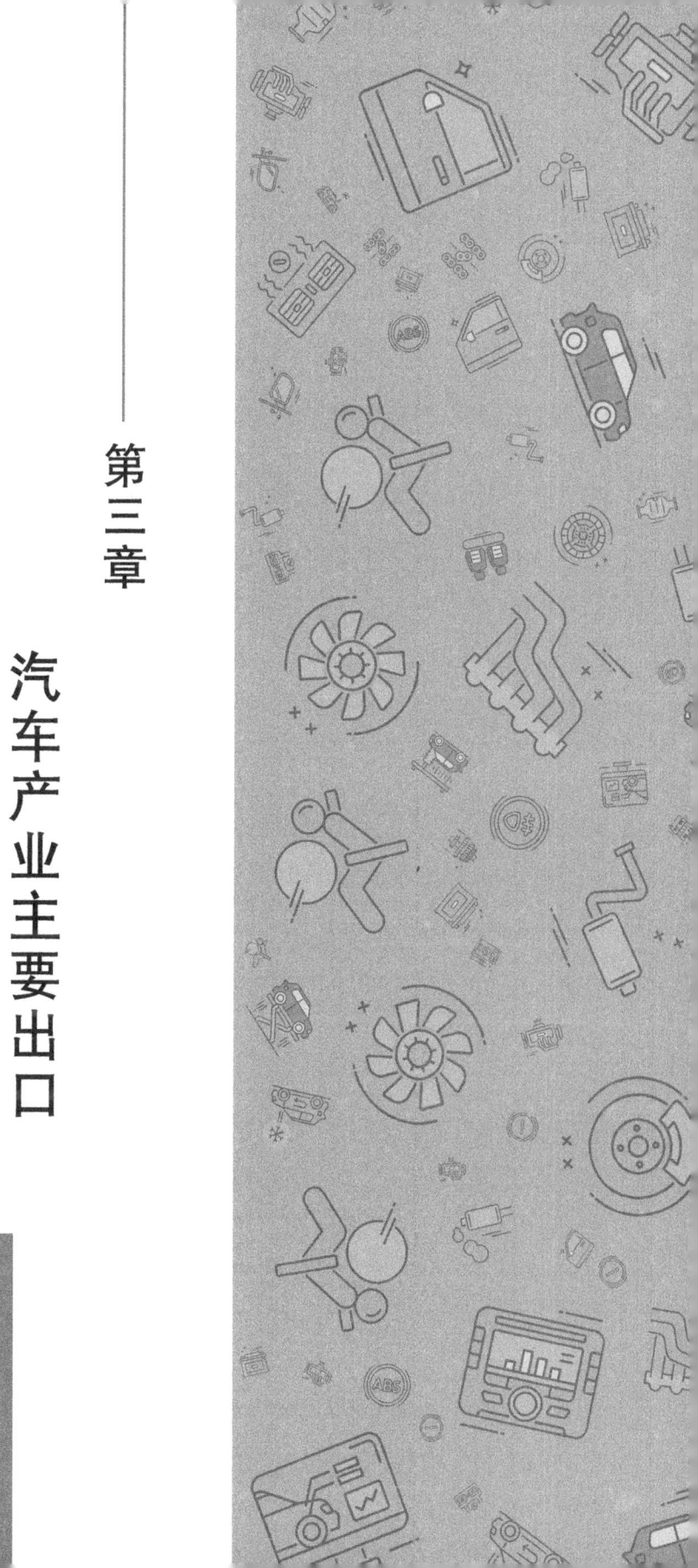

汽车产业主要出口市场政策

第二章

武王再出口 市社組育

随着汽车产业全球角逐的日益加剧，各国不断修订并完善市场准入、出口管制制度和知识产权保护政策，最大限度地保护本国产业的发展，进而争取汽车产业电气化与数字化转型的国际话语权与技术制规权。广东省作为全国主要汽车产业制造基地，通过梳理其产业主要出口市场的现行市场准入与出口管制政策和知识产权保护政策，探讨出口企业遭遇知识产权贸易壁垒背后的制度约束和应对措施，为企业在"走出去"过程中规避知识产权贸易壁垒纠纷提供支撑。

第一节　主要出口市场准入政策

市场准入，是指一国允许外国的货物、劳务与资本参与国内市场的程度。市场准入政策是指在国际贸易方面，两国政府间为了相互开放市场而对各种进出口贸易的限制措施，其中包括关税和非关税壁垒准许放宽程度的承诺。近年来，随着关税壁垒的逐渐弱化，国际贸易中非关税壁垒进一步增多并主要表现为技术性贸易壁垒。技术性贸易壁垒是进口国在实施进口贸易管制时，制定颁布法律、法令、条例、规定，依靠严格的技术标准，通过认证、检验、注册、监督等制度来提高进口产品市场准入的技术门槛，最终形成的以限制进口为目的的一种非关税壁垒。

鉴于汽车产业链的复杂性，各国或地区对汽车的环保性、安全性、节能性及数字合规等方面提出更高的要求，并专门制定了相关产品安全法规指令与技术标准并实行强制性的产品安全认证。产品须满足相应的法规要求，经过指定的认证机构认证，在出厂和销售时加贴特定的认证标志，方可允许进入相应市场。鉴于中国当前汽车出口主要集中在新能源汽车与二手车，因此本节重点分析以上产品主要出口市场的准入政策。

一、部分国家汽车市场准入政策

（一）美国

美国在车辆方面的市场准入制度主要为美国交通运输部（U. S. Department of Transportation，DOT）和美国环境保护署（U. S. Environmental Protection Agency，EPA）认证。进入美国市场必须通过美国交通部的安全认证。这项认证不是由政府部门主导，而是由制造商自行检测，再由厂家判断是否符合生产标准，美国交通部门仅把控部分零件诸如挡风玻璃、轮胎的认证；对于剩下的部分，美国交通部门会定期抽查检验，对于弄虚作假行为将予以严惩。美国环境保护署的环保认证同美国交通部的安全认证相似，也是自行申报加部门督查方式，主管部门为美国环境保护署。

（二）欧盟

欧洲经济委员会（Economic Commission of Europe，ECE）法规标准（ECE Regulation）与《欧盟指令》（*EC Direction*）规定，凡是需要进入其成员国市场的车辆及主要零部件产品，必须通过 E-mark 认证[1]及生产一致性检查，并在产品上标注"E 认证"标志，才能在欧洲经济委员会成员国获准销售，否则会被海关扣押及被进口国市场监督管理机构处罚，同时整车不得挂牌上路。欧洲经济委员会是联合国下属机构，当前其成员包括欧洲、非洲、亚洲和大洋洲 48 个成员国，颁发证书的为欧盟成员国，同时任何一个欧盟成员国颁发的证书在其他成员国都能获得认可。

（三）日本

日本的认证制度是由政府部门就汽车是否符合安全、环保等方面技术标准而进行确认的制度。进口车所涉及的认证制度主要有三种：型式指定制度（Type Designation System，TDS）、共同构造部（多式样自动车）型式制度［Common Structure（Multiple Specification Vehicle）Type Designation System］和进口车特别对应制度（Prefrential Handling Procedure for Imported Motor Vehicles，PHP）。其中，进口车特别对应制度是日本政府为了促进汽车进口而采取的特别优待制度，仅适用于单一车型年销量 5000 辆以下的汽车。此外，在型式指定制度中，对有关排放、噪声、安全等控制装置和零部件还设立了单独的装置型式指定制度。如果车辆零部件产品和车辆系统通过相应的欧洲经济委员会型式批准，取得"E 认证"标志，就可以免检进入日本市场。

---

[1] E-mark 认证是欧洲经济委员会与欧盟（EU）针对车辆及主要零部件产品实施的一种强制性认证制度，通常也写为 Emark 认证或 E-mark 认证。

（四）韩国

韩国在汽车产品市场准入管理方面，基本采取美国的模式和经验，将汽车产品的安全和环保分开进行管理，由不同的政府部门依据不同的法律授权，分别制定并实施相应的技术法规体系，对汽车产品依据技术法规进行产品的认证和批准。其中在汽车产品的安全方面，根据韩国《汽车管理法》的规定和授权，国土交通部对机动车辆制定了较为完整的汽车技术法规体系，即机动车辆安全标准体系（Korea Motor Vehicle Safety Standards，KMVSS）。在汽车的环保方面，依据空气质量和环境保护法，由韩国的环保部进行管理。在汽车及汽车零部件产品方面，实行的是韩国的国土交通部发布的《汽车自我认证要领有关规定》（第2009—1327号，2009年12月31日）。部分汽车零部件产品自我认证属于韩国强制认证（Korea Certification Mark，KC认证）范围，涉及16个汽车零部件产品种类，包括轮胎、灯具、安全玻璃、安全带等。对于进口汽车整车还需增加包括安全检查项目和环境检查项目（排放、噪声）。

（五）泰国

泰国施行"两轨并行"的汽车产品准入制度，即欧洲经济委员会标准与泰国工业标准院（Thai Industrial Standards Institute，TISI）标准并行模式。依据车辆型号、参数的不同，除排放之外的认证项目均需要按照欧洲经济委员会标准来进行检测认证并拿到欧盟整车型式认证（Whole Vehicle Type pproval，WVTA）证书。排放项目必须依据泰国工业标准院的标准进行排放测试。在完成了检测认证流程之后，泰国陆路运输部（Department of Land Transport，DLT）负责车辆整车产品的型式批准，TISI负责车辆零部件和系统的型式批准。

（六）新加坡

新加坡车辆准入的管理机构为新加坡陆路交通管理局（Land Transport Authority，LTA），要求每种进入新加坡的新车必须符合《新加坡道路交通法》及其附属法规。目前新加坡共有包括车辆安全、汽车排放等52项核心车辆法规，生产商可以在国际通用的汽车安全认证体系中任选一项，进行所要求的全部型式认证试验即可注册。

(七) 越南

越南车辆准入的管理部门为交通部（Ministry of Transport of Vietnam, MOT）及其下属的车辆登记局（Vietnam Register, VR），实行型式认证制度。从2018年开始，越南国家登记局强制性对汽车后市场零部件产品进行型式认证，目前强制性产品范围包括安全玻璃、轮毂、后视镜、轮胎、前照灯、油箱、蓄电池、内饰材料、压力容器、动力电池等。

(八) 印度尼西亚

印度尼西亚整车除了排放和噪声认可实行欧洲经济委员会证书之外，其他一般安全项目如喇叭、灯光、专项、制动、尺寸轴荷等均依据《汽车技术法规》进行检验，因此，需运送产品到印度尼西亚本地进行检测与认证，印度尼西亚不承认境外实验室出具的检测报告。车辆试验和检验中心（Vehicle Testing and Certification Center, VTCC）在本地进行检测和认证后，才能得到准入许可。除了整车认证之外，印度尼西亚对汽车零部件实施强制性认证（Standard National Indonesia, SNI认证），经过认证的产品需打刻"SNI认证"标志后才能进入该国市场，且需要进行年审。

(九) 马来西亚

马来西亚参照欧盟对汽车产品的准入管理和技术法规体系，全面采用欧洲经济委员会汽车技术法规体系，并在汽车产品准入管理体制上采取国际通行惯例的车辆型式批准制度，且只能以当地法人的名义进行所有产品相关环节的认证，因此汽车厂商若想在马来西亚销售产品，需要在当地成立销售公司（或委托当地有法人资质的经销商），以当地法人的名义进行所有产品相关环节的认证。

(十) 尼日利亚

尼日利亚国家标准局（Standard Organization of Nigeria, SON）作为负责市场准入的机构，针对汽车领域实施装船前强制性合格评定程序（Standards Organization of Nigeria Conformity Assessment Programme, SONCAP）认证。装船前强制性合格评定程序证书是管制产品在尼日利亚海关办理通关手续的法定必备文书（机动车备用零件属该强制认证产品范围），缺少该证书将造成管制产品通关迟延或被拒绝进入尼日利亚市场。

（十一）坦桑尼亚

坦桑尼亚国家标准局（Tanzania Bureau of Standards，TBS）实施和执行的符合性评估程序，即装运前符合性评估程序（Pre-Export Verification of Conformity to Standards，PVOC），规定所有符合性评估程序涵盖的管制产品（汽车及其零部件属管制产品范围）都必须在装运前进行检查，产品须符合坦桑尼亚国家标准或其认可标准，在此基础上出具产品符合性证书（Certificate of Conformity，COC 证书）。

（十二）沙特阿拉伯

沙特阿拉伯标准局（Saudi Arabian Standards Organization，SASO）在引入沙特产品安全计划（Saudi Product Safety Programme，SALEEM）后针对认证程序，于 2019 年 1 月 1 日启动的沙特产品安全计划的在线认证系统（SASO SALEEM Saber，SABER）认证❶，是对出口沙特产品的符合性认证评估程序。2019 年 11 月，沙特将汽车零部件纳入产品认证清单。沙特的在线认证系统流程与尼日利亚装船前强制性合格评定程序流程类似，首先要申请产品符合性证书（Product Certificate，PC 证书），出货时对每一批次产品申请批次证书（Shipment Certificate，SC 证书）。

二、部分国家动力电池市场准入制度

（一）新能源汽车动力电池出口有关要求

根据联合国《关于危险货物运输的建议书》（Recommendations on the Transport of Dangerous Goods，TDG）、国际海事组织《国际海运危险货物规则》（International Maritime Dangerous Goods Code，IMDGCODE）和国际航空运输协会《危险品规则》（IATA Dangerous Goods Regulations，IATA DGR）等国际规章，动力电池被分为 UN3480（锂电池单独运输）、UN3171（电池驱动的车辆或设备）两类，属于第 9 类危险货物，在运输时需通过 UN38.3

---

❶ 沙特的在线认证系统流程是沙特阿拉伯标准局推出的在线网络系统工具，用于产品注册、发行和获取符合性清关证书（Shipment Certificate，SC）的一整套无纸化办公体系。2020 年 1 月 15 日起，"SABER 认证"全面取代旧的"SASO 认证"，所有产品都要执行"SABER 认证"才能顺利清关。

测试。虽然新能源汽车中所用的锂离子电池属于危险货物，但根据不同情况有区别对待：

（1）如果运输的货物为纯电动汽车，运输专用名称为"电池驱动的车辆"，联合国编号为"UN3171"，海陆运输时为"非限制性货物"，无包装要求。

（2）如果运输的货物为混动汽车，运输专用名称为"易燃液体驱动的车辆"，联合国编号为"UN3166"，海陆运输为"非限制性货物"，无包装要求。

（3）如果运输的货物为锂离子电池，运输专用名称为"锂离子电池"，则危险性类别为"第9类危险货物"，联合国编号为"UN3480"，根据其包装导则的规定相应的包装类别为"Ⅱ"。根据《中华人民共和国进出口商品检验法》的规定，运输该产品应进行危险货物包装的性能鉴定和使用鉴定。

（二）部分国家动力电池相关标准

动力电池作为新能源汽车的关键组成部分出口海外市场，需要符合部分国家或地区对新能源汽车中动力电池的有关标准（表3-1）。

表3-1 新能源汽车中的动力电池有关标准

序号	国家/组织	标准编号	中文名称	英文名称
1	中国	GB 38031—2020	电动汽车用动力蓄电池安全要求	Electric Vehicles Traction Battery Safety Requirements
2	中国	GB/T 31484—2015	电动汽车用动力蓄电池循环寿命要求及试验方法	Cycle Life Requirements And Test Methods for Traction Battery of Electric Vehicle
3	中国	GB/T 31486—2015	电动汽车用动力蓄电池电性能要求及试验方法	Electrical Performance Requirements and Test Methods for Traction Battery of Electric Vehicle
4	欧盟	ECE Regulation No. 100	关于就电力传动系统的特定要求批准车辆的统一规定	Uniform Provisions Concerning the Approval of Vehicles With Regard to Specific Requirements for Electric Power Train

续表

序号	国家/组织	标准编号	中文名称	英文名称
5	欧盟	ECE Regulation No. 10	关于在电磁兼容性方面批准车辆的统一规定（修订版3）	Uniform Provisions Concerning the Approval of Vehicles with Regard to Electromagnetic Compatibility Revision 3
6	欧盟	2011/65/EU（RoHS 2.0）	在电子电气设备中限制使用某些有害物质指令	The Restriction of the Use of Certain Hazardous Substances in Electrical and Electronic Equipment
7	美国	Ul 2580	电动汽车动力电池包安全标准	Standard for Batteries for Use in Electric Vehicles
8	印度	AIS 038（Rev.2）	印度动力电池的标准第二版修订	The Indian Traction Battery Regulation Ais-038 Amendment 2

从汽车主要出口国家的市场准入要求、技术法规和认证要求与主要执行标准来看，各国对汽车产业链上下游均设置了明确的要求，涉及电气安全、能效环保等多个环节，体现了各国对进入本国产品的最低技术标准和要求。国际贸易的市场准入政策背后，实质上体现的是技术与标准之争，因而更易于从市场准入方面设置技术性贸易措施。当前广东省乃至全国出口市场主要集中在东南亚、中东、非洲等技术发展水平及法规要求相对较低的国家或地区，进入欧盟和美国等市场准入要求相对较高的发达经济体的汽车数量相对有限，但随着新能源汽车和智能网联汽车出口规模的不断扩大、出口市场的不断增多，汽车出口面临的市场准入条件将日益复杂，因此企业在生产制造过程中，必须加强技术创新和知识产权保护，增强出口竞争力。

第二节　主要市场出口管制政策

半导体芯片作为汽车产业发展的核心要件，受新型冠状病毒疫情、上游原材料短缺和国际局势变化的影响，全球缺"芯"状态持续。随着芯片逐渐成为数字时代高端制造业的关键战略资源，围绕芯片供应链主导权的争夺也进一步加剧。以美国为首的西方国家对中国获取高性能计算芯片、先进计算机、特定半导体制造设施及相关技术实施全面限制，且有进一步延伸至上游材料和零部件趋势。各国政府在促进本国芯片产业转型升级的同时，在半导体制造和先进计算等领域出口管制措施升级（附录1）。

一、美国出口管制政策

美国在出口管制方面已形成较为系统的体系，并成为其外交政策的重要组成部分。美国的出口管制职责主要由美国商务部下的工业和安全局（Bureau of Industry and Security，BIS）承担，依据《出口管理条例》（*Export Administration Regulation*，EAR），通过管制清单如商品管制清单（Commercial Control List，CCL）、实体清单、被拒绝主体清单（Denied Persons List）、未经核实清单（Unverified List）及军事最终用户清单（Military End-User List）等，对特定从美国出口和从美国转移的含有美国原产成分或者美国原产的货物、软件、技术或服务等进行管制（包括再出口、国内转让），以及向特定国家或地区出口采取的限制措施。

近年来，随着中美竞争对抗加剧及半导体在全球先进制造业中的关键作用，美国对芯片、半导体等先进技术及其产品的出口管制日趋严格。在特朗普政府推出《2018年出口管制改革法案》（*Export Control Reform Act of 2018*）基础上，进一步扩大了美国出口管制法的适用范围，增加了对"新兴和基础技术"（Emerging and Foundational Technologies）的管制。拜登政府多次修正《出口管理条例》，补充了包括维护美国国家安全与反恐在内的网络安全、传感器、高级计算和半导体制造与用途项目，以及各类对新兴技术控制拓展的管制。

近年来，美国不断增加产品出口管制范围，针对中国的出口管制措施逐步增强。2022年10月，美国商务部工业和安全局发布《实施额外的出口管制：某些高级计算和半导体制造项目；超级计算机和半导体最终用途；实体清单修改》，对先进计算集成电路、包含此类集成电路的计算机商品及部分半导体制造物项进行修改并增补了管控限制，明确针对中国的相关措施，旨在限制中国取得先进计算集成电路（Integrated Circuit，IC）、开发和持有超级计算机、制造先进半导体的能力。2023年1月，美国进一步更新了针对中国的出口管制条例，将澳门列入规则管辖的目的地范围，形成迄今为止美国对华半导体产业最全面、最严厉的遏制政策。

二、欧盟出口管制政策

欧盟的出口管制主要依赖于欧盟贸易总司（Directorate General for Trade）及两用物项协调小组（Duel-Use Coordination Group，DUCG），根据2021年更新的《建立欧盟控制两用物项的出口、中介、技术援助、过境和转让的管制制度》条例（以下简称《两用物项条例》）监督和统筹各成员国执行。

近年来，伴随着全球竞争加剧，出口管制成为各国或地区进行科技竞争的重要战略工具，尤其是在美国基于国家安全基础上不断扩大出口管制范围，欧盟出于自身利益的考量也修改其出口管制内容。在中美竞争格局的影响下，欧盟对中国出口管制的态度也逐渐发生变化。2022年9月，欧盟在发布的报告《关于实施条例（EU）2021/821，建立管制两用物项出口、中介、技术援助、过境和转让的联盟制度》中明确，将进一步与合作伙伴更有效地合作，以促进全球管制的趋同。[1] 2023年5月，美国-欧盟贸易和技术理事会（Trade and Technology Council，TTC）举行会议并发表联合声明，进一步加强在出口管制方面的合作。

欧盟对华战略核心不同于美国的"脱钩"，而是"去风险"，通过不断出台包括投资审查、补贴审查、供应链审查等各种经济政策，试图减少对中国经济的依赖。2023年6月，欧盟委员会发布《欧洲经济安全战略》，将实行更加严格的投资监管和出口限制，对涉及安全技术的研究和开发引入审核机制，以打造"更具韧性"的供应链。虽然该战略并没有明确指出中国，但其用意仍然是防止欧盟的关键技术流入中国等国家。

---

[1] European Commission. EU investment screening and export control rules effectively safeguard EU security[EB/OL]. (2022-09-02)[2023-08-02]. https://ec.europa.eu/commission/presscorner/detail/en/ip_22_5286.

在国家层面，荷兰总体遵循欧盟《两用物项条例》及其更新内容。鉴于自身在全球半导体产业链中的作用，荷兰也不断完善本国先进半导体技术的出口管制框架，并根据国际形势和战略联盟的需要，在美国、日本相继发布先进半导体技术及制造设备管制措施后，于2023年6月颁布了有关先进半导体设备的额外出口管制的新条例《先进半导体制造设备条例》，对《两用物项条例》中未列入监管的部分半导体生产设备实施管制措施，与美国、日本建立起新的半导体出口多边管制机制。

三、日本出口管制政策

日本的出口管制体制整体与中国、欧盟等国家或地区的出口管制体制类似，主要采取清单管制（List Controls）和全面管制（Catch-all Controls）。清单管制即对所有落入管制清单的物项施加出口许可证要求，全面管控即对于清单以外的物项建立了基于特定最终用户条件和最终用途风险的评判机制。出口管制事务的主管部门是日本经济产业省（Ministry of Economy, Trade and Industry, METI），其依据国家层面的《外汇和外国贸易法》等，以及相关部门的配套政策如日本经济产业省的《根据<出口贸易管理令>附表一和<外汇令>附表的规定指定商品或技术的省令》等进行管理。

近年来，日本紧跟美国步伐制定了一系列出口管制措施。在美国先后针对芯片半导体、关键技术等领域进行限制后，日本紧随其后。2023年3月，日本经济产业省发布了《针对23种半导体制造设备的出口管制措施》（征求意见稿），对15类受管制的货物和技术的具体细分参数进行了修改，23项高端半导体制造设备及其相关的技术均被增列入受出口管制物项清单中，在出口至不同国家和地区时适用不同的出口许可证政策。❶最终该修订于5月23日通过并在7月23日正式生效，向包括中国在内的任何国家或地区出口新增的23类半导体制造设备（包括零部件）及相应技术均需要申请

---

❶ 経済産業省.「輸出貿易管理令別表第一及び外国為替令別表の規定に基づき貨物又は技術を定める省令の一部を改正する省令」等の改正の概要について[EB/OL].(2023-05-23)[2023-08-02]. https://www.meti.go.jp/policy/anpo/law_document/shourei/20230523_gaiyo.pdf.

许可证,且向中国出口上述设备,不适用特殊的一般批量许可证。

四、韩国出口管制政策

韩国没有组建专门的出口管制机构,尽管成立了国家战略物项进出口管制委员会,但是由各主管部门分别承担相关职责,其中产业通商资源部是韩国出口管制的中心机构,依托《对外贸易法》《对外贸易法执行令》等政策依据,负责出口管制相关立法和决策,以及国家出口管制机制的实施和完善。

在全球产业链重组的情况下,韩国为维护自身在半导体等核心技术优势,防止产业技术的不当泄露,保护本国产业,2021年发布了《关于认定国家核心技术等的通知》,以适应国内外环境及技术产业发展新变化,将半导体等列入国家核心技术,并变更先行技术范围;2022年发布了《关于指定国家核心技术等相关告示部分修订案》,明确将半导体等13个领域中的75种技术指定为国家核心技术,进一步加强对核心技术的出口管制,并强调相关技术出口、海外合并收购等的审查要求。此外,在美国对华出口管制不断强化的背景下,韩国对内进一步支持本土半导体企业发展,对外加入以美国为首的半导体同盟与"芯片四方同盟"。

总体来看,美国、欧盟、日本及韩国等经济体利用双/多边合作机制增强自身管制措施的正向效应,在美国不断基于"国家安全"强调产业链供应链稳定,并着力推动形成在关键技术或原材料领域遏华圈子,企图维护自身在全球范围内的科技霸权与高端制造的主导权时,韩国或迫于政治经济压力,或同样希望借助联盟的协作保障本国或地区产业发展优势,选择紧跟美国出口管制政策步伐。尽管由于产业发展情况及对全球化依赖程度的不同,各国或地区出口管制政策重点存在差异,但其核心思想始终保持一致,特别是在对华政策上存在一定的趋同性。主要经济体出口政策频繁修订、管制范围不断扩大,不仅是基于安全角度的考量,更是一种保护与排他机制,这种从国家管制层面设置的贸易政策,实则具有绝对强势的贸易壁垒属性。

第三节 主要出口市场产业政策

近年来，各国均将新能源汽车和智能网联汽车的发展作为占领汽车产业新的技术制高点的重要抓手，在关键零部件如锂电池、芯片半导体、碳排放及自动驾驶等领域纷纷出台系列政策支持本土产业发展。受篇幅限制，本节仅针对主要经济体有关汽车产业的政策和最新动向进行梳理，不具体阐述主要出口市场实施的具体政策。

一、主要经济体双碳政策

2022年以来，主要经济体全面推进碳中和进程，在多个领域部署战略或行动计划，希望借助碳中和契机推动绿色技术发展，实现本国产业转型升级。作为交通运输领域的重要参与者，汽车行业在低碳目标的催动下，面临巨大的压力与挑战。欧洲、美国、英国、日本、韩国等经济体纷纷实施汽车低碳战略，均建立中长期战略规划并发布配套政策支撑（附录2），加快本国汽车产业创新，提升竞争力和新能源汽车的研发能力，降低碳排放程度。但各国国情不同，低碳化路线也各有侧重。对于有意进军海外的中国车企来说，相关政策调整可能会提高生产碳强度高产品的车辆的市场准入门槛，成为隐蔽性、排他性强的绿色贸易壁垒。

（一）欧盟双碳相关政策

欧盟始终将绿色发展作为主要目标。作为双碳实践的先行者与领导者，欧盟在解决能源依赖问题方面积极推进从碳排放的清洁化过渡到低碳化，并建立起技术优势。自碳排放交易系统（The European Union Emission Trading System，EU ETS）建立以来，欧盟持续推动内部及国际上的碳减排进程，先后推出《欧洲绿色协议》《欧洲气候法》与"减碳55"（Fit for 55）一揽子计划等以实现能源结构的清洁化，促进经济增长与环境资源使用的脱钩。2022年，欧盟正式通过了碳边境调节机制（Carbon Border Adjustment Mechanism，CBAM），对特定进口高碳排放产品征收碳税，以此作为解决碳排放的重要手段。

2023年，欧盟先后通过《净零工业法案》和《关键原材料法案：建立关键原材料安全和可持续供应框架》提案等，不仅为了确保欧盟在全球绿色工业技术方面的优势地位，推动供应链的稳定与环境保护相结合，还是为应对美国《通胀削减方案》支持电动车、电池、可再生能源等生产投资可能对欧洲工业的核心竞争力和投资决策产生的负面影响。但值得注意的是，伴随着欧盟碳边境调节机制的推进，欧盟碳交易市场中免费配额也逐步取消，国际上和欧盟内部的行业组织对碳边境调节机制的公平性方面存在较大争议，同样认为其可能形成贸易壁垒，降低国际贸易自由度。总体来看，欧盟在双碳政策的推动上具有明确的逻辑框架，通过基于绿色协议与行业战略统筹欧盟政策法规的修订，并构建其智能化管理体系，在此基础上实现了较为明晰的减排成果。

（二）美国双碳相关政策

美国碳排放、碳中和走在世界前列，早在1963年的《清洁空气法案》就提出控制温室气体排放，且该法案一直沿用至今。尽管早期美国退出《京都议定书》和《巴黎协定》，但也先后出台《能源政策法》《低碳经济法》《美国清洁能源与安全法案》《总统气候行动计划》等，规定了系列有关低碳经济发展的法律与激励措施，且在2021年美国重返《巴黎协定》。拜登政府还制定了《清洁能源革命与环境正义计划》《关于应对国内外气候危机的行政命令》及《清洁竞争法案》等系列政策，力图从经济乃至政治及国家战略角度加速推动清洁能源技术创新，推动美国碳中和进程。

美国双碳政策更多地聚焦于产业发展，基于双碳目标的同时推动相关产业的快速发展，如美国能源部发布"工业脱碳路线图"，确定了美国工业关键部分脱碳的路径；《交通部门脱碳蓝图：交通运输转型联合战略》和《美国国家清洁氢能战略路线图》将脱碳融入产业发展战略之中。2022年8月《通胀削减法案》正式出台，作为美国有史以来最大规模的气候投资法案，该法案投资内容覆盖清洁能源制造业，涉及包括光伏、电动汽车、储能、氢气生产等，通过税收抵免、补贴和社会面激励等方式，支持清洁能源技术的开发和推广，以及清洁能源相关产业回流，既推动本土制造业发展、稳定产业链供应链，又助力能源结构的清洁化发展。总体看，美国减碳政策形成了以发展清洁能源为主，推动各部门低碳转型、创新负排放技术为辅的路线，同时利用财政政策与碳交易市场机制推动提高社会节能减排的主动性。

（三）日本双碳相关政策

日本减碳政策的推进与其资源禀赋和产业发展方向相关。近年来，日本政府为应对气候变化，通过各类政策措施或鼓励或支持本土再生能源的利用，降低碳排放以实现向绿色低碳社会转型的目标。日本环境省和经济产业贸易省对能源资源和气候环境政策制定发挥着主导作用，相关部门参与政策制定和实施，特别注重使低碳社会建设和循环经济、环境保护与产业发展相互促进。

为应对气候变化，日本于 2020 年发布"绿色增长战略"，提出"2050年实现碳中和目标"，并在 2022 年推出《全球气候变暖对策推进法》，首次将温室气体减排目标写进法律。2023 年，日本内阁通过《实现绿色转型的基本方针》（Green Transformation），提到未来 10 年日本政府和私营部门投资将超过 150 万亿日元，以实现绿色转型并同步脱碳、稳定能源供应和促进经济增长。在政策工具支持绿色发展战略方面，日本通过创建"绿色创新基金"、特定脱碳产品税收减免等给予财政支持。同时日本还基于自身在氢能方面的研究基础，不断修订《氢能基本战略》，推动氢能的广泛应用，打造稳定的氢能及其供应链，提高日本在氢能产业中的全球竞争力，并针对具体产业实施如针对汽车产业的脱碳技术路线图、电池碳足迹相关的《碳足迹实用指南》等，将脱碳战略落实到细处。总体而言，日本双碳政策演进过程与欧盟类似，基于治理环境污染，通过税收补贴及资金或金融手段支持的方式，发展本土绿色、低碳产业推动能源结构转型，并充分发挥自身优势产业，提高在具体技术领域中的国际话语权。

（四）韩国双碳相关政策

韩国推进碳中和战略，既有国际大环境的推动，也有解决国内环保问题的内在动力。2020 年，韩国首次提出"绿色新政"并将其作为国家战略，发布《2050 碳中和战略》，设立"2050 碳中和委员会"等，对低碳发展提出具体目标和细化措施。2021 年 3 月，韩国环境部发布"2021 年碳中和实施计划",意图构建稳固有效的实施体系,如车辆100%无公害化的相关计划、氢能经济基本规划及金融界绿色投资指南等。2022年11月,韩国科学技术信息通信部通过《碳中和技术创新战略路线图》,以期在国内新设世界最大规模的二氧化碳储存库,并对氢能汽车实证提出要求。2023年3月韩国政府更是发布了《实现2050碳中和绿色增长蓝图》,明确碳中和绿色发展基本计划纲要和具体实施方案,制定了十大中长期温室气体减排政策,在交通领域,梳理普及电动汽车、氢能汽车的目标。近期,韩国将启动四个新型融合研究项目,以期能够实现在推动碳中和的过程中保障人工智能等高端制造业的发展。

(五)英国双碳相关政策

英国是全球首个以立法形式承诺2050年实现净零排放的国家,也是全球应对气候变化的倡导者和领导者。2019年"脱欧"后,英国加速推进净零排放,频繁出台相关治理措施,不断完善自身碳中和战略政策体系,先后通过《绿色工业革命十点计划》《2050年净零排放战略》等政策。同时英国聚焦当前发展的重点产业,将绿色转型与提振经济作为重要目标,通过发挥本土技术优势推进脱碳目标的达成,围绕工业、交通、氢能等领域的具体情况,推出《工业脱碳战略》《交通脱碳计划》《英国氢能战略》等一揽子政策,明确减排计划与具体的技术路线,从法律约束和政策支持等多角度推动气候治理与经济转型。此外,为应对"脱欧"后碳排放交易问题,英国推出了排放交易体系(UK Emissions Trading Scheme,UK ETS),以实现2050年净零排放目标。

二、主要经济体芯片政策

近年来,受新型冠状病毒疫情及地缘政治等因素影响,全球芯片供应链的稳定性出现前所未有的挑战,对人工智能、能源、通信、卫生及安全等领域造成威胁,直接影响了全球众多产业及经济的发展。在此背景下,各国政府纷纷将芯片视为重要战略资源,出台相关法案,从技术研究、资金支持、税收补贴乃至知识产权等多维度强化芯片供应链自主能力。

(一)欧盟芯片政策

欧盟作为全球第三大经济体,较早意识到利用数字转型作为经济复苏和重构竞争力的重要抓手,亦提出了自身的芯片发展政策框架。2020年,欧盟多个成员国签署了《欧洲处理器和半导体科技计划联合声明》,集中资金支持半导体技术的研究。2021年3月,欧盟发布《2030数字指南针:欧洲数字十年之路》,在强调建设数字经济和数字主权的同时,明确要求到2030年欧盟芯片产能在全球占比应提升至20.00%。2022年2月,欧盟委员会推出了《欧洲芯片法案》草案并于2023年4月正式通过,明确了包括加强欧洲半导体研发地位、解决半导体产业技能短缺问题在内的五大发展目标,并提出具体的行动建议,以期共同创建一个最先进的欧洲芯片生态系统,来确保芯片的稳定供应。此外,该法案亦强调与美国、日本、韩国等国家和地区合作的重要性,并提出要制定"芯片外交倡议"来应对和解决供应链问题。

(二)美国芯片政策

自20世纪50年代半导体产业发展以来,美国在半导体芯片设计、研发和制造等领域始终居于领先地位。2021年以来美国以重整芯片供应链为核心,先后推出了《促进美国制造的半导体法案》《美国创新和竞争法案》《美国芯片基金战略》《2022年芯片与科学法案》等一系列产业政策,借助财政支持、税收优惠等措施以期缩小美国与东亚地区在半导体生产成本上的差距,吸引芯片制造重回美国,维护美国重点领域产业链的稳定,并进一步强化美国科技竞争力,试图压制中国芯片产业的发展空间。

为落实《2022年芯片与科学法案》和实现2030年芯片产业发展目标,美国政府成立了白宫直属的芯片实施督导委员会(CHIPS Implementation Steering Council)、国家标准与技术研究院(National Institute of Standards and Technology, NIST)下设的芯片项目办公室(CHIPS Program Office)和芯片研发办公室(CHIPS R&D Office),推进芯片激励计划,以期通过各类项目研究与扶持为美国半导体生态系统创建新的动态创新网络。在断链围堵方面,2022年美国政府向韩国、日本等提议组成"芯片四方联盟",以牵制中国,在全球供应链中对华形成包围圈,维护其科技霸权。

(三)日本芯片政策

为了进一步巩固自身在半导体材料方面的优势,并提振本土半导体产业,日本政府颁布了不少振兴半导体产业的政策。2021年,日本出台《日本半导体进展与未来》，提出有关强化日本半导体产业基础的"三步走"实施方案，即吸引海外先进半导体企业扩大在日投资建厂、防止产能"外流"和促进日美半导体技术合作。2022年3月，日本正式实施对新建先进半导体工厂提供补贴的"半导体援助法"，截至2023年7月已有3批企业获得资助认证，累计补助金额超6.20万亿日元。[1] 2023年日本先后公布"半导体·数字产业战略"及其修改方案，追加约10万亿日元投资至半导体行业。同时，日本经济产业省计划成立技术研究组合最尖端半导体技术中心（Leading-edge Semiconductor Technology Center，LSTC），打造产学研联合的下一代半导体量产技术的研究开发基地，并将与美国国家半导体技术中心等进行合作，增强日本半导体产业的竞争力。

除加强国内半导体芯片产业战略部署外，日本也积极推动国际合作，与美国达成"半导体合作基本原则"等，加强双边半导体供应链合作，强化与美国及其同盟国之间的供应链韧性。日本产业界也积极与欧洲相关机构合作，增强日本半导体生态系统。总体来看，日本在半导体芯片产业发展的重点不仅在于政策支持细化优势领域，同时更倾向于加强与美国及其盟友合作的形式推动新技术的研发，增强日本在全球半导体产业中的影响力。

（四）韩国芯片政策

韩国的芯片产业具有较强竞争力，在存储半导体、芯片设计、芯片制造等方面都位居全球前列。但由于韩国经济对外依存度高，尤其是半导体的生产原材料、零部件等高度依赖国外，致使韩国在全球半导体竞争格局中存在明显短板。为推动以半导体为主的先进制造的发展，2021年以来，韩国先后发布《K半导体战略》《国家战略技术培育方案》《国家尖端产业培育保护基本规划（2023—2027）》等强化对芯片半导体行业的法律及资金支撑；通过《国家尖端产业培育方案》《特别税收限制法》修正案（即《K-芯片法案》）等对半导体、显示器、汽车电池、新能源汽车和机器人等核心战略产业提供税收减免、扩大金融投资基础设施等方式予以支持，

---

[1] 日本経済産業省.認定特定半導体生産施設整備等計画[EB/OL].(2023-03-22)[2023-08-05]. https://www.meti.go.jp/policy/mono_info_service/joho/laws/semiconductor/semiconductor_plan.html.

进一步提振韩国本土的芯片产业，以期建设成全球最大的半导体生产基地。

此外，韩国还通过专门政策文件加强产学研合作，推动关键技术的研发，如《三大技术（半导体、显示器、下一代电池）超级差距研发策略》中明确提出，通过与产学专家的公私合作加强行业技术的成果转化与应用，通过"半导体人才培养合作协议"，扩大建设大学科研基地项目与国际合作等培养高质量人才，解决高端人才紧缺问题。总体来看，韩国政府旨在通过国家扶持、战略引导为半导体产业提供政策支持，通过加入"芯片四方联盟"加强产业链的国际合作，以弥补自身芯片供应链不稳定等缺陷。

三、主要经济体数据安全政策

在数字经济时代，数据资源蕴含着丰富的战略价值，但同时也是最脆弱的资源。数据与算法作为人工智能的关键要素，在物联网、人工智能等前沿数字技术快速发展的形势下，不仅引导着数字经济发展和数字化转型，还衍生出了更具有持续性和隐蔽性的数据安全风险。近年来，世界主要国家和地区陆续出台网络安全与数据合规相关的法律法规，并成为国家战略中的核心布局，数据安全和数据合规迎来了强监管时代。

（一）欧盟数据安全政策

欧盟委员会一直致力于强化网络安全保障和战略自主性，以数字主权为出发点，推动数字经济发展为核心，增强技术产业领导力和数字经济发展复兴力，促进欧盟复兴，塑造数字未来。欧盟陆续出台《通用数据保护条例》《欧洲数据保护监管局战略计划（2020—2024）》《欧洲数据战略》《数据治理法案》等政策文件，一方面，推动各成员国之间的数据流通，打造欧洲共同数据空间，构建欧盟单一数据市场；另一方面，要求境外机构开展涉欧数据相关处理活动必须遵守欧盟相关规定，或通过欧盟数据保护"充分性"认定。目前已有加拿大、日本等12个国家通过认定。

同时，欧盟以《通用数据保护条例》为中心形成以数据隐私、数据流动、平台算法为核心的数据安全治理框架，通过《数据法案》《人工智能协调计划》等构建数据隐私监管框架，以《网络安全法》、"网络安全战略"等营造良好的监管环境推动数据流通与安全，并通过《数字市场法》《算法问责及透明度监管框架》等推动平台算法安全，有效引导数据经济市场有序竞争。总体来看，欧盟在数据安全方面的政策考量更多地聚焦于隐私、安全，积极推动欧盟数字化转型并实现欧盟数字主权与技术主权。

聚焦到具体国家，德国作为较早以立法形式加强数据保护的国家，除了依据《通用数据与保护条例》加强域内监管与治理，同时以《联邦个人信息保护法》《联邦数据保护法》《IT安全法》《联邦数据战略》等法规或战略形成从中央到地方、从普通法案到专门法规的监管体系。且随着互联网技术及人工智能的快速发展，德国不断强化信息安全监管。英国十分重视数据的流动性，多数数据安全政策是在欧盟各项指令的基础上转换而来并适时推出适合自身的监管政策。

（二）美国数据安全政策

在个人数据隐私方面，美国早在1974年就通过《隐私权法》，为数据治理提供法律依据。近年来，美国先后通过《数据保护法》《美国数据隐私和保护法（草案）》（以下简称《立法草案》）等推动其监管手段的细致化与多层次化，其中《立法草案》是第一个获得美国两党两院支持的美国联邦全面隐私保护提案，并将为数据隐私保护引入美国联邦标准。在算法平台的数据安全监管方面，美国推出《算法责任法案》《算法公平法》等系列政策，以期实现平台与算法的协同治理。伴随着数据算法在高新技术行业深入成为技术的核心驱动力，美国对数据安全治理的程度不断增加，2023年，美国正式发布了《国家网络安全战略》，将数据安全上升为国家安全战略。

与欧盟不同，美国在数据跨境流通方面的监管较为宽松，更多的是倾向于推动数据经济的发展，广泛参与并推动全球的数据流通；同时，美国为提高自身在跨境数据流通方面的主导权，更多地将系列要求与条款纳入合作协议中，如《美墨加协议》框架下的"五眼同盟"、《创新与竞争法案》对歧视性数字贸易的审查，乃至《出口管制条例》中对相关出口数据的审查等，力争在推动全球数据流通的同时，更好地维护美国利益并构筑以美国为中心的跨境数据治理规则。总体来看，美国对于数据安全政策目标较为明确，在通过政策完善本国数据监管的同时，致力于通过全球数据资源的有效流通尤其是向美国流通的同时，构建并推广符合其经济乃至国家利益的数据安全监管体系。

(三) 日本数据安全政策

日本是亚洲最早颁布隐私保护相关法律的国家之一，但目前并没有针对数据安全进行专门立法，有关数据的规制主要集中在 2003 颁布的《个人信息保护法案》（并于 2020 年修订）（Act on the Protection of Personal Information，APPI）及其下位法规和个人信息保护委员会发布的指南基础上构建的数据治理规范框架。因此，为适应数据经济发展带来的数据安全监管问题，2015 年起日本先后对 APPI 进行修订，加强个人信息管制，并扩大其域外适用范围，并出台了《IT 安全法》《个人信息保护法指南（总则）》等以满足新形势下个人信息保护与数据安全的更高要求。2021 年日本发布"综合数据战略"，从国家战略层面打造世界顶级数字国家。

在数据跨境流通方面，日本更多是积极参与全球数据治理并依据区域/贸易协定的相关数据安全制度加强监管，如《亚太经合组织跨境隐私规则体系》中关于数据处理者隐私识别体系与跨境隐私执法安排实现跨境隐私的认证，成为日本官方许可的数据跨境流通的合法路径之一；《全面与进步跨太平洋伙伴关系协定》《区域全面经济伙伴关系协定》亦成为日本数据跨境监管的重要依据。日本提出的"可信赖的数据自由流动倡议"（Data Free Flow with Trust，DFFT），分别在二十国集团领导人峰会（Group of Twenty Finance Ministers and Central Bank Governors，G20 峰会）❶、七国集团（Group of Seven，G7）❷ 数字和技术部长会议中通过，也进一步提高了日本在全球数据治理中的话语权。总体来看，日本在数据安全与隐私保护方面监管严厉，这也使得日本成为欧盟《通用数据保护条例》生效后首个充分性认定的国家。

---

❶ 二十国集团（G20）由七国集团财长会议于 1999 年倡议成立，由阿根廷、澳大利亚、巴西、加拿大、中国、法国、德国、印度、印度尼西亚、意大利、日本、韩国、墨西哥、俄罗斯、沙特阿拉伯、南非、土耳其、英国、美国及欧盟等 20 方组成，旨在推动已工业化的发达国家和新兴市场国家之间就实质性问题进行开放及有建设性的讨论和研究，以寻求合作并促进国际金融稳定和经济的持续增长。

❷ 七国集团（G7）是主要工业国家会晤和讨论政策的论坛，成员国包括美国、英国、法国、德国、日本、意大利和加拿大七个发达国家。

(四) 韩国数据安全政策

韩国高度重视数字经济发展，从第四次工业革命开始对数字基础设施建设持续发力，在5G发展上取得战略主动权，实现全球领先，为数字经济发展打下良好基础。在数字经济政策制定上，韩国成立了"国家数据政策委员会"，作为国家数据和新产业政策的管理机构，并建立了个人信息保护监管机构"个人信息委员会"与各个产业主管部门的协调工作机制。韩国数据保护法律体系主要包括《个人信息保护法》(Personal Information Protection Act，PIPA)、《信用信息使用和保护法》《信息通信网络利用促进和信息保护法》，称为"数据三法"，以加强数据隐私的保护与监管，并通过简化监管措施等，满足欧盟《通用数据保护条例》的要求，2021年韩国即获得欧盟充分性决定国家。

此外，韩国为打造自身数字技术生态系统，先后通过《数字产业振兴和利用促进基本法》(以下简称《数字基本法》)、《产业数字化转型促进法》等。其中，《数字基本法》也是全球首部规制数字产业的基本立法，旨在促进数字产业发展和振兴，并通过"数据产业振兴综合计划"进行配套实施，提高韩国产业数据转型效率。2022年推出《大韩民国数字战略》，将数字治理上升至国家战略层面，以扩大数字经济的覆盖范围，提升数字经济的包容性，构建政府数字平台和推动数字文化创新。此外，韩国也十分重视与欧盟和美国在数据安全治理方面的合作，如2022年韩国与欧盟启动新的数字伙伴关系，进一步加强在人工智能、半导体及数据等方面的合作。总体来看，为适应全球数字经济的发展需要，韩国不断改进相关管理政策，在数字技术创新方面始终保持优势地位。

四、主要经济体电池政策

动力电池日益成为先进制造的核心。全球制造动力电池的关键原材料(锂、钴、镍和石墨)短缺问题日益严重和全球能源转型步伐的加快，各国积极制定动力电池产业发展战略，巩固其产业链与供应链的稳定性，乃至通过在相关领域的关键布局与技术优势，利用碳排放等要求，构建出更高的绿色贸易壁垒。

（一）欧盟电池政策

2020年欧洲绿色协议明确提出在2050年实现碳中和，且指出电池产业是实现任务的关键技术。自此欧盟不断完善电池法规，2021年1月公布了电池和废电池法规草案。2023年8月，《欧盟电池和废电池法规》（以下简称《新电池法规》）正式生效，取代了2006年电池指令。欧盟通过规范境内电池完整生命周期及"电池护照"等改变电池相关产业的游戏规则，以确保产业价值链的可持续性和竞争力，意在推动欧盟电池监管框架现代化，适应能源转型带来的新环境与电池产业关键原材料短缺造成的产业链压力。

此外，欧盟也善于以明确的监管框架来构建可操作、可预见的监管环境，先后确定了《净零工业法案》《关键原材料法案》及"欧盟电池监管框架"等，在扶持欧盟在电池等相关产业关键技术发展的同时，保障其产业链供应链的安全与稳定，有助于实现碳中和目标以确保欧盟在电池等产业生产、回收和再利用领域的全球竞争力。总体而言，在全球电池技术的广泛竞争中，欧盟另辟蹊径，并通过相关政策推动其政策要求在境内外的适用性，提高在电池产业监管上的话语权。同时在其发布的相关政策，如《新电池法规》《净零工业法案》等也存在着较强的隐形壁垒，具体表现在电池法规提高了电池产品进入欧盟市场的门槛、维护"欧盟制造"设置的配额等。因此在保障本土产业发展的同时，不可避免地陷入贸易保护的范畴。

（二）美国电池政策

美国在动力电池领域布局稍晚，且相关基础设施与产业生态发展并不完善。全球政治经济形势的不稳定带来的资源供应链问题日益突出，为有效缓解因本土电池产业链基础薄弱、关键材料获取和制造对外依存度高等问题，美国将动力电池与新能源汽车产业等提升至国家战略，并先后通过《基础设施投资和就业法案》《通胀削减法案》等，进一步完善与电池产业相关的材料加工、电池制造与回收及充电桩等基础设施建设，甚至以国家安全为由，对涉及电动汽车、半导体等本土高端制造业提供巨额投资和补贴，加速美国电动汽车等电池产业供应链快速增长，实现产业链供应链自主可控。

同时，美国不断细化电池产业发展的具体方向与重点，如通过《国家锂电蓝图2021—2030》等打造国内锂电供应链，利用能源攻关计划、支持电池回收技术等，提供超过 1.92 亿美元资金加大对可持续、低成本的电池回收、再加工，以保障关键材料安全，维持电池供应链韧性。[1] 此外，为保持自身全球先进性与先进制造业的关键技术主权，维护关键矿产供应链的稳定，并摆脱对中国的过度依赖，美国在《确保关键矿物安全可靠供应的联邦战略》基础上，推出"全球基础设施和投资伙伴关系"（Partnership for Global Infrastructure and Investment，PGII）、"印太经济框架"（Indo-Pacific Economic Framework，IPEE）、美日印澳"四方安全对话"（Quadrilateral Security Dialogue，QUAD）等多边合作机制，以加强关键矿产供应链的可追溯性与稳定性。总体来看，美国的电池政策力图弥补其布局晚带来的劣势，同时具有较强的贸易保护色彩，并与其对华战略保持高度一致。

（三）日本电池政策

日本政府对于锂电池的支持可追溯到 20 世纪 80 年代，并通过研发扶持、行动计划等推动电池产业发展。鉴于日本早期在氢能源的广泛布局及全球电池产业供应链的变化，近年来日本陆续出台一系列电池政策措施，通过《经济安全保障推进法》，以国家安全为由，进一步加强对电池领域的进出口及投资的限制；落实电池产业战略目标，实施国内基础设施一揽子政策，打造电池材料，制造基础设施，加强纯电动汽车等领域电池在日本国内的生产以稳定本土的电池供应链；制定《蓄电池产业战略》《氢能基本战略》及其修订案等，建立面向全球的战略体系，在进一步完善国内产业基础设施的同时，推动建立全球电池产业联盟和全球标准，实现电池产业的全球供应链稳定。

此外，基于全球碳排放相关要求，2023 年，日本紧跟欧盟电池法规要求，正式发布了《碳足迹使用指南》，进一步明确了动力电池产品碳足迹要求并确定了相关补贴政策，通过自身电池产品碳排放体系的建立与完善，提升在全球相关领域中的影响力乃至形成竞争优势。总体而言，在电池技

---

[1] U. S. Department of Energy. Biden-Harris Administration Announces $192 Million to Advance Battery Recycling Technology [EB/OL]. （2023-06-12）[2023-08-06]. https://www.energy.gov/articles/biden-harris-administration-announces-192-million-advance-battery-recycling-technology.

术成为各类新能源产业乃至先进制造业发展基础的情况下，日本不断完善电池产业发展，在巩固自身优势产业的同时，紧跟电池技术发展新趋势，以提升全球竞争力。

（四）韩国电池政策

为应对全球动力电池市场竞争、欧盟和美国电池政策所带来的市场格局变化，以及构建本土电池生态系统并推动电池供应链本土化等目标，2021年，韩国明确提出十年内实现动力电池达全球四成市场占有率的目标，先后通过《2030二次电池产业（K-电池）发展战略》（以下简称《K-电池战略》）《充电电池产业创新战略》等措施，明确储能电池核心技术作为国家战略性重点技术之一，并将该产业作为未来韩国工业制造经济和对外输出的重要增长点，加大对电池产业的投融资、研发投入、税费减免及人才培养等支持力度，建立健全韩国动力电池生态系统。

此外，为了保护其尖端产业竞争力，韩国出台了系列的措施，2022年和2023年先后发布《国家尖端战略产业竞争力强化和保护相关特别措施法》《国家尖端战略产业培育保护基本规划（2023—2027年）》，通过指定特色园区、支援基础设施、放宽核心规则管制等加强对动力电池等战略产业领域企业投资的援助，以避免因全球电池原材料短缺带来的产业供应链不稳定问题，推动韩国成为尖端战略产业超级大国。总体来看，韩国凭借早年的技术优势，在全球电池市场中处于领先地位，政府为保护尖端技术的有效发展，纷纷出台相关政策，以继续发挥自身在电池领域的优势，提高韩国电池产业在全球市场的占有率。

五、主要经济体自动驾驶政策

目前，全球自动驾驶产业仍处于起步发展阶段，各国为抢占市场优势，积极调整政策法规促进自动驾驶汽车产业创新发展，依托自身产业优势与前沿技术，加快在自动驾驶领域布局，并通过先发的技术标准优势，提高自身在全球产业竞争中的影响力。

（一）欧盟自动驾驶政策

2014年前后，欧盟通过相关战略与技术路线图支持境内自动驾驶技术的发展,并在欧洲"地平线计划"基础上提出推动智能交通、网联化与汽车自动化的合作发展。近年来,欧盟先后发布《通往自动化出行之路:欧盟未来出行战略》,明确提出自动驾驶的目标与要求;《协同、网联和自动化交通 STRIA 路线图》及更新《智能网联汽车路线图》等政策明确自动驾驶的网联式发展与设施建设,加强对自动驾驶系统功能、人机交互及信息安全方面的引导与管制;《可持续与智能交通战略》明确通过部署驾驶辅助等在内的智能交通系统,推动与 5G 等技术的融合实现数字化、智能化的交通解决方案,助推欧洲经济的绿色增长。

国家层面,欧洲各国对于自动驾驶汽车的管理各有侧重,落脚点不尽相同。德国注重自动驾驶立法保障和伦理道德规范建设,2017 年出台了《自动驾驶伦理指南》并修订《道路交通法》;2021 年通过《自动驾驶法》,对 L3 以上级别的自动驾驶汽车进行规制,也成为全球首个国家级支持高度自动驾驶的法律制度;2022 年发布《关于具有自动驾驶功能的机动车辆的操作以及修订道路交通法规的条例》等文件,利用完善的法律系统推动汽车工业发展。总体来看,欧洲实行欧盟主导顶层设计、欧洲各国根据本国产业发展实际实施有差别的产业发展路径,体现出两级管理的产业发展和监管模式。

(二) 美国自动驾驶政策

美国对待自动驾驶汽车产业持开放态度,采取"联邦—州政府"两级管理模式。美国交通部及下属国家道路交通安全管理局(National Highway Traffic Safety Administration, NHTSA)、联邦公路管理局(Federal Highway Administration, FHWA)等部门颁布了多项用于指导自动驾驶汽车发展的政策。近年来,美国交通部将自动驾驶上升为国家战略,连续发布了四部自动驾驶指导政策,从《自动驾驶汽车准则(AV)》1.0、2.0、3.0 到 4.0 不断演进,对自动驾驶进行规范指引,所涉及的内容也从推动自动驾驶发展逐步向安全监管靠拢。此外,伴随着智能网联技术的普及应用,美国加强汽车智能网联化及智慧交通领域布局,且在更新的《自动驾驶汽车准则》中进一步完善自动驾驶技术发展带来的消费者隐私与数据隐私保护监管问题。除了联邦政府,美国各州也陆续推出与自动驾驶相关的监管政策,如华盛顿特区《2020 年自动驾驶汽车测试修正案》(Autonomous Vehicle Testing Amendment Act of 2020)，加利福尼亚州等允许全无自动驾驶汽车开展自动驾驶"出租车"(Robotaxi)载人收费服务等。

总体来看，美国在自动驾驶领域的政策促进、技术转换及产业发展等多维度加以规范与扶持，其自动驾驶关注点从汽车自动化技术延伸至具体应用场景。美国联邦层面对自动驾驶的关注集中于在自动驾驶领域的职能分工与合作及对自动驾驶治理的基本原则与目标策略的宏观协调。各州政府主要通过立法等手段管理本地区内自动驾驶汽车上路测试，测试车辆资质评估等。美国在自动驾驶领域形成了联邦政府与独立机构深度合作，推动自动驾驶产业在技术研发、知识产权、税收监管及出口贸易等多维度的治理模式。

（三）日本自动驾驶政策

早年间，日本通过战略性创新创造方案（Cross Ministerial Strategic Innovation Promotion Program，SIP）等系列计划明确将自动驾驶作为重要研究课题之一，推动自动驾驶技术的研发与相关技术的测试指南。近年来，伴随自动驾驶技术的成熟与具体应用场景的实现，日本陆续推出一系列自动驾驶相关政策，2018 年通过《自动驾驶汽车安全技术指南》，明确相关责任划分及自动驾驶汽车的安全条件；2019 年修订《道路交通法》修正案、《道路运输车辆法》修正案及《关于自动驾驶系统的公共道路测试指南》的修订版，对 L3 级自动驾驶汽车上路行驶，相关系统载体、程序等记录装置推出相关措施，并配套了详尽的更新升级许可制度，为自动驾驶汽车的准入破除法律障碍。

2022 年新的《道路交通法》修正法案加入了"在特定条件下实现完全自动化驾驶的 L4 运行许可制度"，这意味着日本将允许 L4 自动驾驶汽车在公路上行驶，完成了自动驾驶从 L3 到 L4 的布局。同时，伴随着智能网联技术的日益成熟，为推动自动驾驶技术的升级，2023 年日本开启该国首个 L4 级自动驾驶车辆公共道路运行服务，且日本国土交通省、经济产业省与相关企业合作，力图继续完善 5G 网络，进一步推动自动驾驶的稳定性。总体看，日本坚持技术研发为先导，在技术成熟时适时制定相关法律法规强化立法保障，并加快商业化推广应用，建立稳步推进的自动驾驶保障机制。

（四）韩国自动驾驶政策

在全球传统燃油车市场低迷及第四次工业革命与绿色发展带来的智能化技术发展的背景下，韩国基于自身汽车与通信产业发展的基础，力图通过自动驾驶进一步推动产业的融合发展，先后推出"未来增长引擎产业增长战略计划""未来增长引擎综合行动计划"等将自动驾驶纳入国家发展战略中。

2019年，韩国制定《未来汽车产业发展战略2030》，对智能停车、高精地图、传感器感知等多维度内容进行规划，明确韩国未来发展方向；通过《促进和支持自动驾驶汽车商业化法》《促进和支持自动驾驶汽车商业化法施行令》及《第三期汽车政策基本规划案》（2022—2026年）等，明确实现自动驾驶商业化的具体"路线图"、相关车辆的安全准则及在其过程中的监管职责；并通过全球首个针对L3自动驾驶制定安全标准、商用化标准的《自动驾驶汽车安全标准》，进一步在完善韩国本土自动驾驶技术的监管，同时利用先导性规范要求在全球自动驾驶技术加速发展与商业化投入过程中，提高韩国的影响力。

总体看，在芯片政策方面，当前欧盟、美国、日本与韩国在促进关键技术发展方面的措施较为全面，从国家战略到具体产业支持政策，致力打造具有稳定性与安全性的芯片半导体生态，把牢高端制造业的发展核心与绝对制权，并通过联盟形式稳固自身发展的同时，对中国相关产业形成技术牵制。在"双碳"政策方面，以欧盟为首的发达经济体陆续将绿色发展与贸易条件相结合、将碳排放与税收相结合，推动全球制造业发展新规则的制定与实施，并针对关键零部件产业如电池、关键碳排放产业如汽车等进行技术研发支持与碳排放限制，维护自身产业在新能源结构下的发展优势，提高自身规则的适用性，进一步强化其在能源转型过程中相关产业与贸易规则的影响力。在数据安全保护方面，发达经济体基于自身在产业发展与数据管制的现实需要，不断强化数据隐私与合规要求，甚至利用数据保护条款增强自身数字监管的长臂管辖。在自动驾驶政策方面，随着汽车智能网联技术和自动驾驶技术的不断升级，各国不仅积极提供技术实验场景、支持产业发展，更是将其与数据隐私监管相结合强化对产业的数据信息监管，对自动驾驶技术中对于数据闭环的要求带来更大挑战。

谁掌握规则谁就拥有话语权。与发达经济体相比，中国乃至其他发展中国家在芯片技术、绿色发展等方面仍然存在技术短板。在发达经济体进一步强调产业安全、技术合规的背景下，中国包括汽车在内的制造业实现转型升级均存在技术"卡脖子"问题。同时在全球汽车转型及中国新能源汽车先发优势的持久度难以预测的背景下，发达经济体在本土芯片、自动驾驶、清洁能源等产业上的扶持力度，对其本土包括汽车在内的技术转型升级提供了强有力的支撑。一旦欧盟、美国、日本、韩国重新夺回汽车市场份额，则会强化利用自身技术优势在全球范围内推广技术标准、主导相关"游戏规则"，那么中国汽车产业面临的不仅是技术"卡脖子"问题，更是今后汽车产业全球竞争规则制定乃至产业生存问题。

第四节 主要出口市场产业知识产权保护政策

广东省汽车出口市场中既有欧盟、美国、日本、韩国这些知识产权制度比较健全的发达经济体，也有东盟和南美洲等知识产权制度仍在不断完善的发展中经济体。因此，企业在出口过程中，既会面临来自发达经济体知识产权严保护带来的壁垒，也会遭遇发展中经济体保护不力带来的壁垒。受篇幅限制，本节不具体阐述主要出口市场实施的具体知识产权政策，重点介绍主要出口市场的知识产权保护举措和发展趋势。

一、美国知识产权保护制度及发展趋势

美国是较早建立知识产权制度的国家，早在1787年宪法中就规定了版权和专利权条款，如表3-2所示，美国目前已建立起以立法保护为基础、司法保护为主要途径、行政保护为重要手段的知识产权保护体系[1]，并积极

---

[1] 王岩，朱谢群.美国知识产权环境研究报告（2023-07-26）[EB/OL].[2023-12-15].https://www.waitang.com/report/11277832.html.

运用多种政策手段将知识产权保护转化为国际贸易博弈的筹码，以捍卫美国经济霸主和知识产权强国地位，其中，杀伤力较大的是"337调查"和"特别301条款"。

（一）"337调查"

1．"337调查"的起源

"337调查"是美国国际贸易委员会依据美国《1930年关税法》第337节的有关规定，针对进口贸易中的知识产权侵权行为及其他不公平竞争行为开展调查，裁决是否侵权及有必要采取救济措施的一项准司法程序。涉及侵犯美国知识产权的"337调查"案件，85.00%以上是针对专利侵权行为，少数调查涉及注册商标侵权、版权侵权、集成电路布图设计侵权和外观设计侵权等行为。[1]

表3-2 美国知识产权保护机构及其职责

保护类型	机构名称	工作职责	法律依据
立法保护	美国国会	负责研究知识产权政策，草拟、修正与知识产权有关的法案，收集最新的科技发展资讯	《美利坚合众国宪法》
司法保护	美国法院	最高法院、巡回上诉法院和州法院负责审理专利、版权和联邦注册商标诉讼案件。最高法院：负责审判具有重大影响力的案件。巡回上诉法院：总共13个，1~11号为区域性法院，12号为华盛顿特区上诉法院，13号为专门化的联邦巡回上诉法院。联邦巡回上诉法院对专利诉讼具有排他性的上诉管辖权，其判决在知识产权诉讼中具有关键性的作用。州法院：审理州注册商标及按习惯法取得的商标侵权诉讼、商业秘密的滥用及不正当竞争等案件	《统一商业秘密法》《联邦商业间谍法》

---

[1] 中华人民共和国商务部.337调查简介[EB/OL].[2023-05-25]. http://ipr.mofcom.gov.cn/zhuanti/337/337_index.html.

续表

保护类型	机构名称	工作职责	法律依据
行政保护	美国专利商标局	负责专利和商标的审查、登记、授权、公开；专利和商标文献管理；知识产权人才培训；知识产权国际交流与合作；向美国国际贸易代表办公室提供关于特别301报告观察名单的建议；为国会、法院及行政部门提供技术性建议	美国《专利法》 美国《商标法》 《联邦商标反淡化法》 《发明创造法》
	美国版权局	负责版权的登记和审核，就版权的法规和政策为国会、法院及行政部门提供咨询，执行《半导体芯片保护法》	美国《版权法》 《半导体芯片保护法》
	美国贸易代表办公室	负责知识产权方面的国际贸易谈判和"特别301条款"的执行，每年公布特别301报告观察名单，列出保护美国知识产权方面有问题的国家，并采取有效的贸易报复措施，迫使其他国家加强对美国知识产权的保护	《1988年综合贸易与竞争力法》 "特别301条款"
	美国国际贸易委员会	共同负责对国外知识产权侵权产品的进口和销售的审查，并采取有效的边境措施。对可能侵权的进口产品发起"337调查"，调查核实后可以发出强制排除令或禁止令，由海关采取相应措施扣押知识产权侵权产品	《1930年关税法》 "337条款"及相关修正案
	美国海关		
行政保护	美国司法部反垄断局	负责调查和起诉不正当竞争和反垄断相关案件。司法部主要负责交通业、电信业等，联邦贸易委员会主要负责能源产业、制药、医疗保健产业等	反不正当竞争法律体系
	美国联邦贸易委员会	执行多种反托拉斯案件和阻止可能给消费者带来危害的行为	
仲裁	美国仲裁协会	负责通过调解仲裁方式对知识产权进行保护	美国《仲裁法》

2. "337调查"的主要特点

一是立案门槛低。申请人只需证明在美国存在与其主张的知识产权相关的产业，不需要证明有损害发生。美国国际贸易委员会只有在极罕见的情况下才不予立案。二是程序耗时短。"337调查"期限一般为12个月至16个月，联邦地区法院的专利案件审理周期一般为24个月以上。三是救济措施严。一旦调查认定进口产品存在侵权行为，美国国际贸易委员会将发布普遍排除令、有限排除令或禁止令。普遍排除令用于禁止所有侵权产品的进口，有限排除令用于禁止个别侵权人的产品进口，禁止令用于禁止继续销售、库存、宣传、广告已进口至美国的侵权产品。四是对物管辖权。对于所有进口到美国的产品，适用属物管辖权。只要能够证明存在涉案进口产品，申请人就可以请求美国国际贸易委员会对世界各地的被诉企业同时展开调查。

3. "337调查"的本质

"337调查"是美国为了维护本土企业和跨国企业的利益而采取的行政救济措施。从历史上看，"337调查"重点对象是美国在不同时期的主要进口贸易国。20世纪70年代之前，欧洲是"337调查"的主要对象；70年代末至80年代末，日本经济迅速发展并向美国出口大量物美价廉的商品，因此遭到"337调查"的重点打击；90年代开始，"亚洲四小龙"韩国、新加坡等经济快速发展，对美贸易量迅速增加，引发了多起"337调查"；进入21世纪，中国经济迅速崛起，中美贸易总量不断增加，中国成为美国最重要的贸易合作伙伴，也成为"337调查"的"重灾区"。可见，"337调查"的本质是美国以国内立法为基础，采用准司法手段对贸易行为进行干预的一种手段，体现的是国与国之间产业的博弈。

4. "337调查"程序变化趋势

2021年5月12日，美国国际贸易委员会颁布了一项新的试点计划，允许行政法官就某些特定问题在全面听证之前提前作出临时初步裁决（Interim Initial Determinations）[1]。特定问题的范围包括可以决定案件成败或者在全面听证之前可以解决重大问题的事项，以及有利于促成和解或者有助于解决当事方全部争议的事项。该计划适用于2021年5月12日之后启动的所有"337调查"，在此之前启动的调查由主审法官自由裁量是否适用该等计划。这是继2013年试点的"百日程序"后美国又一项改进"337调查"程序的

---

[1] United States International Trade Commission. Pilot Program Will Test Interim ALJ Intial Determinations on Key Issues in SEC. 337 Investigations[EB/OL]. (2021-05-12)[2023-05-26]. https://www.ustic.gov/press_room/featured_news/337pilotprogram.html.

尝试，旨在加快和便利化"337调查"程序，降低美国国际贸易委员会的资源浪费率和当事人的诉讼成本。

在中美竞争对抗加剧的背景下，美国频繁利用"337调查"打击中国企业。"337调查"已成为美国知识产权国际竞争的重要工具，是打着保护知识产权的旗号限制外国产品进入本国市场的贸易保护主义行为。2010—2022年，向美国国际贸易委员会发起的涉中国企业"337调查"案件共334起，其中，涉广东省企业案件共127起，占中国企业涉案数的38.02%。从历年情况看，"337调查"涉广东省案件数及占比总体上呈上升趋势。2010—2016年，广东省企业涉"337调查"案件数每年维持在5~9起，占案件总数的比重在15.00%上下波动；2017—2022年，广东省企业每年涉案数维持在10起以上，占案件总数的20.00%以上。2022年，美国"337调查"案件达近五年峰值，但广东省企业涉案数及占比均较去年同期有所下降，为近五年最低水平。[1] 就汽车行业而言，1976年1月1日至2023年6月26日，广东省汽车企业涉"337调查"案件共9起，占全球汽车案件总数的9.47%。广东省涉案汽车企业38家，占全球涉案汽车企业的6%。[2] 随着广东省汽车企业不断开拓国外市场，遭受"337调查"逐渐成为常态，广东省汽车企业需要增强防范意识，积极应对。

（二）"特别301条款"和年度《特别301报告》

1. "特别301条款"的内涵

"特别301条款"是美国贸易法中置于一般301条款之下的有关知识产权保护的一个特别条款，始见于美国《1974年贸易法》（Trade Act of 1974）第182条，而后的《1988年综合贸易与竞争法》（Omnibus Trade and Competitive Act of 1988）第1303条对其内容做了增补。条款要求美国贸易代表办公室（Office of the United States Trade Representative, USTR）每年发布《特别301报告》，全面评价美国贸易伙伴的知识产权保护情况，确定未能有效保护美国知

---

[1] 广东省WTO/TBT通报咨询研究中心.2010—2022年美国337调查涉粤企情况报告[R].广州：广东省WTO/TBT通报咨询研究中心，2023.

[2] Lexmachina.美国地方法院专利诉讼信息[EB/OL].[2023-06-06].https://law.lexmachina.com.

识产权的国家及否定依赖于知识产权保护的美国产品公平进入其市场的国家，视相关国家存在问题的程度将其划分为重点观察国家和一般观察国家，并对存在严重问题的国家采取多种执法手段和国际贸易争端解决程序，甚至不惜诉诸贸易制裁。2023年4月26日，美国发布2023年度《特别301调查报告》，报告中涉及中国的内容占绝大篇幅，而且中国已经连续19年被列为重点观察国家。❶

2. 恶名市场名单

2006年4月28日，美国贸易代表办公室在年度《特别301报告》中单列一个章节专门指出了恶名市场的存在，即从事或助长大量版权盗版或商标假冒的在线和实体市场。❷ 2010年，美国贸易代表办公室宣布将发布《恶名市场名单》作为非周期审查结果，并将其与年度《特别301报告》分开发布。2011年2月28日，美国贸易代表办公室发布了第一份独立的年度《恶名市场名单》。❸ 制定年度《恶名市场名单》时，美国贸易代表办公室会通过《联邦公报》（Federal Register）征集公众意见，并与服务于贸易政策员工委员会（Trade Policy Staff Committee）特别301小组委员会的联邦机构进行协商。2023年1月30日，美国贸易代表办公室发布2022年度《恶名市场名单》，中国的淘宝、微信等电商平台连续多次被列入名单，另有7家实体市场也被列入名单，对中国企业的全球声誉造成极大的负面影响。❹

3. "特别301条款"的本质

美国是世界上科技发展水平最高且技术输出最多的国家，因此也是最

---

❶ The Office of the United States Trade Representative. 2023 Special 301 Report on Intellectual Property Protection and Enforcement[EB/OL].（2023-04-26）[2023-05-26］. https://ustr.gov/sites/default/files/2023-04/2023%20Special%20301%20Report.pdf.

❷ The Office of the United States Trade Representative. 2006 SPECIAL 301 REPORT[EB/OL].（2006-04-28）[2023-05-26］. https://ustr.gov/archive/assets/Document_Library/Reports_Publications/2006/2006_Special_301_Review/asset_upload_file473_9336.pdf.

❸ The Office of the United States Trade Representative. Out-of-Cycle Review of Notorious Markets[EB/OL].（2011-02-28）[2023-05-26］. https://ustr.gov/sites/default/files/uploads/gsp/speeches/reports/Notorious%20Markets%20List.pdf.

❹ The Office of the United States Trade Representative. 2022 Review of Notorious Markets for Counterfeiting and Piracy[EB/OL].（2023-01-31）[2023-05-26］. https://ustr.gov/sites/default/files/2023-01/2022%20Notorious%20Markets%20List%20(final).pdf.

需要通过知识产权保护保障其经济持续发展的国家。"特别301条款"充分利用美国在知识产权储备和保护制度上的优势，把关税和出口政策与他国保护美国知识产权的水平直接挂钩，对所有不保护、不完全保护、不充分保护美国知识产权的国家进行单边性的经济威胁和贸易制裁，迫使其接受并使用美国的标准提高知识产权保护水平，要求其准许美国的产品进入市场并确保产品的知识产权受到保护，从而达到提高本国产品国际竞争力和平衡贸易逆差的效果。

（三）美国知识产权保护新趋势

1. 出台三大法案，稳固全球科技领先地位

随着以中国为代表的新兴经济体迅速发展，美国在科技领域的领先地位面临挑战。为了保持全球科技竞争优势，美国政府不断调整国家发展战略，以适应国际形势的变化。2022年起，美国陆续颁布《芯片与科学法》《通胀削减法》和《保护美国知识产权法》三项重大法令，为美国的科技发展奠定了"激励创新+强化知识产权保护"双管齐下的总基调。

三项法令的总体目标是一致的，即运用经济、政治和外交等手段确保美国在科技创新方面的国际领导地位，但侧重点有所不同。《芯片与科学法》包含对半导体芯片产业和科学研究、技术创新的投入，强调重点加大政府对人工智能、量子计算、先进制造和材料科学关键技术领域的投入，限制技术转移和知识产权许可，提高本土产业的国际竞争力。《通胀削减法》涵盖新能源行业各个细分领域，对新能源汽车、光伏、风电、储能、氢能等清洁能源相关领域的技术开发和推广给予较大力度的政策与税收补贴支持，与发展势头强劲的中国新能源产业开展全球范围的竞争。《保护美国知识产权法案》力图拓展现有的民事诉讼程序、刑事程序、年度《特别301报告》及"337调查"等知识产权保护措施，并进一步拓展政府部门行政监管与行政执法的权力，开拓了商业秘密保护的新模式，授权总统对认定为存在盗窃美国公司或个人商业秘密和知识产权行为的外国实体和个人采取更严苛的制裁手段。

由此可见，一方面，美国站在国家战略的高度，加大对创新活动的投资力度，提高科研机构的技术商业化成功率，鼓励全民参与创新，增加知

识产权保护手段，全方位提升国家创新能力；另一方面，美国以维护国家安全为借口推行"美国优先"政策，收紧人才学术交流合作，强化出口管制和技术转让限制，频繁实施长臂管辖，加大经济制裁力度，推动盟友联合行动，多方面围堵限制竞争对手的发展。通过对内"激励"和对外"施压"相结合，美国推动本国创新水平上升到新的高度，不断拉开与竞争对手的距离，压制以中国为代表的亚洲新兴经济体的发展势头，保持全球科技创新的强势地位。

2. 发布战略规划，激励创新和保护知识产权

为强化对创新和创新主体的激励和保护，美国专利商标局在2023年6月7日发布《2022—2026年战略规划》（2022—2026 Strategic Plan）[1]，提出推动创新、创业和创造力，造福美国人民和全世界人民的愿景。全文高频提到三个主题——创新、保护和质量，其中"创新"和"创新主体"共出现155次，"保护"共出现36次，"质量"共出现13次。草案从4个方面制定配套措施：加大科研和教育投入，鼓励关键技术领域的创新；优化申请和审查流程，高效应对日益增长的审查需求；提升审查员和美国专利审查与上诉委员会法官的专业能力，在审查端严格把控知识产权质量；完善立法和加强执法，重点保护中小型创新实体的知识产权。

2022年3月1日，美国专利商标局发布《2022—2026财年战略计划》（Fiscal Year 2022—2026 Strategic Plan），把加强知识产权保护纳入未来5个财年的战略计划中。该计划在开篇第一章"开放国外市场，打击不公平贸易"就提到将通过普遍优惠制度、非洲增长和机会法等贸易优惠计划，推动劳工标准、市场准入和知识产权等领域的改革，为更自由和更公平的贸易奠定基础；有效保护美国的知识产权；加强对美国工人和环境的保护；为美国工人、企业和农业提供公平的竞争环境。在第二章"全面执行美国贸易法，监督协议遵守情况"再次强调应加强执法以确保美国知识产权得到有效保护。

---

[1] The United States Patent and Trademark Office. 2022-2026 STRATEGIC PLAN[EB/OL].（2023-06-07）[2023-06-16]. https：//www.uspto.gov/sites/default/files/documents/USPTO_2022-2026_Strategic_Plan.pdf.

3. 制定配套措施，推动落实知识产权保护

美国专利商标局作为美国知识产权主管部门，积极配合美国的国家战略，出台多项政策措施强化美国的知识产权保护。政策措施主要包含5个方面：一是出台新的行政程序加大对商标非正常申请的制裁力度、加强对药品专利申请的监管及推动美国专利商标局专利审查和上诉委员会改革；二是大力推动审查程序和专利证书的电子化进程，为申请人提供更便捷的公共服务；三是针对环保技术、医药技术及独立发明人和微型企业实施专利优先审查试点计划；四是发布《5G技术开发商专利活动报告》(*Patenting activity by companies developing* 5G)，强调美国在5G创新方面具有高竞争力，淡化中国企业对5G技术的重要贡献，引导全球5G行业的舆论风向，为美国企业强势推进高许可费"背书"；五是积极联合世界知识产权组织推动标准必要专利争端解决。

二、欧盟统一专利法院制度

(一) 欧盟统一专利法院制度概况

欧盟的统一专利法院（Unified Patent Court，UPC）制度酝酿已久，自1970年以来，欧盟成员国一直试图建立统一的专利保护机制。如表3-3所示，2007年4月，欧共体正式开始审查建立统一专利法院的建议。随后，欧盟又经历了英国脱欧并退出统一专利法院，以及德国在推进统一专利法院上遇到困难等波折。2022年1月19日，《统一专利法院协议临时适用议定书》开始生效，开启了统一专利法院体系运行前为期8个月左右的临时适用期。2023年2月，德国终于批准《统一专利法院协议》，意味着该协议将于2023年6月1日生效，统一专利法院和统一专利框架也将从该日开始运作。目前共有17个欧盟成员国加入欧盟统一专利法院系统。❶

---

❶ 17个欧盟成员国分别是德国、比利时、保加利亚、丹麦、爱沙尼亚、法国、意大利、拉脱维亚、立陶宛、卢森堡、马耳他、荷兰、奥地利、葡萄牙、斯洛文尼亚、芬兰和瑞典；共有7个欧盟成员国等待加入，分别是塞浦路斯、捷克、希腊、匈牙利、爱尔兰、罗马尼亚和斯洛伐克；西班牙、克罗地亚和波兰这3个国家明确表示不加入。

表 3-3　欧盟统一专利法院制度建立进程

时间	国别/组织	进程
2007 年 4 月	欧共体	欧共体正式开始审查关于建立统一专利法院的建议
2009 年 3 月	欧盟委员会	欧盟委员会请求欧洲理事会允许开设一个全欧洲统一的专利法院
2013 年	欧盟成员国	25 个欧盟成员国承诺批准《统一专利法院协议》（包含英国）。该协议规定，需要有 13 个欧盟国家的批准才能生效，其中 3 个国家必须是英国、法国和德国。按照计划，统一专利法院中，英国伦敦负责生命科学案件，德国慕尼黑负责机械工程案件，法国巴黎负责电子信息案件
2016 年年底	欧盟成员国	除了英国和德国外的 11 个国家已经全部批准《统一专利法院协议》
2017 年 3 月	英国	英国正式启动脱欧程序，原计划于 2017 年开始实施的统一专利法院协议推迟
2018 年 4 月	英国	虽然英国已经开启脱欧进程，但因为欧洲专利局并不属于欧盟，英国还是宣布批准《统一专利法院协议》
2020 年 2 月	英国	英国政府在首相鲍里斯·约翰逊（Boris Johnson）的领导下宣布撤销对统一专利法院协议的批准
2020 年 3 月	德国	德国联邦宪法法院驳回了德国政府加入统一专利法院的决定，原因是一位德国的知识产权律师对此提出了违宪挑战
2021 年 6 月	德国	德国克服了加入《统一专利法院协议》的合宪性异议
2021 年 8 月	德国	德国总统签署了批准《统一专利法院协议》的必要法案
2021 年 12 月	德国	《统一专利法院协议》在德国议会获得通过
2021 年 12 月	奥地利	奥地利批准《欧盟统一专利法院协议和临时适用协定》
2022 年 1 月	奥地利	奥地利交存《统一专利法院协议》批准文书

续表

时间	国别/组织	进程
2022年1月	欧盟	《统一专利法院协议临时适用议定书》开始生效，开启了统一专利体系运行前的预计为期8个月左右的临时适用期
2022年7月	爱尔兰	爱尔兰政府承诺尽快对加入统一专利法院系统进行公投
2022年9月	欧盟统一专利法院执行委员会	统一专利法院执行委员会宣布统一专利法院程序规则和经费目录将生效
2022年11月	欧盟	欧洲专利局和统一专利法院签署了双方之间的数据交换协议
2023年1月	欧盟	欧洲统一专利法院体系"日出期"（sunrise period）开始并将持续3个月，期间专利权人可采取措施选择退出统一专利法院体系
2023年2月	德国	德国批准《统一专利法院协议》
2023年6月	欧盟	欧洲统一专利法院体系正式生效，统一专利法院开始运作

（二）欧盟统一专利法院制度的两大支柱：欧洲单一专利和欧盟统一专利法院

根据《统一专利法院协议》，欧洲单一专利（Unitary Patent，UP）将与传统欧洲专利在未来并行存在。在申请欧洲专利的过程中，如采用传统欧洲专利的申请方式，在向欧洲专利局提交一份申请，获得授权并生效后，可以在指定国家拥有独立的地域保护。例如，将专利申请成为欧洲单一专利，则可以在欧盟内部已经批准过该制度的国家获得统一保护。欧洲单一专利在生效后会有一个7年的过渡期，在这期间欧洲专利除了受当地法院的管辖，还同时受到统一专利法院的管辖。若申请人不想让统一专利法院管辖自己的欧洲专利，可以选择提交退出声明。

欧盟统一专利法院制度的行政授权和管理主要通过新增的欧洲单一专利申请途径来实现，司法实践依托统一专利法院运行。统一专利法院将负责处理欧洲单一专利和传统欧洲专利的侵权和有效性问题,上诉法院设在卢森堡,并在德国慕尼黑设立负责机械工程案件的法庭、在法国巴黎设立负责电子信息案件的法庭及在匈牙利布达佩斯设立负责生命科学案件的法庭,以减少平行诉讼成本,提高司法效率。英国脱欧后,德国成为统一专利法院的主要司法审判力量。

(三) 欧盟统一专利法院前瞻性研究

2023年5月24日,欧盟发布了一项与统一专利法院相关的知识产权研究项目的招标情况,其中包含对德国修改《专利法》第139条后引入的"相称性原则"的推进研究,以及在2016年的基础上对专利主张实体(Patent Assertion Entities,PAE)问题的更新研究。上述两个研究是欧盟为应对统一专利法院可能会给欧洲创新带来影响所做的预防性政策研究。[1]

一是对"相称性原则"的研究。项目招标要求该研究应确认欧盟内部是否普遍缺乏对相称性原则的应用,并提出新的解决方案,以弥补当前执法体系中可能存在的不平衡。相称性原则出自《欧盟知识产权执行指令》(*Intellectual Property Right Enforcement Directive*,IPRED)第3条第2款"为确保知识产权的实施而采取的措施、程序和补救办法应是有效的、相称的和劝阻性的,其适用方式应避免对合法贸易造成障碍,并为防止其滥用提供保障"[2]。德国等国家电信行业和汽车行业利益相关方多次表示,由于高科技行业的"专利丛林"效应和专利持有人信息披露不充分,企业可能因无法事先识别和分析相关专利而发生无意的侵权行为。法院如果对相称性考虑不足,对非故意侵犯单一专利的行为发出禁令救济,可能会导致侵权者的整个产品系列从市场上消失,但实际上该发明的价值与侵权制造商的

---

[1] European Commission. Follow-up Study on the Application of the Directive on the Enforcement of Intellectual Property Rights(IPRED) and Contribution to the EU Toolbox against Counterfeiting[EB/OL]. (2023-05-24)[2023-05-26]. https://etendering.ted.europa.eu/cft/cft-display.html? cftId=13914.

[2] European Union. DIRECTIVE 2004/48/EC OF THE EUROPEAN PARLIAMENT AND OF THE COUNCIL of 29 April 2004 on the enforcement of intellectual property rights[EB/OL]. (2004-04-29)[2023-05-26]. https://eur-lex.europa.eu/eli/dir/2004/48/corrigendum/2004-06-02/oj.

损失是极不相称的。综上,一旦"相称性原则"在欧洲被逐步接受,意味着统一专利法院颁布禁令的门槛变高。以诺基亚诉戴姆勒标准必要专利侵权案为例,如果统一专利法院按照专利的相称性原则,诺基亚依靠汽车通信模组的专利侵权不再能获得对戴姆勒整车的禁令,而是根据专利所属部件的情况获得相称的救济。

二是对 PAE 的研究。2016 年,欧盟已形成对欧洲 PAE 的研究报告,报告将 PAE 定义为"执行专利但不使用专利技术的新实体",并指出专利主张活动一方面可以通过为创新者提供有效的专利货币化选择和增加专利市场的流动性来促进创新,但另一方面也可能提高专利诉讼总量并给创新生态系统带来额外的成本。[1] 此次研究的时间节点选择在统一专利法院启动前,旨在开展其启动后的预测性研究,主要针对欧盟统一专利系统和统一专利法院启动对 PAE 在欧洲的专利主张活动的影响,以及 PAE 的专利主张活动对欧盟统一专利系统本身可能带来的影响。

(四) 欧盟统一专利法院制度的影响

与原来的欧洲知识产权制度相比,欧盟统一专利法院制度具备成本低、专业性强的特点。而且,鉴于德国在欧盟统一专利法院制度中的重要影响力,欧盟统一专利法院制度很可能会继承德国较宽松的禁令条件,善于运用禁令救济加强知识产权保护。而颁布禁令救济是对美国权利人最有吸引力的一项措施。2006 年,美国最高法院在易趣诉 MercExchange 公司案(eBay Inc. v. MercExchange, L. L. C., 547 U. S. 388)中提高了发布永久禁令的要求[2]使得权利人在美国获得禁令难度加大,严重影响了专利权人在美国的专利运营工作。因此,美国的专利权人纷纷将专利执法的重点转向欧洲。英国和德国的法院因禁令救济条件相对宽松,成为美国权利人理想的专利执法地和欧洲专利诉讼最活跃的国家。欧盟统一专利法院制度开始运行之

---

[1] European Commission. Study on Patent Assertion Entities in Europe[EB/OL]. (2021-03-09)[2023-05-26]. https://digital-strategy.ec.europa.eu/en/library/study-patent-assertion-entities-europe.

[2] Justia US Supreme Court Center. eBay Inc. v. MercExchange, L. L. C., 547 U. S. 388 (2006) [EB/OL]. (2006-05-15) [2023-06-20]. https://supreme.justia.com/cases/federal/us/547/388.

后，一件欧洲专利如果被判侵权，权利人就可以在欧盟24国同时获得禁令，这远比单独需要在各个国家提起诉讼并获得禁令更有效率和性价比，专利执法力度明显更大。因此，欧盟统一专利法院制度作为现有集中式欧洲专利授权系统的有益补充，是专利权人在欧洲范围内提供更经济有效的专利保护和争端解决途径，亦会对全球知识产权格局产生较大影响。

三、发达经济体加快标准必要专利布局

标准必要专利是指从技术方面来说对于实施标准必不可少的专利，或指为实施某一技术标准而必须使用的专利。相较于普通专利而言，标准必要专利凭借标准广泛传播的公共属性，具有促进创新、增进效率的突出优势。但由于其通常是由具有绝对领先优势的行业巨头来制定，也存在着破坏正常市场竞争秩序的潜在风险。例如，标准必要专利权人运用标准来限制其他企业的准入，运用话语权来打压制约竞争对手，或收取不合理的高额许可费等。尽管国际上对标准必要专利权人提出了FRAND原则（公平、合理、无歧视），但由于不同国家对FRAND原则认识不一及专利法和诉讼体制的不同，对标准必要专利禁令救济问题的适用也各不相同，没有统一的标准。

近年来，随着5G通信、物联网、智能汽车和智能家居的迅速发展，标准必要专利许可成为知识产权国际竞争的焦点。当前正处在全球范围内标准必要专利许可规则和许可模式构建的重要阶段，欧盟、美国、日本和韩国密集出台相关政策制度来抢占规则话语权，以期能够在未来的产业博弈中更好地维护本国优势产业的发展利益。由于产业发展情况和政府执政理念的不同，欧盟、美国、日本和韩国的标准必要专利禁令救济政策侧重点也各不相同。其中，欧盟近两年的标准必要专利政策推进较快，并在2023年4月27日发布针对标准必要专利的全面性法规草案，成为全球首个自上而下的标准必要专利法律框架，将对全球标准必要专利持有人和实施人的许可谈判产生重大影响，尤其全球通信领域标准必要专利持有人现正积极推进与中国汽车企业的专利许可，中国汽车企业应认真研究发达经济体的标准必要专利相关政策，为推进专利许可争取谈判优势。

（一）欧盟标准必要专利相关政策

1. 欧盟标准必要专利前期立法准备

欧盟对标准必要专利政策研究已久，并达成了较为一致的推进方向，即建立起一个公平和平衡的许可框架，进一步明晰和改进标准必要专利的声明、许可和实施机制，以提高法律的确定性、减少司法诉讼。早期欧盟在标准必要专利引发的禁令救济问题上，比较偏向于标准必要专利权人的利益，现在逐渐发展转变为综合考虑许可双方的利益平衡。为减少纠纷，欧盟逐渐注重探究标准必要专利的必要性、提升信息透明度、确定恰当的许可层级、明确 FRAND 费率等详细内容，并探索建立一个独立的第三方系统对标准必要专利的必要性进行评估，以期建立可预测的标准必要专利许可环境。欧盟鼓励专利权人和实施人通过谈判解决标准必要专利争议，以提高法律的确定性并减少司法诉讼。

2. 欧盟公布标准必要专利法规草案

2023 年 4 月 27 日，欧盟发布《关于标准必要专利和修订（EU）2017/1001 号条例的提案》（*Proposal for a Regulation Of The European Parliament And Of The Council On Standard Essential Patents And Amending Regulation*）（*EU*）2017/1001，以下简称《提案》）。[1] 最终版的《提案》共有 78 页，同时发布 259 页的《影响评估报告》，以及欧盟对于《提案》的法律地位、欧盟成员国适用问题和对《提案》正面评价等相关文件。欧盟对标准必要专利的许可问题开展了深入扎实地研究，有庞大的数据和利益相关者意见支撑，综合考虑权利人和实施人两方的诉求后拟定了该《提案》。下面从《提案》的必要性、方向和目的、解决路径和利益相关方态度进行简要介绍。

（1）必要性。首先，《提案》明确表示标准必要专利许可市场对欧盟的重要性。全球大约有 261 个活跃的标准必要专利许可人，其中 31 个位于欧盟（主要是诺基亚、爱立信、飞利浦和西门子），共持有全球大约 15.00%

---

[1] European Commission. COM（2023）232-Proposal for a regulation of the European Parliament and of the Council on standard essential patents and amending Regulation（EU）2017/1001［EB/OL］.（2023-04-27）［2023-05-26］. https://single-market-economy.ec.europa.eu/publications/com2023232-proposal-regulation-standard-essential-patents_en.

的标准必要专利。欧盟的潜在实施者的数量估计为3800个。欧盟委员会从包括中小企业在内的利益相关方收集了大量的证据和意见，表明标准必要专利许可程序并不高效，需要更高的透明度和更清晰的框架。对标准必要专利实施人来说，FRAND使用费率、标准必要专利持有者确认和法院裁决分歧缺乏透明度是关键问题。对标准必要专利持有人来说，反向劫持和禁诉令是主要的问题。欧盟原有的框架无法解决上述问题，必须通过改革实现。

（2）方向和目的。欧盟委员会表示《提案》将通过以下方式降低标准必要专利持有人和实施者的交易成本：一是更加明确谁拥有标准必要专利及哪些标准必要专利是真正必要的，二是明确FRAND使用费率及其他条款和条件，三是推动标准必要专利争端解决。通过上述方式，将达到以下目的：一是确保终端用户，包括小型企业和欧盟消费者以合理的价格受益于基于最新标准化技术的产品；二是使欧盟成为一个对创新和标准发展有吸引力的地方（包括对全球参与者的吸引力）；三是鼓励欧盟标准必要专利持有人和实施者在欧盟进行创新，在欧盟制造和销售产品，并在非欧盟的全球市场具有竞争力。

（3）解决路径。欧盟委员会在《提案》中给出了五条逐层递进的解决路径，具体包括：

方案1：自愿性指导。建立关于标准必要专利许可的非约束性指导。在欧盟知识产权局（European Union Intellectual Property Office，EUIPO）内创建的标准必要专利能力中心将为中小企业提供关于许可谈判的免费咨询和培训，并监测标准必要专利市场，进行标准必要专利许可研究，并促进替代性争端解决。

方案2：对标准必要专利进行强制注册和必要性检查。标准必要专利的权利人如在欧盟寻求许可，必须在标准必要专利登记册中注册其专利。为了确保注册的质量，将由独立评估员根据欧盟委员会确定的方法和欧盟知识产权局管理的系统进行必要性检查。子选项为：（i）检查所有已注册专利；或（ii）检查标准必要专利持有人预选的少量专利和每个标准必要专利持有人注册的专利的随机样本。

方案 3：标准必要专利注册并进行必要性检查和调解程序。在提起诉讼之前，标准必要专利许可纠纷的各方必须经过强制性的调解程序。独立调解员将帮助各方达成双方都能接受的许可条款。在调解过程结束时，如双方未能达成协议，调解员将发布一份不具约束力的报告，其中包括关于FRAND费率的建议（包括保密和非保密的部分）。

方案 4：确定标准必要专利总许可费。建立一套流程或程序，确定在标准公布之前或之后不久使用标准的总许可费。在能力中心独立调解人的帮助下，标准必要专利持有人将就总许可费与实施者达成一致。此外，标准必要专利持有人和实施者都可以就总许可费提出观点或专家意见。在调解过程最后将按各方要求确定一个不具有约束力的总许可费，并公布在标准必要专利登记册上。

方案 5：建立标准必要专利结算所。结算所提供一站式服务，让实施者通过向能力中心存入总特许权使用费来获得标准必要专利许可。标准必要专利持有人应告知该中心如何在他们之间分配总使用费，否则他们将无法收取使用费。他们还应该与任何将缴纳保证金的实施者签署许可协议。标准必要专利持有人在交纳押金后一年内未收取的任何特许权使用费将退还给实施者。

欧盟最终选择了方案 4 "确定标准必要专利总许可费"。该方案将向实施者明确标准必要专利所有者、在登记册上注册的标准必要专利数量、专利必要性比率及使用标准化技术的潜在（或最大）总成本（总许可费），减少了标准必要专利持有人与实施者之间的信息不对称。这种模式下，方案 4 的大部分成本将由标准必要专利持有人承担，这些费用主要包括标准必要专利注册费和专利必要性评估成本。

(4) 利益相关方的态度。《提案》发布后，标准必要专利持有人明确反对，标准必要专利实施人则大力支持。代表专利权人一方的 IP Europe 发布了声明，对欧盟委员会在未就其详细提案进行彻底公众咨询的情况下，决定提出一项有害且不平衡的《标准必要专利条例》表示遗憾。IP Europe 呼吁欧洲议会和欧洲成员国捍卫欧洲现行的已经经过时间考验的专利保护体系的利益平衡。相反的是，欧洲汽车制造商协会（ACEA）对欧盟委员会改革标准必要专利许可监管框架的提议表示赞赏。ACEA 发现，缺乏可预测的规则会导致法律不确定性并抑制创新。通常，汽车制造商必须面对禁令和过多的特许权使用费，以避免耗时且昂贵的诉讼或停产。此外，汽车行业供应商的许可证申请经常以虚假理由被拒绝。

(二) 美国标准必要专利相关政策

美国的标准必要专利政策走势与历届政府的执政理念密切相关。奥巴马政府时期，2013 年，美国司法部与专利局联合发布了《关于遵守自愿 FRAND 承诺的标准必要专利救济措施的政策声明》（2013 年）（以下简称《2013 年政策声明》），提出为减少专利劫持，只有在标准必要专利实施者不能够或者拒绝接受符合 FRAND 的许可或者实施者的行为超出了标准必要专利权人 FRAND 承诺的范围时，才考虑禁令救济。该声明倾向于保护标准必要专利实施者的权利。

特朗普政府执政时期，美国国内对限制专利反向劫持的呼声越来越高。2019 年，美国专利商标局、美国国家标准技术研究院和美国司法部反垄断局发布了《关于遵守自愿 FRAND 承诺的标准必要专利救济措施的政策声明》（2019 年）（以下简称《2019 年政策声明》），指出专利权人在标准必要专利侵权诉讼中可以申请禁令救济以保障自身权益，与 2013 年政策声明相比明显放宽了禁令救济的颁布条件，倾向于保护标准必要专利持有人的权利。2020 年 9 月 10 日，美国司法部对 2015 年颁布的《IEEE[①] 知识产权政策的商业评估函》进行修改，同样明确表示专利权人有权就标准必要专利申请禁令，应注重防止专利反向劫持。

拜登政府执政时期，美国标准必要专利政策有了新变化，更加重视在权利人和实施者之间寻求平衡，重新加强标准必要专利的反垄断执法实践，并强调促进美国竞争以提高创新水平。2021 年 1 月，美国恢复了 2015 年版《IEEE 知识产权政策的商业评估函》的效力。2021 年 7 月 9 日，在拜登签署的《关于促进美国经济竞争的行政令》中，明确要求美国司法部部长和商务部部长调整标准必要专利的反垄断政策走向，包括一项重新审视

[①] IEEE，电气与电子工程师协会，Institute of Electrical and Electronics Engineers 的缩写。

"2019年政策声明"的具体授权,以期能"避免市场力量以反竞争方式延伸至授权专利范围之外的潜在可能,并保护标准开发流程不被滥用"。2021年12月6日,美国专利商标局、美国国家标准技术研究院和美国司法部反垄断局发布了《关于遵守自愿FRAND承诺的标准必要专利许可谈判和救济政策声明草案》(2021年征求意见稿)(以下简称《2021年政策声明草案》)并征求公众意见,提到"如果标准必要专利案件可以适用金钱赔偿,则不应颁布禁令",对颁布禁令救济的态度与2019年政策相比有所回调。意见稿中还加入"反垄断执法"的表述,表明美国坚持将标准必要专利许可问题置于知识产权与反垄断交叉背景下予以双重规制的态度。

总体来说,《2021年政策声明草案》对禁令救济与谈判行为采取了向实施者倾斜的立场,因此主要的标准必要专利持有人大多对其持否定态度。2022年6月8日,美国司法部、美国专利商标局和美国国家标准与技术研究院撤回"2019年政策声明",没有发布新的政策声明。这一决定允许法院在标准必要专利被侵权时逐案确定适当的救济措施,标准必要专利持有人有权像其他专利持有人一样获得禁令救济。这意味着美国政府没有推出新的标准必要专利执法政策,司法途径成为在美国解决标准必要专利纠纷的主要路径。

(三) 日本标准必要专利相关政策

日本的标准必要专利政策重点在于提高标准必要专利许可的透明度和可预测性,统筹考虑专利费在产业链不同主体间的分配,推动标准必要专利许可双方都基于"善意"展开谈判。跟欧盟和美国不同,日本还没有就标准必要专利禁令救济出台专门的政策法规。标准必要专利权与一般专利的禁令的申请规则是相同的,即日本的地区法院认定专利侵权行为成立时,专利权人和独占被许可人可以申请禁令停止专利侵权行为。

禁令包括永久性禁令和诉前禁令。就永久性禁令而言,无论侵权行为是否故意,专利权人都可以申请永久性禁令,申请时需满足侵权行为持续发生和存在侵权成立可能性这两个条件。永久性禁令既可以针对正在发生的侵权行为,又可以针对即将发生的侵权行为。通常情况下,日本法院如确定侵权行为存在会自动颁布永久性禁令。如果专利权人涉及专利权滥用，则法院一般不会颁布永久性禁令。目前还没有出现因专利权滥用导致法院不颁布永久性禁令的判例。侵权人可以针对永久性禁令上诉至知识产权高等法院，但需要提供担保。诉前禁令则是与一般专利诉讼分开进行的独立程序。请求人在申请诉前禁令时需要证明侵权行为的发生和诉前禁令的必要性（即侵权行为已造成无法弥补的损害）。如果专利权人或被许可人没有实施专利，则很难在日本获得诉前禁令，因为无法证明进行诉前禁令的必要性。在日本，获得诉前禁令需要5~10个月的时间。在颁发诉前禁令前，法院通常要求专利权人提供担保。

（四）韩国标准必要专利相关政策

韩国的标准必要专利政策制定起步较晚。2016年，韩国特许厅发布首个针对标准必要专利的政策指引文件《标准必要专利指南1.0版》，对标准的种类、标准必要专利的概念、标准必要专利的许可流程等基本概念进行了阐释。随后，韩国陆续发布了《标准必要专利纠纷应对指南》和《标准必要专利指南2.0版》，为企业提供开展标准必要专利许可谈判、制定标准必要专利策略的具体指引，以提升韩国企业标准必要专利的竞争力。在禁令救济规则方面，韩国的标准必要专利与一般专利的禁令申请规则相同。专利权人或独占被许可人可以在地方法院提起侵权诉讼并申请禁令停止专利侵权行为。禁令包括永久性禁令和临时禁令。获得永久性禁令则需权利人证明存在侵权行为或存在侵权的可能性。获得临时禁令需要权利人证明侵权的可能性及临时救济的必要性，而且权利人须对所请求的临时禁令提交担保。

四、RCEP框架下的东盟知识产权保护

（一）东盟知识产权保护现状

东盟，即东南亚联盟（Association of Southeast Asian Nations，ASEAN），成立于1967年8月，目前包括马来西亚、印度尼西亚、泰国、菲律宾、新加坡、文莱、越南、老挝、缅甸和柬埔寨10个成员国。近年来，随着东盟与世界各国贸易量的不断增长，知识产权保护在促进国际贸易方面的积极作用日益凸显，东盟各国纷纷出台相关政策加强知识产权保护工作。但因东盟各国政治、经济、科技、文化的发展水平不尽相同，其知识产权保护水平也存在较大差别。总体而言，新加坡和马来西亚的知识产权制度相对

完备，在知识产权管理和国际合作方面取得一定成果；泰国、越南、印度尼西亚正稳步推进知识产权保护工作，积极推动制度建设和政策落地；菲律宾、文莱、老挝、缅甸和柬埔寨的知识产权制度处于起步阶段，仍需一定时间缩小与其他国家的差距。此外，为了弥补各成员国之间的知识产权保护差距，东盟积极推动知识产权一体化发展。《区域全面经济伙伴关系协定》（Regional Comprehensive Economic Partnership，RCEP）中的知识产权章节是东盟推动知识产权一体化取得的重要成果。

（二）RCEP关于知识产权的要求

作为全球规模最大的自贸协定，RCEP由东盟十国于2012年发起，2020年11月15日正式签署，2022年1月1日正式生效实施。2023年6月2日，RCEP对菲律宾正式生效，标志着RCEP对东盟10国和中国、日本、韩国、澳大利亚、新西兰共15个国家全面生效。如表3-4所示，在知识产权方面，RCEP共包含83个条款和过渡期安排、技术援助两个附件，是RCEP内容最多、篇幅最长的章节，也是中国迄今已签署自贸协定所纳入的内容最全面的知识产权章节。[1] RCEP知识产权章节在WTO的《与贸易有关的知识产权协定》（Agreement on Trade-Related Aspects of Intellectual Property Rights，TRIPs）基础上，全面提升了区域内知识产权整体保护水平，在充分尊重区域内不同成员发展水平的同时，为本区域知识产权的保护和促进提供了平衡、包容的方案，既保护知识产权权利持有人的权利，也保障知识产权使用者的合法利益，有助于促进区域内创新合作和可持续发展。

表3-4 RCEP知识产权章节（第十一章）

章节	主题	内容
第一节	总则和基本原则	主要原则：对社会经济和技术发展至关重要的领域采取必要措施，保护公众健康与营养和促进公共利益；防止权利人滥用知识产权权利或采取不合理的限制贸易或对国际技术转让产生不利影响的做法

---

[1] 中华人民共和国商务部.第十一章知识产权[EB/OL].（2022-01-01）[2023-05-26].http://fta.mofcom.gov.cn/rcep/rceppdf/d11z_cn.pdf.

续表

章节	主题	内容
第二节至第八节	覆盖领域	传统知识产权领域：著作权、商标、地理标志、专利、外观设计、反不正当竞争、知识产权执法、合作、透明度、技术援助
		知识产权保护发展新趋势：遗传资源、传统知识和民间文艺
第九节	国名的使用	每一缔约方应当为利害关系人提供法律途径，防止以在货物原产地方面误导消费者的方式在货物上商业性地使用一缔约方的国名
第十节	知识产权权利的实施	一般义务：要求各个成员国在出现侵害知识产权的行为时，要采取有效行动来制止侵权行为
		民事救济：强调公平和合理的程序，要求各成员国制定相关民事司法程序，同时成员国应允许使用替代性争端解决程序解决有关的民事争端
		边境措施：在权利人申请的情况下，边境执法机关可以采取中止放行涉嫌盗版货物或假冒商标货物等措施，如海关查扣侵权的货物、物品
		刑事救济：对具有商业规模的故意的著作权或相关权利盗版或商标侵权的情况适用刑事程序和刑罚
		数字环境下的执法：民事救济小节和刑事救济小节规定的实施程序应当在相同的范围内适用于数字环境中侵犯著作权或相关权利及商标的行为
第十一节	合作与磋商	主要要求：为促进本章的有效实施，每一缔约方应当在知识产权领域与其他缔约方开展合作，并就知识产权问题开展对话和信息交流
第十二节	透明度	公布关于知识产权权利的效力、范围、取得、实施和阻止滥用的终局司法裁决和普遍适用的行政裁定；向公众公布或使公众获得有关知识产权权利的申请和注册信息
第十三节	过渡期与技术援助	基于柬埔寨、老挝、马来西亚、缅甸、菲律宾、泰国、越南等7国发展水平的差距，给予上述7国3~15年的过渡期，使之知识产权保护水平逐步达到与RCEP全面对接的水平

续表

章节	主题	内容
第十四节	程序事项	改善知识产权管理程序
		简化书面程序要求
附件一	特定缔约方过渡期	
附件二	技术援助请求清单	

RCEP 的知识产权章节，目的在于通过保护和实施知识产权，深化经济一体化，减少贸易和投资障碍，促进区域经济发展。总体而言，RCEP 考虑到 RCEP 成员国之间经济、文化等发展不均衡，尤其是越南、老挝、缅甸、柬埔寨等东盟国家经济发展较差、知识产权保护较弱，为弥合强弱势成员发展水平和能力差异，帮助有关成员更好地履行协定义务，协定还设置了"过渡期"，包括对最不发达国家缔约方的过渡期和特定缔约方过渡期。其中，柬埔寨、老挝、马来西亚、缅甸、菲律宾、泰国、越南等 7 国分别给予 3~15 年的过渡期，使之知识产权保护水平逐步达到与 RCEP 全面对接的水平。

(三) RCEP 对成员国知识产权的影响

RCEP 自 2022 年 1 月 1 日生效以来，为中国稳外贸稳外资发挥了重要作用。从贸易看，2022 年，中国与 RCEP 其他成员进出口总额 12.95 万亿元人民币，同比增长 7.50%，占中国外贸进出口总额的 30.80%。从吸引外资看，2022 年，中国实际利用 RCEP 其他成员投资额 235.3 亿美元，同比增长 23.10%。[1]

近年来，中国汽车企业持续加快开拓 RCEP 成员国出口市场，利用东南亚市场劳动力、厂房等成本综合优势，采用在当地建设工厂的模式，比亚迪、中国长安汽车集团有限公司、上汽集团、长城汽车股份有限公司、哪吒汽车等均计划在东南亚地区建设工厂或与当地企业合作进行代工生产。

---

[1] 人民网.商务部：《区域全面经济伙伴关系协定》(RCEP) 对 15 个签署国全面生效 [EB/OL]. (2023-06-02) [2023-06-06]. http://finance.people.com.cn/n1/2023/0602/c1004-40004933.html.

RCEP 生效对中国汽车企业来说既是机遇,又是挑战。一方面,RCEP 为中国汽车出口 RCEP 成员国提供了众多便利。RCEP 覆盖了庞大的亚太地区市场,为中国汽车出口创造更广阔的市场机会,有助于扩大汽车出口规模和销售量;RCEP 降低了关税壁垒及技术标准、认证程序、贸易便利化等非关税壁垒,减少在跨境贸易过程中的障碍和成本,提高汽车和零部件的流通效率;RCEP 提供了供应链联动与合作的机会,有助于中国汽车制造商和零部件供应商更便捷地获取优质的原材料和零部件;RCEP 有利于中国汽车企业扩大竞争优势。这些便利都将利于中国汽车企业降低生产成本,提高产品的竞争力。另一方面,随着 RCEP 的实施,中国与欧盟、美国、日本、韩国的汽车产业在东盟市场的竞争将更加激烈,进一步倒逼中国汽车企业加强自主创新能力,降低生产成本,提高产品质量,并继续提高知识产权保护水平,以应对区域内其他汽车品牌的技术挑战。

总体看,知识产权作为企业重要的无形资产和贸易竞争的重要武器,无论是发达国家,还是发展中国家,都在加快完善多种政策措施提升本国知识产权保护水平,保护本国产业的竞争优势。发达国家知识产权保护措施较为全面,在国内知识产权保护方面,通过不断优化知识产权申请和保护程序、强化国内知识产权管理体系数字化建设,有效提高本国企业知识产权授权和保护效率。在海外知识产权保护方面,发达国家积极运用自身影响力促成 TRIPs、双边自由贸易协定生效,推动全球知识产权强保护的新趋势。同时,近年来发达国家陆续修订标准化战略和标准必要专利政策,持续研究对未来科技发展影响重大的知识产权前沿话题,加快推动相关制度建设和新兴产业技术突破,以争夺国际标准和知识产权全球话语权。与发达国家相比,中国、东盟成员国和南美洲国家等发展中国家在知识产权保护方面仍有很大成长空间。其中,RCEP 的知识产权保护章节体现了知识产权保护不断加强,保护客体更加广泛、新增内容更为详尽、执法措施更趋全面的态势。中国积极落实 RCEP,主动参与全球区域性知识产权治理,推动区域内知识产权一体化发展,有利于减少区域内知识产权贸易壁垒行为,推动经济高质量发展。

汽车产业涉及面广、关联度高、消费拉动大,对上游产业和下游服务业具有很强的带动作用,逐步成为各主要汽车生产国的支柱产业。在全球能源供应链脆弱、技术迭代更新的推动下,电动汽车、电池等新能源相关新产业成为全球制造业转型的重点,芯片等半导体产业成为抢占高端制造的关键技术。目前各国尤其是发达经济体通过政府补贴、政策支持等推动本土汽车产业发展,并通过数据安全、知识产权等进行产业竞争规制,其政策或监管标准的依据实质是其本土企业技术优势的外延,谁掌握着产业最前沿的技术,谁就拥有产业技术标准的规制权和知识产权布局的主动权。

在全球汽车贸易过程中,非本土品牌为进入目的地市场,不得不满足当地市场准入、技术标准、排放标准及数据监管标准等要求,其实质仍是参与国际市场的知识产权之争,尤其在当前全球汽车产业竞争格局变化及入局玩家由传统车企扩展至互联网、通信等多种类型企业,自动驾驶、智能网联等汽车产业发展新方向的底层技术及其知识产权仍掌握在国际行业巨头手中,相关国家尤其是发达经济体将汽车产业的创新发展作为制造业转型的重要抓手,不仅将政策支持作为推动本土产业快速发展的基础,更是为维护汽车产业等先进制造业,抢占新一轮科技创新和产业竞争的制高点,利用技术标准与知识产权上的优势,从国家层面设置贸易壁垒。

第四章 汽车企业遭遇海外知识产权贸易壁垒现状

欧盟、美国、日本和韩国的汽车产业在政府的多年培育和扶持之下诞生了多个世界知名的汽车巨头，在国际市场竞争中牢牢占据主导地位。随着广东省汽车产业的不断发展，汽车企业走出去步伐逐渐加快，尤其是新能源汽车近年来在国际市场表现亮眼，对欧盟、美国、日本和韩国的汽车产业带来一定的冲击，欧盟、美国、日本和韩国也因此逐步强化贸易措施，以限制广东汽车企业参与国际市场竞争。本章以全球汽车企业常见的知识产权贸易壁垒为切入点，分析海外汽车产业竞争现状，以期对广东省乃至全国汽车企业出口提供前瞻性参考。

第一节 美国"337调查"

在众多贸易壁垒手段中，美国政府根据"337条款"设立的"337调查"机制，因其具有立案成本低和救济措施严的特点，成为各国汽车企业用于打击竞争对手的重要手段。本节根据美国国际贸易委员会官网数据，以全球汽车企业为分析对象，总结历年汽车企业遭遇美国"337调查"的如下主要特点。❶❷

一、汽车企业涉案总量相对较少

如图4-1所示，1976年1月1日至2023年6月30日，美国共发起"337调查"1365起，其中，汽车企业遭遇美国"337调查"案件95起，占"337调查"案件总量的6.96%。从年度变化增长趋势看，全球汽车企业涉美国"337调查"案件在2000年以前保持低速增长，期间共有10个年份保持零案件；2000年以来逐渐活跃，并于2018年开始明显增加，近5年年均维持在5起以上，2021年更以11起创下历史新高。1976年1月1日至2023年6月30日中国汽车企业遭遇"337调查"案件37起，占全球汽车企业涉

---

❶ 美国国际贸易委员会. EDIS 数据库[EB/OL]. [2023-06-30]. https://edis.usitc.gov/external.

❷ Lexmachina. 美国地方法院专利诉讼信息[EB/OL]. [2023-06-30]. https://law.lexmachina.com.

"337 调查"案件量比重高达 38.95%，案件量发展趋势与全球案件总量趋势基本一致。广东汽车企业遭遇"337 调查"案件 9 起，占中国汽车企业涉"337 调查"案件量的 24.32%，均出现在 2017 年以后，年均案件量不超过 2 起，总体呈缓慢增长趋势。

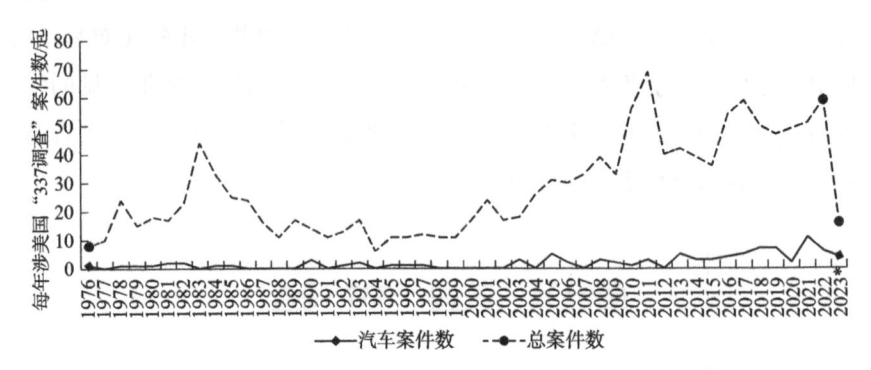

图 4-1　全球汽车企业每年涉美国"337 调查"案件数
注：2023 年统计时间为 1 月 1 日至 6 月 30 日

二、涉案产品主要集中在机械和电机等传统汽车技术领域

从涉案产品类型看，汽车企业遭遇美国"337 调查"的涉案产品主要集中在机械和电机等传统汽车技术领域，包括发动机、变速器、轮胎、车灯、雨刮器、车载电器电子装置等零部件，以及安全系统、控制系统、信息娱乐系统等汽车电子系统。主要涉及汽车产业链一级和二级供应商之间的纠纷，偶有涉及整车制造商。随着新能源汽车和智能网联汽车的发展，汽车制造商不断运用自动化、人工智能、电气化、数字连接和安全控制等先进技术实现产品创新。近 5 年来，全球汽车企业涉美国"337 调查"中涉及半导体、锂电池、高精度激光雷达和车载通信系统的案件明显增加，预计在未来的"337 调查"中这一趋势也将更加明显。

三、涉案专利的申请人主要来自美国、欧洲、日本、韩国

如图 4-2 所示，汽车产业遭遇美国"337 调查"中，超九成案件的案由涉及专利侵权，剩余案件涉及商标、商业秘密和著作权侵权等案由。其中，涉及商标侵权的案件占比 7.37%，包含单独商标侵权、专利与商标侵权、

商标与著作权侵权三种案由。商业秘密侵权占比为2.11%。可见，专利侵权仍是汽车产业遭遇"337调查"的主要案由。

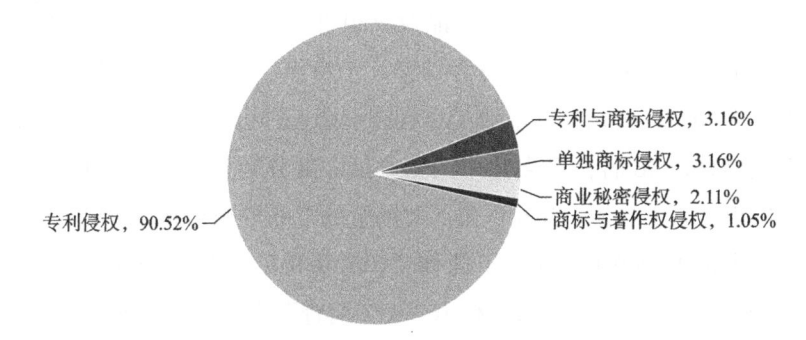

图4-2 全球汽车企业涉美国"337"调查案由

从申请人国别看，如图4-3所示，绝大部分案件由美国、欧洲、日本、韩国的申请人发起。在汽车产业的95起调查中，单独由美国申请人发起的调查71起，占汽车产业涉案量的74.74%；由美国和其他国家申请人联合发起的调查18起，占18.95%；剩余6起案件由爱尔兰、中国、瑞士、德国和日本的申请人分别单独发起，共占6.31%，单独由中国申请人发起的案件仅1起。可见，运用"337调查"争夺国际市场份额的竞争对手绝大部分来自美国，其次来自欧洲、日本和韩国。

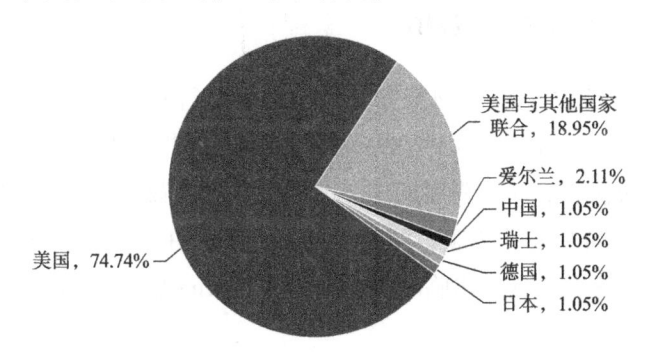

图4-3 全球汽车企业涉美国"337调查"申诉人来源国

四、部分"337调查"成为企业恶意诉讼的新手段

"337调查"的本质是美国政府为了保护本地企业而设定的贸易保护措

施,"337调查"的立案门槛低且救济措施严格,成为美国企业大规模发起案件以阻止竞争对手进入美国市场的便利武器。

以汽车锂电池应急启动电源产品及其组件一案(337-TA-1256)为例,申请人美国 NOCO 公司的申诉行为具有 3 个特点。一是被申请人数量庞大。在申诉书中 NOCO 公司共请求对 110 名被申请人进行立案调查,最终立案的被申请人仍高达 46 名,13 名为中国企业且大部分来自广东省深圳市。二是故意窃取申请人的技术。NOCO 公司此前曾故意窃取被申请人华思旭的技术并在美国申请 US9007015(以下简称"015 专利")和 US10604024(以下简称"024 专利")。三是恶意利用"337 调查"及专利诉讼阻碍中国产品进入美国市场。NOCO 公司不仅对中国企业发起"337 调查",还在美国地方法院发起专利诉讼。调查结果显示,华思旭在 2021 年 11 月成功获得美国专利商标局专利审查和上诉委员会对 NOCO 公司的 015 专利的无效裁决,并在 2022 年 8 月获得美国国际贸易委员会发布的不侵权裁决结果。

此案为美国申请人窃取中国企业技术后,反过来利用"337 调查"阻碍中国企业产品进入美国市场的典型案例。该案件真实反映了美国企业利用"337 调查",以保护知识产权为名行限制竞争和阻碍进口之实,再次印证了美国"337 调查"的贸易壁垒性质,应引起中国汽车企业的重视。

五、首次启动临时初裁程序

2022 年 1 月 25 日,美国国际贸易委员会的行政法官克拉克·S. 采尼(Clark S. Cheney)在 337-TA-1291 案件中主动要求启动临时初裁程序,成为首个由行政法官启动该程序的 337 案件。临时初裁程序源于 2021 年 5 月 12 日美国国际贸易委员会颁布的试点计划,即允许行政法官就某些特定问题在全面听证之前提前作出临时初步裁决(Interim Initial Determinations,简称"临时初裁")。

与百日程序类似,该临时初裁程序也是为了满足"337 条款"下要求美国国际贸易委员会尽早完成"337 调查"的法定要求。与只能由美国国际贸易委员会启动的百日程序不同,该试点计划赋予了行政法官启动临时初裁程序的权限。而且落入临时初裁的问题范围也比百日程序更加宽泛,包括:可以决定案件成败或者在全面听证之前可以解决重大问题的事项,有利于促成和解或者有助于解决当事方的全部争议。美国国际贸易委员会列举了专利案件中可能落入该试点计划的问题,包括是否侵权、专利是否有效、是否有起诉资格以及是否满足国内产业要求等。临时初裁程序为被申请人就某些特定问题获得提前结案提供一条新的路径。

六、企业应诉率较高

截至 2023 年 6 月 30 日,全球汽车产业涉美国"337 调查"案件共 95 起,已结案 87 起,未结案 8 起。根据美国国际贸易委员会 EDIS 数据库现有统计,大部分企业积极应对美国"337 调查",应诉率高达 91.63%。如图 4-4 所示,超过九成的应诉企业获得了较好的裁决结果。其中,获得"和解或同意令"结果的企业占比为 47.59%,获得"申请人撤诉"结果的企业占比为 24.48%,最终裁决为"不侵权"的企业占比为 22.07%。最终裁决为"侵权"的企业占比仅为 5.86%,均被采取普遍排除令、禁止令或有限排除令。可见,绝大部分积极应诉企业取得了较为理想的应诉结果。

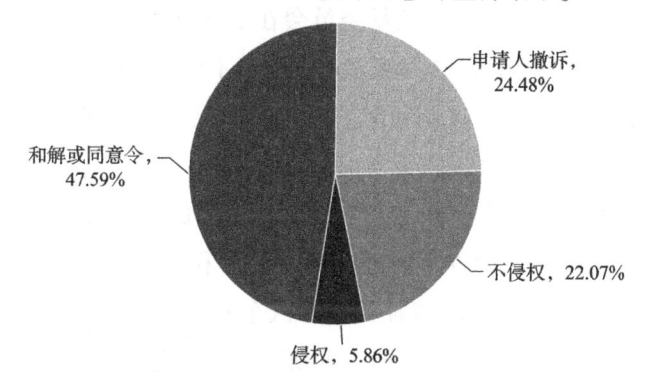

图 4-4 全球汽车企业涉美国"337 调查"案件应诉结果

对于不应诉企业,美国国际贸易委员会可假定申诉状中的所有指控都是真实的,并裁定该企业已经丧失对申诉状质疑的权利,进而做出"缺席裁决"。如图 4-5 所示,汽车产业的缺席企业中,超过七成企业被美国国际贸易委员会颁布普遍排除令、禁止令或有限排除令,21.74% 的企业因其他应诉企业积极应对使美国国际贸易委员会裁定为不侵权而获益,2.17% 的企业未被美国国际贸易委员会采取任何救济措施。

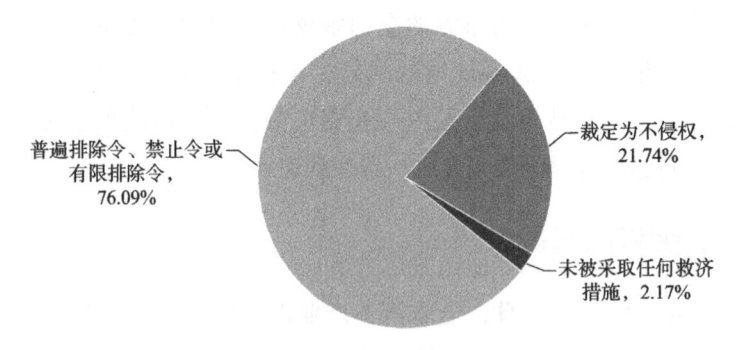

图4-5 全球汽车企业涉美国"337调查"案件缺席企业裁决结果

饼图数据：
- 普遍排除令、禁止令或有限排除令，76.09%
- 裁定为不侵权，21.74%
- 未被采取任何救济措施，2.17%

值得注意的是，中国汽车企业不服"337调查"结果而上诉至巡回法院并获得337案件结果逆转的情况亦有先例。在关于橡胶抗降解剂及相关产品（337-TA-533）一案中，美国国际贸易委员会于2006年4月裁定中国圣奥化工构成专利侵权并对其发布有限排除令，圣奥化工迅速上诉至巡回法院，迫使美国国际贸易委员会在2007年12月宣布暂停案件审理进程以等待巡回法院的判决。最终，美国国际贸易委员会在2008年9月废除对圣奥化工的有限排除令，并在2008年12月裁定圣奥化工不侵权。此次诉讼的胜利说明中国企业在自身技术过关且专利保护完善的情况下采取多种途径积极抗辩有较大概率获得理想结果。

总体看，全球汽车产业涉"337调查"案件量呈增长趋势，且在2018年以来增速较为明显，调查案由超九成涉及专利侵权。涉案技术大部分集中在传统汽车技术领域，但随着新能源汽车和智能网联汽车的快速发展，预计汽车产业"337调查"涉及的技术领域将朝智能化和电气化蔓延。在汽车产业案件中"临时初裁程序"首次启动，中国的被申请人发现自身在侵权、无效、申请人的起诉资格（进口要件、国内产业经济要件、国内产业技术要件）等方面有强有力的抗辩理由时，可以申请启动该程序以加快诉讼进度和降低诉讼成本。从企业积极应对"337调查"结果看，超九成应诉企业获得和解或同意令、申请人撤诉、不侵权等有利结果。其中NOCO公司窃取华思旭的技术后在美国利用"337调查"和专利诉讼恶意扰乱竞争的行为，再次印证了部分外国企业发起"337调查"或知识产权诉讼的目的不仅限于保护自身的知识产权，而是通过知识产权调查和诉讼的程序优势，迫使国外竞争对手放弃美国市场退出竞争或被动达成不利的和解协议，从而削弱国外进口产品的竞争优势，达到保护本土市场和本国贸易的效果。

第二节　商标被抢注和侵权风险

根据世界知识产权组织发表的《2023 年马德里体系年鉴》，2022 年，美国申请人提交的马德里商标国际注册申请量（12 495 件）及指定数量（87 110 项）均位列全球首位。中国的申请量（4991 件）位居第三，不及排名第二的德国（7695 件），但指定数量（58 891 项）位居第二，超过德国（45 172 项）。[①] 无论是马德里商标国际注册申请量还是指定数量，排名前十的国家中发达国家均占八成，发展中国家仅有中国和土耳其上榜，可见发达国家的商标国际保护力度仍引领全球。中国的申请量虽然位列第三，但是与第一名的美国和第二名的德国仍有较大差距。

商标是区别商品和服务来源的标志，是企业品牌的重要组成部分，也是营造品牌效应价值和市场号召力的基础。汽车作为大宗消费品，对商标和品牌效应的依赖度比一般消费品更高，商标保护对汽车企业市场竞争力的影响不容忽视。2022 年广东省汽车出口总量延续快速增长势头，除了欧洲和美国发达国家市场，广东省汽车企业还积极拓展 RCEP 国家、中东和南美国家市场，企业在不同出口市场遇到的商标纠纷类型不尽相同。本节内容通过分析中国汽车企业在国外遇到的典型商标纠纷案例，总结国外商标纠纷的主要类型和目的，为准备布局海外市场的汽车企业提供商标纠纷应对经验借鉴。

一、商标、域名被抢注纠纷

商标被抢注，就是非商标持有人利用商标权的地域性特点，抢注他人商标的行为。商标被抢注与品牌的知名度关系密切，随着中国汽车企业品牌在国际市场上的知名度逐渐提升，中国汽车企业遭遇的商标被抢注案件也呈上升趋势。根据中华商标协会商标海外维权工作委员会发布的《中华

[①] World Intellectual Property Organization. Madrid Yearly Review 2023[EB/OL]. (2022-05-25)[2023-05-26]. https://www.wipo.int/publications/en/details.jsp?id=4660&plang=EN.

商标协会会员企业2022年度国际商标监测预警报告》，以申请日在2022年为准，就313家中华商标协会会员企业在全球196个国家/地区进行了商标国际监测预警发现，有22家知名企业的商标有被抢注记录，年度被抢注比例为7.00%。2022年被抢注最多的是东风汽车集团有限公司，被抢注商标达7枚，在7个国家/地区有被抢注的记录，其中在2个及以上"一带一路"国家有被抢注记录。❶

与发达国家企业擅长运用商标侵权纠纷构筑贸易壁垒不同，在发展中国家高频遭遇商标纠纷类型为商标、域名被抢注纠纷。大部分发展中国家没有建立自己的汽车产业和自主汽车品牌，汽车使用主要依赖进口，车企进入当地市场的竞争门槛较低，成为中国车企海外布局的重要市场之一。因此，商标、域名被抢注纠纷也成为中国车企进入发展中国家市场容易遭遇的知识产权风险。商标、域名被抢注类型主要包括当地代理商或经销商抢注以谋取垄断代理权或高额转让金，以及职业商标抢注人抢注以牟取暴利。

（一）当地代理商或经销商抢注商标、域名

为了加速推进产品本土化落地，中国车企通常选择借助国外代理商或经销商成熟的销售、交付、服务全闭环经营体系加速国外市场布局。然而，部分代理商或经销商为了谋取私利，利用合作便利恶意抢注车企商标的行为时有发生。2006年6月，比亚迪在乌拉圭递交"BYD"商标注册申请，2008年2月收到乌拉圭商标局下发的驳回通知书，驳回理由是"BYD"存在在先商标。经调查发现，该在先商标申请日为2006年4月28日，申请人为比亚迪在乌拉圭的汽车销售代理商，该代理商与比亚迪签订了销售合同后注册了"BYD"商标，明显构成恶意抢注商标行为。比亚迪迅速对该在先商标提出主动异议申请。2017年初，乌拉圭商标局接受了异议理由，裁定该商标不予核准注册。随后，因不存在先权利的障碍，比亚迪递交的"BYD"商标获得了乌拉圭商标局核准注册。❷ 该案为典型的代理商抢注案，

---

❶ 中华商标协会商标海外维权工作委员会.中华商标协会会员企业2022年度国际商标监测预警报告[EB/OL].（2023-02-28）[2023-05-26]. http://www.cta.org.cn/ywdt/202302/t20230228_52867.html.

❷ 深圳市市场和质量监督管理委员会.比亚迪BYD商标品牌海外维权项目[EB/OL].（2020-06-16）[2023-05-26]. https://mp.weixin.qq.com/s/yUKqIaYKjNc_2BHZtungbA.

代理商抢注比亚迪商标的时间是在代理合同签订后，比亚迪在异议程序中提供的双方签订的代理合同对裁定结果起到了关键作用。

综上所述，此类商标被抢注通常是因为双方的合作关系为国外代理商和经销商提供了侵权便利，虽然上述案件没有明确侵权者的目的，但是根据中国知名商标在国外遭遇被抢注的典型案件可以总结出，代理商和经销商的目的主要有三个：一是获得垄断代理权，二是获得高额商标转让费，三是协商共同使用该商标。

（二）职业抢注人批量抢注知名商标

职业抢注人把恶意抢注企业的知名商标作为职业，商标抢注后并不会将商标投入实际使用，而是等商标权属企业发现后找到抢注人与其协商，或者抢注人主动联系企业将商标以高价出售，以获取低投入高回报。2022年6月，中华商标协会发布《关于21枚国内新能源汽车领域知名商标在菲律宾疑似被批量抢注的预警提示》，发现比亚迪、长城、小鹏等新能源汽车领域头部企业的21枚知名商标在菲律宾疑似被批量抢注，申请人 GDS Capital INC. 为菲律宾马尼拉企业，相关国内企业在菲律宾使用相应商标或将面临侵权纠纷。[1]

可见，职业抢注人与一般企业不同，他们并不真正使用商标，而是恶意批量抢注商标，又称"囤积"商标，并在商标在先使用人发现被抢注时提出高额的商标转让金要求，甚至主动向商标在先使用人提起侵权诉讼，以迫使其支付高额费用"赎回"商标，由此牟取暴利。知名度较高且资金充裕的企业往往选择通过法律程序维护自身的商标权。鉴于各个国家和地区的商标制度存在一定差异，通过法律程序成功追回被抢注商标的难度和成本较大，为了不影响品牌的国际化进程，部分企业会选择与职业抢注人协商通过支付费用购买被抢注的商标。

二、涉外定牌加工（OEM）商标侵权风险

随着国际贸易的迅速发展，汽车零部件的跨国经销商、生产商和品牌

---

[1] 中华商标协会商标海外维权工作委员会.关于21枚国内新能源汽车领域知名商标在菲律宾疑似被批量抢注的预警提示[EB/OL].（2022-06-21）[2023-05-26]. http://www.cta.org.cn/ywdt/202206/t20220621_52615.html.

方的商标侵权纠纷也逐渐引起各方的关注。其中，浙江省宁波市某轮胎OEM公司在美国被品牌方起诉商标侵权一案可为中国汽车零部件OEM企业规避商标侵权风险提供警示。2014年，美国定制轮胎公司Wheel Specialties, LTD.（以下简称"W公司"）与浙江省宁波市B公司（以下简称"B公司"）签订协议，由B公司根据W公司的要求提供定制的汽车轮胎。后由于B公司生产的轮胎未达标，W公司终止了该协议。之后W公司发现B公司将印有W公司注册商标的特种轮胎销售给美国其他公司，认为B公司在未经授权的情况下使用其注册商标，违反了《兰哈姆法》和《俄亥俄州欺骗性贸易行为法》，在美国俄亥俄州东区地方法院对B公司提起商标侵权诉讼。

该案的核心问题是在美销售的带W公司标志的车轮是否W公司的正品车轮。该案中W公司因交付的轮胎未达标准而拒绝了B公司生产的带有其商标的车轮并终止了协议，而且未授权B公司生产或销售带有其商标的车轮。因此，B公司向美国其他公司出售带有W公司商标的车轮构成了"非正品"车轮的销售，剥夺了W公司对车轮质量的控制权。此类销售行为构成了商标侵权。有鉴于此，中国汽车OEM公司在与国外品牌合作过程中应谨慎处理包含国外注册商标的加工产品。如遇到上述订单因故被拒绝交付的情况，应与国外品牌方协商交付产品的处理方式，切勿自行销售或出口包含注册商标的产品，否则将面临商标侵权诉讼的法律风险和后果。

三、商标侵权纠纷

发达国家商标保护历史悠久，相关法律体系完备，各个行业领域的品牌企业均已形成完善的商标管理和品牌建设体系。其中，欧盟、美国、日本、韩国的汽车产业经过长时间的积累和沉淀，在本国拥有了较大的市场竞争优势，并发展成为国家的支柱性产业，受到国家政策的支持和保护。因此，中国汽车企业进入发达国家市场遇到的商标纠纷类型主要是以限制竞争为目的的商标侵权纠纷。当地企业运用商标侵权诉讼手段拖延甚至阻碍中国车企进入本国市场，损害中国汽车品牌的声誉，扰乱中国企业的海外布局计划，以达到维护其自身市场竞争地位的目的。

（一）汽车主、副商标侵权纠纷

汽车的商标通常包含主商标、副商标和车型商标，使用过程中以主、副商标为重点标识和宣传对象，搭配车型商标一同使用。其中主、副商标一般包括文字/字母和图案，是消费者区分品牌的主要显著特征，也是汽车企业防范侵权的重点对象。

中国车企在出口过程中也遇到此类纠纷案件，其中雪铁龙诉极星一案正是涉及汽车的主商标侵权。2019年10月24日，雪铁龙在法国对中瑞合资电动车品牌极星提起诉讼，指控极星侵犯了其驰名商标权利，理由是极星的商标与雪铁龙的驰名商标相似度较高，如图4-6所示，容易引起消费者混淆。2021年12月14日，法国巴黎上诉法院就双方的诉讼发布确认性裁决，认为雪铁龙与极星的商标相似性相对较弱，但雪铁龙的驰名商标具有极强的显著性，极星的商标容易引起公众混淆，淡化了雪铁龙商标的显著性，侵犯了雪铁龙的驰名商标权利，命令极星赔偿15万欧元，自裁决之日起6个月内禁止在法国销售汽车。❶ 受该案影响，极星的法国官方网站随即停止服务，原定于2020年底进入法国市场的极星2车型也被迫延期发布。直至2022年9月，雪铁龙宣布已撤诉并结案，但未透露双方协商细节，极星也恢复了法国的销售业务。该案至此已持续3年，对于更新迭代较快的新能源汽车企业来说，无疑已错过了产品上市的黄金窗口。

图4-6 极星、雪铁龙和DS商标（从左至右）

---

❶ Paris Court Of Appeal Division5-Chamber1. Judgment Of 14 December 2021［EB/OL］.（2021-12-14）［2023-05-56］. https：//kern-weyl. com/wp-content/uploads/Paris-Court-of-Appeal-14. 12. 2021-Citroe%CC%88n-_-Polestar-. pdf.

仔细分析此案可以发现，虽然涉案的两款商标本质上并不容易造成消费者混淆，但雪铁龙利用精准有效的诉讼策略赢得了诉讼。一是选择极星准备推出新车型的关键时间节点提起诉讼，给极星带来最大限度的舆论压迫的同时为自身增加谈判筹码。一旦胜诉，不仅能制造禁售和高额赔偿的双重打击，还能迫使竞争对手同意其提出的协商条件；即使败诉，也已经对竞争对手的品牌声誉造成影响，还可能引发当地消费者不信任、不选购竞争对手产品的连锁反应。二是选择在"自家门口"的法院提起诉讼，利用了当地法院倾向保护本土产业的诉讼优势。三是诉讼理由为驰名商标侵权而非普通商标侵权，强调被诉方对自身驰名商标显著性的损害，充分利用驰名商标相关法律保护方面的特别优势。雪铁龙的诉讼策略集齐了天时、地利、人和三重优势，法院最终做出了对其有利的判决，雪铁龙成功运用诉讼武器阻碍极星的新产品进入法国市场，并为后续协商过程增加了谈判筹码，维护了自身产品在本土市场的份额和竞争力。

（二）汽车商标侵权常与外观设计侵权同时发生

除商标侵权纠纷外，外观设计侵权纠纷也呈增长势头。2019—2022年的美国专利诉讼类型统计中，外观设计专利纠纷案件占19.00%，比2013至2014年间高出13个百分点❶，外观设计专利诉讼占比的增加表明了汽车工业企业在市场竞争中对外观设计专利的市场优势的重视程度日益增加。这类案件多是原始设备制造商或整车制造商对售后市场供应商提出的侵权诉讼，且商标和外观设计一起作为诉由的案件也呈增长趋势。以兰博基尼汽车有限公司诉 Quick Cash Car Kit 公司案（Automobili Lamborghini S. p. A. v. Quick Cash Car Kit, Inc., et al.；案号：5：13-cv-01136）为例，兰博基尼控诉 Quick Cash Car Kit, Inc. 广告宣传、出售改装汽车和改装汽车套件设计故意仿照兰博基尼相关车型的设计，违反《美国外观设计专利侵权法典》第35条和《兰姆法案》第1114（1）（a）条（15 U.S.C. § 1051等节）有关规定，最后法院判决 Quick Cash Car Kit, Inc. 败诉并赔偿经济损失17.5万美元，并颁布永久禁令。

---

❶ Ryan McCarthy. 美国汽车领域专利诉讼的态势. [EB/OL]. (2023-05-25)[2023-06-9]. https://mp.weixin.qq.com/s/y-4S1HSnvgCjxaGWJlb4gw.

随着中国新能源汽车的强势崛起，中国车企逐渐学会利用法律武器维护自身权益。中国新能源企业品牌华人运通控股有限公司的高合汽车与雷诺汽车的商标侵权纠纷，展示了中国企业主动在海内外灵活运用诉讼和无效请求的联动效应维护自身商标权，并成功将打击范围由商标扩展到外观设计专利，为中国准备进入海外市场的车企提供主动维权的经验和启发。[1] 2021年，高合在德国向雷诺提起商标侵权诉讼，如图4-7所示，理由是雷诺图标与其图标构成近似。2021年10月，德国杜塞尔多夫法院同意发布对雷诺的临时禁止令。2021年12月，德国杜塞尔多夫法院作出裁决，认为上述两项商标虽然相似但仍有区别，足以排除相关公众产生混淆，驳回了高合的禁令诉讼请求。随后，高合向国家知识产权局对雷诺发起外观设计专利无效宣告请求。2022年7月15日，国家知识产权局专利局作出《无效宣告请求审查决定书》（第57220号），依据《中华人民共和国专利法》第23条第3款，雷诺新能源车的外观专利因含有与高合汽车相似的商标，导致涉案专利与先有商标权相冲突，对涉案雷诺的外观设计专利宣告专利权全部无效。国家知识产权局此前已就"两家公司的商标十分近似，两者设置位置相同，会误导或致使相关公众产生混淆"为由驳回了雷诺在"汽车、陆地机动车辆"类别上使用该商标的申请。[2]

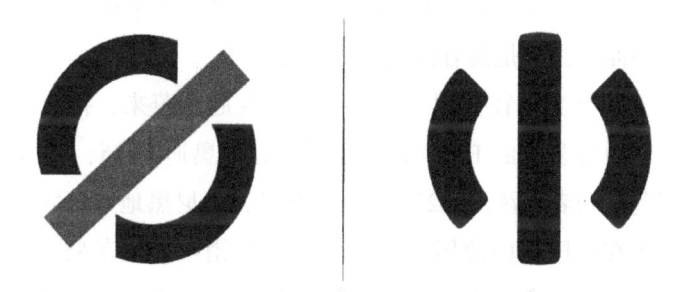

图4-7 雷诺商标（左）和高合商标（右）

高合虽然在德国的诉讼中失利，但在中国的诉讼中大获全胜，不仅促

---

[1] 高合汽车销售服务有限公司. 关于商标保护的声明[EB/OL]. (2022-01-20)[2023-05-26]. https://www.human-horizons.com/main/news/81.html.

[2] 智慧芽. 专利数据库[DB/OL]. [2023-06-05]. https://home.zhihuiya.com/#.

使雷诺的相似商标申请被驳回，更成功将打击范围扩展到雷诺新能源车型的外观设计专利。对雷诺而言，因商标和外观设计均无法在中国使用，可选择的应对措施非常有限，只能继续上诉或放弃持有的外观设计专利权。这一案例也给中国企业的商标保护实践提供了新思路，一方面是在国外遇到商标侵权行为时应更加主动利用法律武器维护自身合法权益，如果竞争对手同时在中国市场销售产品，可以考虑对竞争对手在中国的商标权申请异议或无效处理，在中国和海外的战场联动打击，为双方后续争议处理增加谈判筹码；另一方面是在中国或海外申请外观设计专利时应谨慎思考是否需要将商标放到设计视图之中，尤其是在商标还处在争议期间时，如果处理不当可能会累及外观设计专利权的丧失。

（三）汽车车型商标侵权纠纷

除了主、副商标引起的侵权纠纷，还存在车型商标引起的侵权纠纷。车型商标一般包括字母和数字，相较于主、副商标显著性较弱，消费者施加的注意力较低，即使字母和数字的组合排列有相似之处，也不容易造成消费者混淆。然而，随着中国车企，尤其是中国新能源车企出不断扩大海外市场，且对标车型在性能和价格上都具有较大竞争优势，冲击了欧盟和美国汽车制造商的市场地位，部分汽车制造商开始"退而求其次"选择以车型商标相似为由向中国车企提起商标侵权诉讼，其中奥迪与蔚来在欧盟和美国的车型商标纠纷是具有代表性的案件。

2022年7月，奥迪在德国慕尼黑地方法院起诉蔚来，指控蔚来侵犯了其商标权，理由是蔚来的ES6、ES8车型商标和奥迪的S6、S8车型商标相似，容易引起消费者混淆。2023年1月19日，慕尼黑地方法院判决奥迪胜诉，蔚来不得在德国境内使用ES6和ES8商标销售有关车型，不得进行相关广告宣传活动，并缴付25万欧元罚款。❶ 蔚来已就一审判决在德国提起上诉。此案之前，奥迪基于在先商标S6、S8，在2021年5月5日向美国专利商标局就蔚来ES6、ES8商标提出异议，截至2023年5月31日该项异议

---

❶ 该判决是德国法院出具判决书的标准格式，只有在蔚来后续违反判决书中载明的禁令情况下，法院才可能对蔚来施加处罚措施。判决内容来自德国慕尼黑法院新闻稿（法院官网仍未公布判决书原文）：案件号为 1 HK O 13543/21。

仍在审核中。❶ 2021 年 10 月 11 日，奥迪向欧盟知识产权局提出对蔚来 ES6、ES8 商标的无效请求，欧盟知识产权局在 2023 年 2 月 21 日判定两家公司上述车型商标不构成混淆性近似，驳回奥迪的请求。❷ 至此，奥迪已在与蔚来的商标之争中获得一胜一负的结果，其中在奥迪大本营——德国的诉讼判决结果对蔚来的影响较大。2022 年 10 月 8 日，蔚来在德国柏林举行发布会，宣布面向欧洲市场发布 ET7、ET5、EL7 三款车型，其中 EL7 即为原本的 ES7，因商标诉讼纠纷已被临时修改为 EL7。此外，蔚来暂未在包括德国在内的欧洲国家销售 ES8 和 ES6 车型。

仔细分析此案，可以发现奥迪向蔚来提起商标侵权诉讼，实质是以商标维权之名行限制市场竞争之实。就显著性而言，车型商标的显著性比主、副商标弱，仅代表系列车辆的型号，车型商标不标识汽车的品牌出处，消费者并不必然由此联想到具体品牌。就相似性而言，车型商标普遍由字母和数字组成，组合数量有限，表现形式单一，容易出现部分相似的情形，但消费者在购买汽车这类大宗商品时会通常会仔细比较商品信息，不会仅因为车型商标部分内容相似而对两个来自不同国家、拥有不同知名度且车型不同的品牌产生混淆。从欧盟知识产权局驳回奥迪的无效请求也可看出，奥迪提出的车型商标侵权诉由并不充分。此外，奥迪的诉讼策略与雪铁龙诉极星一案有相似之处。奥迪同样选择在竞争对手准备上市新产品之际，在"自家门口"提起诉讼，既能充分利用德国倾向于保护本土企业和禁令颁发门槛低、时间短的特点，又能迅速扰乱竞争对手的海外市场布局，还能对其他尝试进入当地市场的外国企业起到"杀一儆百"的威慑作用，利用最小的成本最大化地限制竞争对手进入市场。然而，因为车型商标本身的显著性不强，奥迪在德国以外的无效和异议请求则不再具有"本地保护"的优势。而且法院禁令仅限制使用涉诉商标的产品进入市场，被诉企业只需修改商标便可符合产品上市要求，限制效果远不及雪铁龙一案的禁售令。

---

❶ United States Patent and Trademark Office. Opposition［EB/OL］.（2023-05-31）［2023-06-01］. https://ttabvue.uspto.gov/ttabvue/v?pno=91269142.

❷ European Union Intellectual Property Office. EUTM file information［EB/OL］.（2023-02-21）［2023-05-26］. https://euipo.europa.eu/eSearch/#details/trademarks/016079212.

奥迪此前已有向中国企业提起车型商标侵权诉讼的历史。早在2013年，奥迪向德国汉堡地方法院起诉观致汽车，理由是观致汽车的GQ3车型商标与其Q3车型商标相似，容易引起混淆。[1] 2013年1月14日，德国汉堡地方法院发布禁令禁止观致汽车在德国使用GQ3商标。奥迪还向瑞士日内瓦地方法院申请临时禁令，以阻止观致汽车在即将举行的第83届日内瓦国际车展上使用GQ3商标。观致汽车因此紧急将车展上的GQ3商标修改为"观致3"。2013年2月27日，瑞士日内瓦地方法院驳回奥迪针对观致汽车的临时禁令请求，并命令奥迪向观致汽车支付1.5万瑞士法郎的赔偿。奥迪在利用车型商标限制竞争对手参展和进入本国市场已积累不少经验，在未来亦有可能继续沿用此类诉讼手段打击中国车企的海外市场布局战略。

综上可见，中国车企出口面临的大部分商标侵权诉讼具有以下特点：一是均为进入市场或参展前提起诉讼。发达国家车企在监测到中国车企的商标注册后并没有立即提出异议，而是有预谋地选择在企业新产品进入市场或参加展会时发起诉讼，限制竞争的目的明显。二是起诉法院选在"自家门口"且均获得有利结果，利用地方保护当地龙头产业的意图获得诉讼优势。三是被诉商标的显著性和相似性均不足以构成侵权。被诉中国企业在国外市场的知名度和市场渗透率均低于原告，造成消费者混淆的诉由难以成立，诉讼的真正目的是以商标诉讼拖延甚至阻碍产品上市。四是成本低但打击效果好。提起商标诉讼既可宣传自身品牌，又能给中国企业品牌在进入市场前造成负面影响，降低消费者对中国企业品牌的信任度，即使成功进入市场也可能影响产品销量，达到四两拨千斤的效果。

随着中国车企不断加快进军海外市场的步伐，发达国家的老牌车企巨头也积极利用诉讼手段抵御中国汽车新势力对其市场份额的冲击，商标侵权诉讼因具有成本低且打击效果好的特点，成为继专利侵权诉讼后发达国家老牌车企用来制造贸易壁垒的又一件趁手利器。中国车企作为海外汽车市场的新入场者，一旦被诉商标侵权将给企业声誉带来负面影响，迟滞产品进入市场的计划，最终错失最好的商业机会。企业应在进入海外市场前

---

[1] ZHANG Z. Initial Response: Audi Sues Qoros Auto Over The Letter Q[N]. China Daily, 2013-03-06(17).

做好商标布局以防患于未然，在遇到商标侵权纠纷时应综合考虑对商业运营的影响，根据实际情况灵活采取修改设计、协商和解和上诉等手段，快速有效化解商标纠纷，确保产品顺利进入海外市场。同时，中国车企也要学会主动利用海内外诉讼和无效程序的联动效应打击侵权行为，维护自身合法权益，在日益激烈的市场竞争赢得主动权。

第三节　专利权滥用

伴随着国际竞争格局及竞争要素的变化，技术要素在经济全球化中的重要性日渐突出，以专利为代表的知识产权更是上升到前所未有的高度，欧盟"恢复和复原力的知识产权行动计划"、美国专利商标局与法国国家工业产权局的专利审查快速通道（Patent Prosecution Highway，PPH）试点计划均反映了当下保护技术创新与专利在全球及国家战略中的重要地位。根据世界知识产权组织数据显示，2022 年全球 PCT 申请量达 27.81 万件，同比增长 0.30%，是有史以来单一年度的申请总量最高纪录。[1] 可见，专利领域的竞争在各国知识产权战略乃至国家战略上发挥着重要作用。尽管专利权作为合法且有效的有限垄断权，但伴随着全球技术竞争、创新竞争及专利竞争的深入，恶意诉讼、设置贸易壁垒等专利权滥用，已成为企业争夺市场份额、牟取商业利益的重要手段。

一、非专利实施主体发起的诉讼

非专利实施主体，产生于 20 世纪 90 年代的美国，泛指拥有大量专利但不从事实体生产销售等经营活动的市场主体。非专利实施主体执行专利的方式多样，既有合作、专利交易，亦有发起专利侵权诉讼，无论何种方式，非专利实施主体均是在现有法律框架下行使其专利权的合法行为，但不能否认其过度利用司法保护造成专利权滥用的问题。

非专利实施主体出于自身利益的考量，在相关领域进行专利布局，乃

---

[1] WIPO 中国:国际专利申请无惧 2022 年挑战,继续保持上升趋势[EB/OL].(2023-02-28)[2023-05-27]. https://www.wipo.int/pressroom/zh/articles/2023/article_0002.html.

至不断细化相关技术领域专利,以提高专利及其专利诉讼的针对性。近年来,非专利实施主体诉讼数量持续上涨,2022年美国联邦地区法院共受理专利诉讼案件3303起,其中,非专利实施主体提起的诉讼达2290起,占专利诉讼案件总量的69.33%,比2021年提高2.4个百分点。[1] 非专利实施主体发起的诉讼具有以下特点:一是涉案专利技术领域集中且数量不多。如Caselas公司(Caselas LLC)自2020年成立以来仅以1项专利在美国地区法院提起四十余起专利诉讼;Cedar Lane公司(Cedar Lane Technologies Inc)更是如此,自2019年成立以来,通过38项简单同族专利累计在美国地方法院提起的专利诉讼近385起。[2] 二是被告相对集中。非专利实施主体被告多为高新技术企业,甚至某些非专利实施主体全年起诉对象均为一家企业,出现"追打"的情况。三是诉讼目的性极强。由于国外尤其是美国知识产权保护力度大,一旦侵权事实成立,代价巨大。因此相较于其他类型的诉讼,非专利实施主体专利诉讼"伤害性"极强,其起诉对象往往是研发、技术型企业,其目的主要是获取高额许可费或和解金以赚取利润,如数家广东省企业曾遭受PanOptis及其相关公司Optis Wireless Technology, LLC等非专利实施主体提起的诉讼,仅2018年的一起诉讼和解金就高达1400万美金。抛开对企业经济实力即生产经营的影响,非专利实施主体的影响更是在整个产业及市场秩序,基于非专利实施主体广泛购买专利并利用手中专利频繁提起诉讼等行为,严重违背了保护专利以促进创新与技术共享的初衷,给包括汽车产业在内的企业专利的实施带来较大的负担,影响企业正常的创新投入与专利技术保护。

尽管专利诉讼是包括非专利实施主体在内的专利主体维护自身权利的合法行为,但非专利实施主体更多的是将诉讼作为获取利益的手段,其根本目的就是向被告施加压力来牟取高额许可费用,同时借助诉讼程序与自身经验以及本身并非实体公司被告企业无法进行有效反诉、交叉许可等措

---

[1] RPX. Q4 in Review:NPE Litigation Holds Steady in 2022 Despite Top Venue Headwinds[EB/OL]. (2023-01-10)[2023-05-27]. https://www.rpxcorp.com/intelligence/blog/q4-in-review-npe-litigation-holds-steady-in-2022-despite-top-venue-headwinds.

[2] Lexmachina. 美国地方法院专利诉讼信息[EB/OL]. [2023-05-27]. https://law.lexmachina.com.

施的阻碍获得诉讼优势。对汽车产业而言,一旦遭受非专利实施主体的专利诉讼则需要耗费较大的时间与资金来应对,而最终非专利实施主体的高额许可费及应诉成本在进一步压缩被告企业的盈利空间、破坏企业在当地市场形象的同时,也会严重削弱其当地市场推广及全球竞争力。

二、以诉讼为手段助推商业谈判

随着中国越来越多的企业走出去参与国际市场竞争,各国同业竞争者在国际市场上的较量层出不穷,国外巨头企业更是凭借自身强大的专利储备优势、丰富的国际诉讼经验和雄厚的资金实力,将专利诉讼作为打击竞争对手的利器。更有甚者,充分考虑并利用美国专利侵权诉讼索赔时效及各个地区法院赔偿金的高低等要素,以诉讼为手段逼迫竞争对手重回谈判桌、最大程度实现自身利益最大化。

从 2020 年至 2022 年美国联邦地区法院专利诉讼案件结果来看,75.00% 的案件以和解结案。❶ 就汽车产业看,近 3 年全球汽车制造商在美国联邦地区法院的专利诉讼纠纷高达上千件,接近七成的案件均以和解结案。尽管在和解的案例中双方的选择均有避免较长时间的诉讼拉锯以及高额的诉讼费用的因素存在,但在原告主动和解还存在规避因长时间诉讼出现可能的逆转情况、通过和解令被告撤回无效申请、以达到破坏被告企业在当地企业形象等因素。双方达成和解选择庭外解决,除了避免诉讼费用外,原告可以通过获取高额专利许可费、双方交互许可、限制被告产品销售范围等要求为自身牟取更大利益。由此可以看出,专利诉讼并非以维护自身专利权为唯一目标,更多的是通过这一手段达到双方谈判的目的。

此外,2020—2022 年审结的专利案件当中,"侵权"是最常见的判决结果(共 569 件),判决方式主要为缺席判决(Default Judgment)和合意判决(Consent Judgment,当事人同意诉讼和解的判决)。然而,在简易判决(Summary Judgment)阶段,法院认定"未侵权"的判决是"侵权"的四倍

---

❶ Lex machina. Lex machina Patent Litigation Report 2023[EB/OL]. (2023-02-19)[2023-05-27]. https://lexmachina.com/media/press/lex-machina-releases-2023-patent-litigation-report.

之多；任一阶段判决结果为"未侵权"和"无效"的案件达598起，略高于侵权案件量。法院将专利判为"无效"的最常见理由是专利保护客体不适格（35 U.S.C.§101）和权利要求的解释不明确（35 U.S.C.§112）。❶从广东省企业涉美专利诉讼案件来看，同样存在原告利用"无效专利"进行起诉的现象。这再次印证了国外企业借专利权维护之名，行敲诈勒索之实，利用专利诉讼程序中审理周期长、诉讼成本高乃至市场舆论等方式逼迫竞争对手或退出竞争市场或同意和解给予高额费用。

这类诉讼对不同类型的企业均会造成较大的影响，对头部企业而言，在因应诉增加经营成本的同时，受美国陪审团制度的影响，一旦涉诉将严重影响企业在当地的社会声誉，不管侵权与否均会在当地公众中留下不良形象，进而影响企业产品的市场销售；而对汽车制造商而言，一旦涉诉需要投入资金或谈判赔偿更是严重削弱了企业的盈利能力和抗风险能力，因此，不管是诉讼还是以诉讼促进商业谈判，对于企业来说均会造成较大的损失影响企业的生存。

三、借诉讼程序为自身权益博弈

根据《美国法典》关于诉讼地的规定，容许原告将专利侵权案件在任何对被告具有属人管辖权的法院提起，这也使得原告提起专利侵权诉讼有着广泛的选择，并拥有将诉讼地选择在对专利权人友好的法院的可能。因此在美国专利诉讼中原告也会利用这类规定滥用专利权提起相关诉讼。

一是博弈被告不应诉，借此致使被告与法官忽略诉讼申请中管辖地是否合规的问题。2020—2022年美国地方法院专利诉讼已结案件的"原告胜诉"案件共692起，其中"被告缺席"判决案件228起❷，占"原告胜诉"案件量的32.95%，而在广东省涉诉案件同样存在这一情况。若原告在对被告不具有属人管辖权的地区法院提起申请，被告企业放弃应诉，则不能及时发现案件

---

❶ Lex machina. Lexmachina Patent Litigation Report 2023. [EB/OL]. (2023-02-19) [2023-05-27]. https://lexmachina.com/media/press/lex-machina-releases-2022-patent-litigation-report.

❷ 同❶.

审理法院对自身不具有属人管辖权而被判处"原告胜诉；被告缺席"的结果，使得原告企业轻松获胜，但一旦被告企业选择应诉，则会发现这一不合规之处并及时提出异议，为自身博得机会。二是利用程序性转移博取诉讼优势。在专利诉讼中"程序性决议"存在"驳回、合并、转移、分案"等多种类型，通过"程序性决议——转移"将案件转移至对原告有利的地区法院进行诉讼也成为恶意诉讼的常见手段，借法院倾向专利权人博得诉讼优势，以达到获利等目的。总之对专利诉讼程序性的了解及策略的选择成为筑造知识产权壁垒、针对竞争对手的重要手段，并具有较强的隐蔽性。

总体来说，因为广东省汽车出口量相对有限，且出口市场相对分散，因此在海外遭遇的专利诉讼相对较少。但随着广东省汽车出口市场份额的不断增长，"走出去"过程中面临的知识产权贸易壁垒问题必将日益增多。专利权滥用作为壁垒之一需引起重视。同时值得注意的是，各国专利侵权诉讼追溯年限及各州立法中赔偿金标准的差异也成为原告对被告企业施加诉讼压力的重要因子。尽管专利诉讼均符合法律框架下的专利权维护，但更多的是借维权之名，行竞争之实。随着全球专利保护的推进及专利竞争布局的加速，尤其是欧盟和美国等发达经济体鉴于专利权保护制度与经验、经济实力带来的技术创新优势、主导国际专利制度与规则、鼓励完善专利布局的措施等为本国企业赢得全球知识产权竞争的优势，丰富的专利诉讼经验及发达国家对知识产权的保护力度促使多数企业善于利用专利诉讼维护自身权益，2020—2022 年美国地方法院专利诉讼已结案件中前 10 名的活跃原告也同样来自欧盟和美国等发达经济体[1]，专利诉讼成为多数企业维护自身权利、打击竞争对手的有力手段。而"汽车+具有联网功能的元件"这种联网化的智能汽车方兴未艾，正成为国际通信巨头狙击的目标，车企须提前布局，重点关注专利诉讼中的知识产权贸易壁垒。

---

[1] Lex machina. Lex machina Patent Litigation Report 2023［EB/OL］.（2023－02－19）［2023－05－27］. https://lexmachina.com/media/press/lex-machina-releases-2023-patent-litigation-report.

第四节　商业秘密恶意诉讼

欧盟和美国等发达经济体仍享有相关技术和规则的绝对话语权,商业秘密诉讼日益成为发达国家打压和狙击中国企业国际化的重要竞争工具。《2022年保护美国知识产权法案》(*Protecting American Intellectual Property Act of* 2022)和欧盟《商业秘密保护指令》(*EU Trade Secrets Directive*)的生效,以及韩国知识产权局(KIPO)发布首个《防止不正当竞争和商业秘密保护基本计划(2022—2026年)》进一步提高了商业秘密保护力度。深入研读汽车产业商业秘密诉讼案件卷宗可以发现,商业秘密诉讼案件除了正当的维护权益,也存在着相关利益方为实现商业利益或竞争等目的提起诉讼的情形,构成知识产权贸易壁垒。此外,尽管当前广东省乃至中国汽车出口的占比不大,涉及的商业秘密纠纷更少,但是伴随着全球关于智能网联、新能源汽车发展的态势,中国汽车出口成为大势所趋,目前汽车产业涉及的商业秘密纠纷类型必然成为广东省汽车出口所面临的问题。

一、基于离职人员引起的商业秘密纠纷

在众多实践中,员工流动是商业秘密泄露的主要风险之一,尤其是在高新行业领域,商业秘密是公司的核心资产,一旦泄漏其损失难以挽回,因此,商业秘密诉讼案件很多都是以离职人员窃取商业秘密为诉由立案定罪,但也存在离职人员未违反竞业协议泄露涉密技术信息,只因仍身处同一行业并对前公司构成商业竞争或潜在的竞争威胁,原告出于商业目的的考量,向前雇员或其现公司提起商业秘密侵权诉讼的情况。更有甚者,以此作为打击竞争对手的惯用手法,仅因员工离职就状告,无视离职人员原先接触的商业秘密与新雇主技术研发是否存在交叉或共性,或者并未有充足的证据证明该员工是否盗取商业秘密。如2022年特斯拉起诉前员工亚历山大·雅茨科夫(Alexander Yatskov)窃取特斯拉"Project Dojo"相关的商业机密技术,指控雅茨科夫将机密信息下载到个人电脑上,违反了多项雇佣协议,但雅茨科夫交回公司的电脑并非其常用个人电脑,属于欺骗行

为，该电脑中并未查出有关特斯拉的机密信息，在双方上诉过程中特斯拉要求法院对被诉人颁布临时禁令以阻止被诉人传播商业机密，但被法官拒绝，因特斯拉没有确切的证据证明雅茨科夫掌握了机密信息。[1] 纵观特斯拉提起的商业秘密诉讼中，多数因员工离职引起，但又因为原告缺乏决定性证据使得多数案件因诉讼拉扯时间成本高、商业声誉受影响等因素达成和解或驳回上诉，因此可以看出，商业秘密纠纷并非特斯拉单纯的知识产权保护，更是成为提高企业技术话题度、开展市场竞争的重要手段。

此外，鉴于涉诉纠纷对企业声誉及市场进一步拓展的影响，多数企业被卷入商业秘密纠纷后，采取应诉等方式进行应对。然而由于国内外对反不正当竞争法、保护知识产权等日渐重视，对于商业秘密纠纷的取证及证据开示等时间花费长，多数被诉企业往往陷入漫长的诉讼周期中，根据对美国商业秘密诉讼结案周期的统计，近五成案件结案时间超过两年，尤其海外诉讼律师费用高昂、语言障碍、制度差异等使得应诉成本高昂，经济损失巨大。同时，伴随着汽车软件的发展，商业秘密的纠纷逐渐由传统的发动机等相关技术转向人工智能、通信等技术纠纷中，一旦车企波及商业秘密纠纷，既不能利用引进的人才创造价值，又需要规避所涉的商业秘密技术开发，不管最终案件结果如何，终究影响了企业新产品的研发与推出，一旦技术换代晚于其他竞争对手，对其影响不可估量。因此，这类非商业手段的竞争，本质上属于以不当的知识产权诉讼达到抢占国际市场份额、打击竞争对手的目的，通过把对方拖入诉讼和舆论影响之中，瓦解对手的竞争力，是一种较为隐蔽的知识产权贸易壁垒形式。

二、以滥用/纰漏他人秘密信息为由提起诉讼

鉴于汽车产业链长，且伴随着智能网联的发展，多数车企选择寻求技术许可、产品外包乃至共同开发等方式保障自身企业的现实需要。在许可或者合作的前期，双方基于发展的需要，通过签订协议、要求保密等形式进行约定，以防引起后期商业秘密或者技术归属的纠纷。但不能排除因合

---

[1] Lexmachina. 美国地方法院诉讼信息[EB/OL]. [2023-06-30]. https://law.lexmachina.com.

作结束/破裂、反向工程等因素致使原先的合作双方为自身利益、市场竞争等因素导致对簿公堂的情况。

　　一是基于合作结束引起的纠纷。随着汽车领域电动化、网联化、智能化、共享化（以下简称"新四化"）的发展与演进，多数老牌整车厂在适应智能化与网联化等的过程中，其技术开发与应用需要借助于相关专业的公司进行孵化。这一过程或基于需求寻求相关技术许可，或基于市场的迫切性进行产品/技术外包。尽管双方达成保密协议，但伴随着技术的发展，相关车企基于长远利益一旦自身布局完成，势必结束相关合作。因此，在相关合作结束后，若双方利益存在冲突，难免存在一方以侵犯商业秘密为由进行控诉。如在 Versata 公司诉福特案中，在双方合作协议到期及再次合作的谈判失败后，福特开发并实施了自己的汽车配置软件程序 PDO 来取代 Versata 公司提供的订购服务，随之招来了 Versata 公司的商业秘密侵权诉讼，认为福特在开发 PDO 时故意/滥用披露 Versata 公司的机密信息、反向工程等方式盗用了 Versata 公司的商业机密。尽管最终法院判处福特侵犯商业秘密，但驳回了原告关于福特的盗用是故意/恶意的指控。[1]

　　二是基于秘密的有效性展开的纠纷。密点作为商业秘密判定的关键因素，其认定方式基于"三性"，即秘密性、保密性、价值性。一旦其技术秘密以他人可公开获得的信息，其技术能否成为商业秘密则有待考量。因此在现实案件中，存在汽车相关企业在发现市场出现与自身技术密点相关产品时，保持警惕并指控追责。但面对市场竞争尤其是竞对产品的出现，为打击对手维护自身市场占有，存在部分公司借用具有隐藏性质的公开信息滥用商业秘密诉讼的情况。如在 Auto. Data Sols., Inc. 诉 Directed Elecs. Canada, Inc. 案中，原告在发现被告产品是基于自身机密专利和商业秘密软件系统并使用它来创建竞争性产品时，对被告进行了侵犯商业秘密、专利权等多项指控，但被告在应诉中却申明该项技术为已公开且易获得的并进行反向工程的信息，最终法官因原告对自身秘密的保护措施不当、技术的秘密性不足等因素对被

---

[1] Lexmachina. 美国地方法院诉讼信息[EB/OL]. [2023-06-30]. https://law.lexmachina.com.

告盗用商业秘密的指控没有作出判决。[1]

总体来看，尽管汽车行业不喜诉讼，但伴随着人工智能、智能网联技术的发展及"软件定义汽车"的趋势，使得通信、音视频等其他技术领域渗入汽车研发中，因此这一领域的商业秘密诉讼主要发生在基础技术成熟的欧盟、美国、日本、韩国发达经济体，且以离职人员或技术合作/外包中发生的涉嫌知识产权侵权等事由为主，存在滥用诉讼权或纰漏商业秘密等知识产权贸易壁垒形式。商业秘密恶意诉讼以正当的司法诉讼为掩护，其实质是企业间争夺市场份额、实现商业竞争的手段，具有隐蔽性和专业性等特点。近年来，随着各国商业秘密保护法案的不断完善，国际商业秘密诉讼案件呈增长趋势，企业越来越多地利用商业秘密司法工具加强自身保护。因此，汽车产业应特别留意商业秘密保护中的隐藏知识产权贸易壁垒行为，并做好规避措施。

第五节　技术标准型贸易壁垒

标准作为世界通用语言，在通信、智能网联等高技术行业发挥着日益突出的作用。标准必要专利是指包含在国际标准、国家标准和行业标准中，且在实施标准时必须使用的专利。行业技术标准包含企业的专利，在成为标准之前，尽管不同的专利技术之间存在一定的替代竞争，但某一专利技术一旦成为标准就具有了独家垄断性。技术标准与专利的结合使标准必要专利具有明显不同于一般专利的特点，主要体现在事前竞争和事后垄断的动态市场结构变化、专利之间的互补性和累积性创新，这些独特性可能会带来潜在的创新阻碍风险，主要包括专利劫持风险、许可费叠加风险和专利侵权风险。在智能网联汽车已驶入快车道、市场渗透率不断提高以及通信、互联网技术与汽车行业交叉融合背景下，汽车产业面临的来自标准必要专利权利人的各种威胁日益凸显。

---

[1] Lexmachina. Case Filings[DB/OL].[2023-06-30]. https://law.lexmachina.com.

表 4-1 主要标准组织知识产权政策

项目主要内容	ITU/ISO/IEC	IEEE	ETSI	ANSI①	IETF	OASIS②	VITA③	W3C④	HDMI FORUM⑤	NFC FORUM⑥
是否包含对实施至关重要的版权	仅ITU有	否	是	是	是	否	否	否	是	是
是否包含对非必要版权的特殊政策	仅ITU有	否	是			否	否	否	否	否
是否包含专利、版权之外的知识产权	否	否	是	否	是	否	否	否	是	否
是否包含重要的商业政策	否	是	否	否	否	否	是	否	否	否
是否包含替代性的政策规范	否	是	是	未明确	未明确	是	未明确	未明确	是	是
是否存在其他外部可发展为标准的知识产权	未明确	未明确	未明确	未明确	未明确	未明确	未明确	否	是	否
是否特意排除某些可用技术	否	是	否	否	否	否	否	是	是	是
是否明确必要性测试的时间	否	是	未明确	是	是	是	是	是	否	否
是否剔除相同专利中的非必要声明	是	是	是	留给官方标准组织	是	是(也含未公开申请)	是	是	是	是
是否包含悬而未决的申请	是	是	未明确	留给官方标准组织	是	是(也含未公开申请)	是(也含未公开申请)	是	是(也含未公开申请)	是

续表

项目主要内容	标准组织								
	ITU/ISO/IEC	IEEE	ETSI	ANSI①	IETF	OASIS②	VITA③	W3C④	HDMI FORUM⑤	NFC FORUM⑥
是否剔除了到期专利、撤回申请和无效专利	未明确	未明确	未明确	未明确	是	未明确	未明确	未明确	未明确	未明确

①美国国家标准学会（American National Standards Institute, ANSI）。
②结构化信息标准促进组织（Organization for the Advancement of Structured Information Standards, OASIS）。
③国际贸易协会（VMEbus International Trade Association, VITA）。
④万维网联盟（World Wide Web Consortium, W3C）。
⑤HDMI 论坛（HDMI Forum）。
⑥NFC 论坛，全球近场通信（NFC）技术标准和倡导协会。

一、主要标准组织的知识产权政策

国际电信联盟（International Telecommunication Union，ITU）、国际标准化组织（International Organization for Standardization，ISO）、国际电子技术委员会（International Electrotechnical Commission，IEC）、美国电子与电气工程师委员会、欧洲电信标准委员会（European Telecommunications Standards Institute，ETSI）等标准组织制定了4G/5G、Wi-Fi或视频压缩（High-Efficiency Video Coding/Versatile Video Coding，HEVC/VVC）等标准，而这些标准大多受标准必要专利的影响，为实现标准的广泛实施、确保标准必要专利的可获得性和许可的合理性、消除潜在的恶意参与人并保证善意参与人的合法权益，更有效应对标准制定和实施中的各种问题，标准组织均制定了相应的知识产权政策，主要包括标准必要专利信息披露政策、FRAND许可条款政策、谈判规则和禁令救济政策等。如表4-1所示，各标准组织对知识产权细节的规定有所不同，如ITU包含版权方面的政策，而ISO和IEC无此方面规定；国际互联网工程任务组（The Internet Engineering Task Force，IETF）明确规定企业声明的专利需剔除到期专利、撤回申请和无效专利等，其他标准组织无此规定；此外，标准组织在政策中是否包含专利、版权之外的知识产权，是否包含重要的商业政策和替代性的政策规范等方面也各有不同。硬件和无线标准组织大多采用基于FRAND的知识产权政策，而软件和开源标准组织大多有免版税的知识产权政策。

二、汽车产业全球标准必要专利现状

（一）汽车产业标准必要专利技术领域分布情况

汽车产业作为较早依赖物联网（Internet of Things，IoT）技术的行业之一，物联网技术将设备、机器、建筑物和其他物品与电子产品、软件或传感器连接起来。随着全球汽车产业正加速进入以电动化、数字化、智能化、网联化为特征的新阶段，汽车产业将越来越多地运用到通信领域的技术，如导航、娱乐设备和自动驾驶模块，均需要安装远程信息控制系统（Telematics Control Units，TCU）。这必然会使得跨多个车辆部件和单元的互联依赖于通信领域的技术标准规范，如 4G 或 5G、Wi-Fi、视频压缩（HEVC/VVC）、数字视频广播（Digital Video Broadcasting，DVB）和近场通信（Near-field communication，NFC）或无线充电标准 Qi 等（图 4-8）。❶

图 4-8　汽车所使用的标准应用场景❷

IPlytics 数据库数据显示❸，目前全球已声明拥有标准必要专利的累计数量达 48.36 万件，合并同族后的专利数约 8.80 万件。汽车产业涉及的标准必要专利数量达 70.28 万件，合并同族后的专利数约 12.27 万件。其中，2G/3G/4G/5G、Wi-Fi、视频压缩（AVC/HEVC/VVC）、V2X、数字视频广播（DVB）、近场通信（NFC）、无线充电的标准和标准必要专利数据如表 4-2 所示。随着消费者偏好、新的商业模式和新兴市场需求的变化，以及未来可持续性、环境等新法规的影响，汽车产业尤其是新能源汽车的技术革新日新月异，如无人驾驶汽车、电气化和互联互通技术等，车联网技

---

❶ EuRopean Commission. Empirical Assessment of Potential Challenges in SEP Licensing[EB/OL].（2023-04-26）[2023-05-27]. https：//www. iplytics. com/wp-content/uploads/2023/04/Empirical-Assessment-of-Potential-Challenges-in-SEP-Licensing. pdf.

❷ 同❶.

❸ IPlytics. 检索库[EB/OL]. [2022-05-25]. https：//platform. iplytics. com.

术的广泛使用和智能网联汽车在新车销售中所占份额的不断提高，汽车产业的标准必要专利许可问题提上日程。特别是2022年通用汽车公司、福特、本田、日产、丰田、现代和起亚等美日韩车企与Avanci达成许可协议，博泰车联网宣布与华为达成了在车机领域的交叉许可协议，更是加快了这一进程。

表4-2 汽车产业标准必要专利技术领域分布情况

技术领域	标准制定组织	声明标准必要专利的主要权利人	标准必要专利未合并同族数量/件	标准必要专利合并同族数量/件
2G/3G/4G/5G	3GPP	华为、高通、三星、LG、中兴、诺基亚、爱立信、大唐移动、OPPO等	434 586	77 252
Wi-Fi 3/4/5/6/7	IEEE	华为、松下、SK集团、韦勒斯标准与技术协会公司、飞利浦、AT&T Corp、夏普公司等	3 008	334
AVC	ITU-T	汤姆逊（Thomson）、LG、三星、诺基亚、杜比实验室、松下、InterDigital公司等	10 793	676
HEVC	ITU-T	三星、汤姆逊（Thomson）、SK集团、建伍株式会社、杜比实验室、松下、诺基亚等	29 647	1 587
VVC	ITU-T	三星、北京字节跳动科技有限公司、联发科、诺基亚、松下、建伍株式会社、富士通、韩国电子通信研究院等	9 334	680
V2X	3GPP	华为、中兴、三星、LG、高通、大唐移动、诺基亚等	190 726	36 494

续表

技术领域	标准制定组织	声明标准必要专利的主要权利人	标准必要专利未合并同族数量/件	标准必要专利合并同族数量/件
LF、UHF	ETSI、ATSC等	三星、高通、LG、微软、KT Corp、韦勒斯标准与技术协会公司	13 471	4 363
ISDB-T	ARIB、ATSC等	夏普公司、索尼、高通、Saturn Licensing LLC、诺基亚	3 101	663
DVB	ETSI	三星、诺基亚、LG、高通、索尼、	5 600	365
Qi	Wireless Power Consortium	飞利浦、Access Business Group、Powermat technologies Ltd、松下、LG、微软	2 486	238
NFC	IEEE	德州仪器公司、西安西电捷通无线网络通信股份有限公司	4	1
合计	—	—	702 756	122 653

（二）汽车产业标准必要专利池及许可模式

随着智能网联汽车市场份额的不断提高，专利联盟越来越关注智能网联汽车领域的标准必要专利许可问题，有些专利联盟甚至专门设置了汽车专利池项目。其中与智能网联汽车领域技术关系最密切的专利联盟以 Avanci、Sisvel 公司、Via LA 公司❶和大学技术许可计划项目（University Technology Licensing Program，UTLP）为代表。

1. Avanci 专利池许可模式❷

（1）Avanci 专利池基本情况。

Avanci 成立于 2016 年，总部位于美国得克萨斯州达拉斯市，是由爱立信、高通、InterDigital 公司、中兴等通信企业联手推出的、专为汽车和物联

---

❶ 杜比实验室旗下专利运营公司。
❷ Avanci. Avanci Vehicle[EB/OL].[2023-05-10]. https://www.avanci.com.

网制造商提供一站式解决方案的无线专利授权平台，创始人为卡西姆·阿尔法拉（Kasim Alfalahi）。

截至 2023 年 12 月 15 日，Avanci 在官网上公开的专利池有车辆平台的 4G 车辆项目、5G 车辆项目和售后市场项目，物联网平台的 4G 智能仪表项目和电动汽车充电器项目，广播电视 ATSC 3.0 一站式许可平台项目和视频平台项目。其中，多个项目与汽车产业密切相关。以 4G 车辆项目为例，Avanci4G 车辆项目提供专利权人 2G、3G 和 4G 标准必要专利的许可。该项目许可方已达 59 家，中国通信行业的中国移动、大唐移动、OPPO、TCL、中兴均为许可方成员；被许可方49 家，包含巴伐利亚发动机制造厂股份有限公司即宝马、奥迪、保时捷、沃尔沃汽车公司、本田、现代在内的欧美日韩主要汽车制造商。

IPlytics 数据库数据显示，目前，全球已申明的 4G 领域标准必要专利总数为 22.33 万件，Avanci 车辆平台 4G 项目的 56 家许可方共拥有 4G 领域标准必要专利 16.93 万件，同族数量 2.14 万件，占全球已申明 4G 领域标准必要专利总数 75.82%。其中，高通拥有的 4G 领域标准必要专利数达 3.12 万件，占专利池的份额达 18.43%；三星拥有的 4G 领域标准必要专利数达 2.20 万件，占专利池的份额达 12.99%，随后依次为 LG、诺基亚、爱立信等。中兴拥有标准必要专利 7750 件，份额为 4.58%，位列第 7。[1]

（2）Avanci 汽车专利池定价模式。

如表 4-3 所示，Avanci 汽车专利池采用透明化的固定费率，使用 4G（包括 2G、3G 和紧急呼叫）组合的许可费为每辆车 20 美元；信息娱乐产品、其他多功能产品及监控专用产品的许可费每台合计为 18~26.5 美元区间。其透明定价模式包括在其网站上发布的可供业界所有人查看的许可费率。在这种情况下，Avanci 可让所有的竞争对手以相同的价格获得来自领先的专利所有者的汇总专利组合的许可，允许汽车制造商一次性获得无线通信产品生产开发所需的技术许可。其采用的固定费率定价模式基于无线技术为该产品带来的价值，而不是产品的销售价格，确保许可协议有效期内，

---

[1] IPlytics. 检索库[EB/OL]. [2022-05-25]. https://platform.iplytics.com.

Avanci 汽车专利池的许可费率不会随着 2G/3G/4G 标准必要专利的数量、新专利权人的加入或一辆车包含的连接点数目的增加而涨价。Avanci 的利益分配机制综合考量经评估的标准必要专利数量、连续三年既往许可收入、标准贡献、诉讼行权积极性等因素。

表 4-3 Avanci 汽车专利池项目信息[1]

专利池名称	专利池内容	许可方	被许可方	专利池定价
4G 车辆项目	提供 2G、3G 和 4G 标准必要专利的许可	高通、三星、诺基亚、LG 在内的 59 家权利人	欧美日韩主要汽车制造商共 49 家	仅限紧急呼叫,3 美元/辆车;3G(包括 2G 和紧急呼叫)按 9 美元/辆车收取;4G(包括 2G、3G 和紧急呼叫)按 20 美元/辆车收取
5G 车辆项目	提供涵盖参与许可方的所有 5G、4G、3G 和 2G 标准必要专利,包括蜂窝车辆万物互联(C-V2X)技术	高通、华为、三星、诺基亚、LG 在内的 62 家权利人	奥迪、宝马系等 8 家	5G 牌照定价(包括 4G、3G 和 2G 牌照)按 32 美元/辆车收取;2024 年 2 月 16 日之前签署的 5G 许可证或首次销售 5G 联网车辆,按 29 美元/辆车收取
售后市场项目	为使用 2G、3G 和 4G 蜂窝通信的车辆售后市场产品创建一站式许可平台	高通、三星、西门子、宏碁在内的 45 家权利人	2 家	信息娱乐产品按 9 美元(2G/3G)/15 美元(2G/3G/4G)收取;其他多功能产品按 6 美元(2G/3G)/7.50 美元(2G/3G/4G)收取;监控专用产品按 3 美元(2G/3G)/4 美元(2G/3G/4G)收取
4G 智能仪表项目	提供 2G、3G、4G 蜂窝智能仪表许可	三星、西门子在内的 42 家权利人	1 家	每个智能仪表支付一次费率,覆盖仪表的整个使用期限。3G 按 2 美元/个收取;3G & 4G 按 3 美元/个收取

[1] Avanci. Avanci Vehicle[EB/OL].[2023-12-15]. https://www.avanci.com.

续表

专利池名称	专利池内容	许可方	被许可方	专利池定价
电动汽车充电器项目	为使用2G、3G、4G蜂窝通信的网联充电设备提供一站式许可	索尼、夏普、华为、OPPO、TCL在内的44家权利人	3家	充电器使用期限内仅需支付一次费用许可费率,其中: 第1类(输出功率小于25千瓦,无信息娱乐功能,无用户界面,无法接收和向电动汽车充电器用户展示通过蜂窝网络接收的信息)按5美元/充电器收取; 第2类(输出功率小于150千瓦,无信息娱乐功能,非第1类充电器)按9美元/充电器收取; 第3类(输出功率为150千瓦或以上,无信息娱乐功能)按11美元/充电器收取; 第4类(任何能够执行信息娱乐功能的电动汽车充电器,如播放下载的视频、音频和/或其他娱乐内容,和/或访问互联网内容,如商业广告或广告,和/或提供无线局域网的网络连接)按13美元/充电器收取

2. Sisvel公司专利池许可模式[❶]

(1) Sisvel公司专利池基本情况。Sisvel公司于1982年成立于意大利,管理第三方拥有的专利、Sisvel公司研发活动产生的专利以及集团收购的专利,旗下公司遍意大利(None Torinese 的 Sisvel SpA 和 Sisvel Technology)、美国(华盛顿特区和洛杉矶的 Sisvel US)、中国(Sisvel 香港)、日本(东京的 Sisvel 日本)、德国(斯图加特的 Sisvel 德国)、卢森堡(Sisvel International)和英国(伦敦 Sisvel 英国),并在全球范围内拥有100多名具备技术、法律和专利许可专业知识的专业人才。目前,Sisvel 公司的专利池和联合许可项目涵盖了无线通信、数字视频技术、音频和视频编码等领域。Sisvel 公司现拥

---

❶ Sisvel. 官网数据整理[EB/OL]. [2023-12-15]. https://www.sisvel.com.

有标准必要专利9885件，合并同族数量782件，其中，华为1063件，占专利池总数的16.90%；SK公司822件，占比13.40%；三菱商事株式会社873件，占比9.50%；Orange Personal Comm Serv Ltd.301件，占比7.80%。[1]

（2）Sisvel公司专利池许可定价模式。如表4-4所示，Sisvel公司与汽车相关的许可项目主要集中在无线通信和音视频编解码领域。无线通信项目包含蜂窝物联网、5G多模、Wi-Fi6、Wi-Fi/W-LAN和MIOTY 5个许可计划，其中，蜂窝物联网和5G多模许可计划根据产品品类的不同采取不同的固定费率定价模式，用单一许可证、单一报告和单一特许权使用费支付取代了多份许可协议、销售报告义务和发票等；Wi-Fi6、Wi-Fi/W-LAN和MIOTY许可计划采用浮动费率定价模式，即如果被许可方完全遵守其在许可协议下的义务，则每个许可产品的许可费按优惠费率收取，否则按标准费率收取。视频编解码平台许可计划按设备类型采用累进定价模式，即许可费率随着设备使用数量的增加而下降。

表4-4　Sisvel公司相关许可计划定价信息

技术领域	许可计划	许可方	许可费率
无线通信	蜂窝物联网	华硕电脑公司、大唐移动、电子通信研究所、哈方知识产权投资公司等27家	1. 窄带物联网（NB-IoT）产品，0.66美元/个； 2. LTE-M产品 （1）智能传感器 销售价格低于6美元，按0.08美元/个收取；销售价格为6~20美元，按0.35美元/个收取；销售价格为20~130美元，按1.33美元/个收取；销售价格高于130美元，双方可协商合适的许可费率。 （2）智能电表，2美元/个
	5G多模	Alfred Consulting LLC、Intellectual Discovery Co., Ltd.、JVCKENWOOD Corporation等15家	5G多模装置，0.50美元/个 4G多模装置，0.42美元/个 3G多模装置，0.25美元/个

---

[1] IPlytics.检索库[EB/OL].[2022-05-26].https://platform.iplytics.com.

续表

技术领域	许可计划	许可方	许可费率
无线通信	Wi-Fi6	华为、联发科、三菱电机公司、松下、飞利浦、SK公司等7家	企业或商业用途产品，3.0~3.6美元/个； 其他产品，0.5~0.6美元/个
	Wi-Fi/W-LAN	弗劳恩霍夫集成电路研究所、荷兰皇家电信集团、三菱商事株式会社、飞利浦等8家	无线上网，0.25~0.30欧元/个
	MIOTY	弗劳恩霍夫应用研究促进协会和荷兰皇家电信集团共4家	（1）TS-UNB专利和补充专利许可的综合许可费率： 单向终点，0.32~0.40欧元/个 双向端点，0.8~1.00欧元/个 网关，8~10欧元/个 （2）TS-UNB专利下的单独许可 单向终点，0.26~0.32欧元/个 双向端点，0.65~0.80欧元/个 网关，6.5~8.0欧元/个 （3）补充专利下的附加许可 单向终点，0.06~0.08欧元/个 双向端点，0.15~0.20欧元/个 网关，1.5~2.0欧元/个
音视频编解码	视频编解码平台VP9	杜比实验室、韩国电子通信研究院、爱立信、通用电气公司等18家	（1）消费类显示设备许可费标准： 1~100 000台，0.126欧元/台； 100 001~1 000 000台，0.117欧元/台； 1 000 001~25 000 000台，0.108欧元/台； 25 000 001~75 000 000台，0.099欧元/台；75 000 001台或以上，0.090欧元/台； （2）消费类非显示设备许可费标准 1~20 000个，0.042欧元/个； 20 001~200 000个，0.039欧元/个； 200 001~5 000 000个，0.036欧元/个； 5 000 001~14 000 000个，0.033欧元/个； 14 000 001个或以上，0.030欧元/个

续表

技术领域	许可计划	许可方	许可费率
音视频编解码	视频编解码平台 AV1	杜比实验室、韩国电子通信研究院、日本电信电话株式会社等 20 家	（1）消费类显示设备许可费标准： 1~100 000 台，0.168 欧元/台； 100 001~1 000 000 台，0.156 欧元/台； 1 000 001~25 000 000 台，0.144 欧元/台； 25 000 001~75 000 000 台，0.132 欧元； 75 000 001 台或以上，0.120 欧元/台； （2）消费类非显示设备许可费标准 1~20 000 个，0.056 欧元/个； 20 001~200 000 个，0.052 欧元/个； 200 001~5 000 000 个，0.048 欧元/个； 5 000 001~14 000 000 个，0.044 欧元/个； 14 000 001 个或以上，0.040 欧元/个

3. Via LA 公司专利池许可模式❶

2023 年 5 月 2 日，Via 公司和 MPEG LA，LLC 宣布联合成立 Via LA 公司，成为杜比实验室旗下独立运营的子公司，总部位于旧金山，在丹佛、伦敦、上海、东京和华盛顿特区设有办事处。之前曾担任 Via 公司总裁的希斯·霍格兰德（Heath Hoglund）担任 Via LA 公司总裁。Via LA 公司制定了数十项许可计划，主要包括数字声音格式（AUDIO）方面的 Advanced Audio Coding（AAC）、MPEG-H 和 EVS 专利池，视频技术（VIDEO）方面的 VVC、HEVC、AVC/H.264、VC-1、MPEG-4 Visual、DisplayPort、MPEG-2、MPEG-2 Systems 专利池，无线电广播（Wireless & Broadcast）方面的 ATSC、ATSC3.0、WCDMA、Alium 专利池，无线电源（POWER）方面的 Qi 无线充电（Qi Wireless Power）和电动汽车充电（EV Charging），以及生物技术（BIOTECH）方面的创新生物技术平台 Increscent 和成簇规律间隔短回文重复序列（Clustered Regularly Interspaced Short Palindromic Repeats，

---

❶ Via Licensing Alliance LLC. A Level Playing Field For Innovators And Implementors [EB/OL]. [2023-05-26]. https://www.via-la.com/licensing.

CRISPR）许可。这些许可计划涵盖 130 多个国家的近 5 万项专利，涉及 500 多位专利持有人和近 1 万项专利授权，其中多项授权计划涉及汽车产业。

以 HEVC 专利池❶为例，该专利池授权访问 HEVC 数字视频编码标准（也称为 H. 265 和 MPEG-H 第 2 部分）的基本专利权，从而为消费者提供更高速度和效率的互联网视频编码和解码产品。许可人包含苹果、小米科技有限责任公司、佳能、西门子在内的 40 多家权利人，被许可人包含赫思曼汽车通讯设备有限公司、蔚来美国公司、松下汽车系统株式会社、松下汽车系统欧洲有限公司等整车和汽车零部件制造商。其专利池定价模式采用阶梯定价方式，即被许可方出售给最终用户的 HEVC 产品，销售量少于 10 万件不收取许可费，销售量大于 10 万件的产品，每件收 0.2 美元/个，企业（法人实体和附属公司）每年支付的最高许可费不超过 2500 万美元。

4. 大学技术许可计划（UTLP）专利池许可模式❷

大学技术许可计划（University Technology Licensing Program，UTLP）是美国哈佛大学、布朗大学、加州理工学院、哥伦比亚大学、密歇根大学等 15 所研究型大学之间的合作项目，运营管理以这些大学的专利技术形成的专利池。"大学技术许可计划"涉及自动驾驶汽车（如光学元件、传感器硬件和软件、网络安全）、连接或"物联网"或"物联网"（如毫米波通信、电源管理、信号处理、位置跟踪）和"大数据"（即大规模数据存储、传输、分析技术）的技术应用，未来可能会扩展到其他技术领域。UTLP 表示，它将以投资组合或子投资组合许可的版税折扣的形式，节省与 UTLP 集中的许可管理相关的部分成本。

大学技术许可计划的许可活动由一个由成员共同挑选的五人管理委员会（董事会）来管理。该委员会负责制定与 UTLP 的专利组合进行再许可和管理项目预算相关的决策，批准标准许可条款，并负责评估任何拟议的偏离标准条款的情况。一旦签订了许可协议，成员将有权分享项目的特许权

---

❶ Via Licensing Alliance LLC. DECODER-ENCODER SUBLICENSES[EB/OL].[2022-05-26]. https://www.via-la.com/licensing/hevc/hevc-license-fees.

❷ UTLP LLC. 15 Leading Research Universities Launch Joint Technology Licensing Program[EB/OL].[2022-05-26]. https://www.utlp.net.

使用费收益，UTLP 许可费分配方案为收益的 15.00% 将平均分配给成员；20.00% 将平均分配给成员许可的每个专利家族，并根据贡献的专利家族的数量分配给成员；其他收益将根据实际分批的专利族和强制执行的专利进行分配，并保留部分收入。

大学技术许可计划项目支持标准必要专利和非标准必要专利联合许可。一是要求成员必须向专利池提供排他许可，但成员保留非商业性研究目的使用该专利和因研发需要而向其他科研机构进行专利许可的权利。二是允许潜在被许可人在专利池中选择其觉得有用的专利包进行许可，且会根据专利数量给予相应的折扣。三是允许成员进行专利诉讼，但仅限于必要的专利诉讼；而且成员在诉讼中需遵循诚实信用原则。成员也可以在专利池中选择标记其涉诉专利为"诉讼专利"。目前，大学技术许可计划并未对外公开其专利池许可费用信息，网站也处于停止更新状态。

二、汽车产业标准必要专利滥用的表现形式

（一）专利持有人声明的标准必要专利实质上是非必要的

目前，大多数标准组织都制定了专利信息披露政策，要求在某一技术被确定为标准之前，参与人需披露所包含的已有专利或正在申请中的专利信息。标准开发组织通常不对某一特定标准必要专利作出认定，而是由专利权利人自己对拥有的标准必要专利作出声明。因此，标准组织知识产权政策的非强制性和信息披露规则的不统一、不充分可能会导致以下行为的发生：一是某些专利权利人只是简单地声明他们拥有潜在的标准必要专利，他们准备在符合标准开发组织专利政策的条款下获得许可，而没有明确说明具体包含哪些潜在标准必要专利，更不提供关于自我声明的潜在标准必要专利的全面数据和可靠信息；二是在声明的潜在标准必要专利与相对应的标准方面，标准的名称可以是具体指定的某一标准，也可以仅仅描述为高度通用的标准，如仅标记为第三代合作伙伴计划（3rd Generation Partnership Project，3GPP），这使得两者之间的对应关系相对模糊和不确定；三是潜在标准必要专利权利人在参与标准开发过程中，可以在专利申请而非授权阶段提交声明，而随着标准制定工作的不断发展，专利声明书和标准规

范在潜在标准必要专利权利人声明后可能会发生变更,进而导致一些已宣布的标准必要专利最终证明是非必要的。

鉴于标准组织的专利信息披露政策并不都是强制性行为,且信息披露的充分性和完整性要求不一样,这使得部分专利权利人有机会将自身的非标准必要专利声明为标准必要专利,收取专利许可费。这种寻租行为时有发生。欧盟研究[1]显示,只有大约10%~20%的Wi-Fi标准必要专利是在IEEE上声明过的,约20%~30%的HEVC标准必要专利是在ITU-T上声明过的;在已声明的5G标准必要专利中,标准和专利之间可以"完全对应"的份额仅为6%~30%左右水平,说明在已声明的标准必要专利中包含大量的非必要专利。这进一步说明专利权利人有可能利用信息不对称将非必要专利声明为标准必要专利,并索要许可费,引发标准必要专利滥用行为。

（二）专利持有人在实施人实施标准后违背FRAND承诺索要过高许可费

FRAND许可承诺是标准组织为消除专利劫持风险而采取的私人规制治理机制,是具有多重目标导向并力图实现利益相关者利益平衡和激励相容的机制,其实质是力图在保护专利持有人获得创新回报和促进更多实施者采用标准之间取得有效的平衡,实现标准必要专利持有人和标准实施人之间的激励兼容。FRAND承诺的"公平、合理、非歧视"原则,主要是防止事后索要过高许可费和歧视性许可条款对下游市场竞争的影响。但因标准技术条件下的专利权人在与被许可人进行标准必要专利许可谈判时,专利权人通常在许可谈判中处于强势地位,当专利权人利用其强势地位违背承诺向标准实施企业索要明显超过事前竞争水平的许可费,或迫使实施企业接受利益严重失衡的许可条件时,就构成了一种垄断势力滥用的专利劫持行为,涉嫌利用其专利权危害正常的市场竞争。

如2013年11月,国家发展改革委启动了对高通的反垄断调查[2],经调

---

[1] European Commission. Empirical Assessment of Potential Challenges in SEP Licensing, [EB/OL]. (2023-04-26) [2023-05-27]. https://www.iplytics.com/wp-content/uploads/2023/04/Empirical-Assessment-of-Potential-Challenges-in-SEP-Licensing.pdf.

[2] 国家发展改革委. 国家发展改革委对高通公司垄断行为责令整改并罚款60亿元 [EB/OL]. (2015-02-10) [2023-06-06]. https://www.ndrc.gov.cn/xwdt/xwfb/201502/t20150210_955999.html.

查取证和分析论证，高通在 CDMA、WCDMA、LTE 无线通信标准必要专利许可市场和基带芯片市场具有市场支配地位，收取不公平的高价专利许可费。这主要表现在：一是高通对中国企业进行专利许可时拒绝提供专利清单，过期专利一直包含在专利组合中并收取许可费。二是高通要求中国被许可人将持有的相关专利向其进行免费反向许可，拒绝在许可费中抵扣反向许可的专利价值或提供其他对价。三是对于曾被迫接受非标准必要专利一揽子许可的中国被许可人，高通在坚持较高许可费率的同时，按整机批发净售价收取专利许可费。这些因素的结合导致许可费过高。四是高通向中国企业收取的许可费标准为整机销售价格的 5%，远远高于其对苹果、三星、诺基亚等公司的专利许可费标准。从司法实践看，标准必要专利权利人、实施者和司法机构对标准必要专利内在价值的判断也存在明显差异。如表 4-5 所示，法院裁定的标准必要专利许可费率均低于权利人公布的许可费率标准，特别是微软诉摩托罗拉案件中，法院裁定的 H.264 标准相关必要专利许可费率水平仅为权利人公布的费率的八百分之一，明显高估了自身标准必要专利的内在价值，索要了过高许可费。

表 4-5　司法实践中不同当事人对标准必要专利许可费率的认定

案件	技术领域	权利人公布的许可费（率）	实施者期望的许可费（率）	法院裁定的费（率）	费率计算基数
爱立信 v. Micromax	3G	2%	—	1.3%	终端产品价格
无限星球有限公司 v. 华为	2G	0.28%	0.05%	0.06%	终端产品价格
	3G	0.28%	0.05%	0.03%	
	4G	0.55%	0.06%	0.05 美元	
微软 v. 摩托罗拉	H.264	4.5 美元	0.00065~0.00204 美元	0.00555 美元	每件
	802.11	4.5 美元	0.03~0.065 美元	0.03471 美元	每件
宏达国际电子股份有限公司 v. 爱立信	4G	2.5 美元	0.1 美元	2.5 美元	每件

续表

案件	技术领域	权利人公布的许可费（率）	实施者期望的许可费（率）	法院裁定的费（率）	费率计算基数
TCL v. 爱立信	2G	0.8%~1.0%	0.21%	0.09%~0.164%	终端产品价格
	3G	1.2%	0.21%	0.224%~0.300%	
	4G	1.5%	0.16%	0.314%~0.450%	

（三）专利持有人故意实施的"专利伏击"行为

"专利伏击"是指标准必要专利持有人会利用信息披露不足故意隐瞒标准中所含的已经获得或未决的必要专利，在标准制定后再来主张拥有标准必要专利，并威胁采用法律行动，向被许可人索要许可费的行为。如2005年10月14日，高通指控博通公司制造和销售符合H.264视频编码标准的产品，侵犯其视频标准（H.264）相关专利（参见Qualcomm, Inc. v. Broadcom Corp.，编号05-cv-1958-B）[1]，博通公司的辩护策略之一是豁免抗辩，即基于高通在2002年底和2003年初参与了联合视频团队（Joint Video Team, JVT）的标准制定工作，后者制定了2003年5月发布的H.264标准。如果高通参与了H.264标准的创建，它就需要在标准制定过程中进行声明确定该标准的必要专利，并做出免版税或在非歧视、合理的条件下许可这些专利条款的承诺。然而，法院调查结果显示，高通参与了H.264标准制定，但在制定标准过程中并没有公开声明，法院最终判决高通违反了国际电信联盟的知识产权政策相关规定，不能行使专利权。高通在参与标准制定过程中未履行声明义务，事后又主张标准必要专利索取许可费的行为，即构成了专利伏击型知识产权滥用。

（四）标准必要专利持有人在许可中提出明显不合理的许可条款

目前标准必要专利许可主要是通过标准组织来协调并对许可费实行一定的私人价格规制，以保证标准实施的总许可费不至于过高，防止许可费叠加造成对集体利益最大化的伤害。标准专利许可谈判是基于FRAND许可

---

[1] Law360. Qualcomm V. Broadcom: Lessons In E-Discovery [EB/OL]. (2008-01-22) [2023-06-06], https://www.law360.com/articles/44870/qualcomm-v-broadcom-lessons-in-e-discovery.

承诺原则基础上标准必要专利权利人和实施者之间善意的协商谈判。如果标准必要专利权利人在谈判过程中,实施了将标准必要专利与非标准必要专利捆绑许可等不合理的交易条件等不公平交易条款,则构成了专利劫持行为甚至是滥用市场支配地位行为。

如前例国家发展改革委对高通反垄断调查案件中,高通除向中国企业收取过高许可费外,还利用在无线通信标准必要专利许可市场的支配地位,没有正当理由将非无线通信标准必要专利许可进行搭售,中国部分被许可人被迫从高通获得非无线通信标准必要专利许可;此外,高通将签订和不挑战专利许可协议作为中国被许可人获得其基带芯片供应的条件。如果潜在被许可人未签订包含了以上不合理条款的专利许可协议,或者被许可人就专利许可协议产生争议并提起诉讼,高通均拒绝供应基带芯片。由于高通在基带芯片市场具有市场支配地位,中国被许可人对其基带芯片高度依赖,高通在基带芯片销售时附加不合理条件,使中国被许可人被迫接受不公平、不合理的专利许可条件。这种行为明显违背 FRAND 许可承诺并造成对下游市场的竞争伤害,是典型的标准必要专利权滥用的表现。

(五)许可费叠加和许可模式引发的知识产权滥用行为

随着汽车智能化、网络化的快速发展,汽车作为"移动的手机",越来越频繁地使用到通信领域的标准和技术。近年来通信行业标准必要权利人或专利池与车企进行许可谈判时,存在两种可能引发知识产权滥用的行为。

一是计费基础可选择性可能引发的滥用行为。在标准必要专利许可实践中,计费基础既有选择终端产品,也有选择最小可实施元件。如实施蜂窝通信标准的许可方以手机作为计费基础,实施无线局域网 802.11 标准的许可方以 Wi-Fi 芯片作为计费基础。但是通信领域的计费模式是否可以移植到汽车产业存在争议。从行业实践看,以 Avanci 专利池为代表的整车许可模式和华为等权利人与汽车企业达成元件级许可模式均存在;从司法裁判看,司法仍然承认计费基础的可选择性,整车或元件许可,在原则上都是符合 FRAND 的。不过,这不排除当事人结合其他许可条件,提出一组整体不符合 FRAND 的许可条件,从而导致权利滥用的发生。

二是重复许可问题,即标准必要权利人/专利池授权许可时,存在向汽车零部件厂商收取许可费的同时，企图就相同的零部件使用功能再次向整车厂商收取许可费，造成重复许可问题。许可层级的争议最早因 Avanci 专利池成员（权利人）在 2017 年以后积极向汽车终端厂商主张相关标准必要专利许可费，与汽车行业的惯常实践（由元件供应商获得专利许可）发生冲突。汽车终端厂商对权利人的主张保持质疑态度，认为权利人拒绝向元件供应商提供许可违反了 FRAND 声明，各方在德国、美国引发系列诉讼。德国法院支持了权利人主张，关键理由包括：权利人有义务向实施者开放标准必要专利，但无义务向任一实施者直接提供许可；汽车厂商始终是实施者，有义务不实施侵权行为，拒绝权利人许可请求将构成专利侵权；权利人向汽车厂商提供任一 FRAND 许可，就满足了其应履行的许可义务；实施者应无条件表示愿意接受任一 FRAND 许可，否则不能享受 FRAND 带来的好处（对抗禁令）。

总体看，由于标准制定消除了事前替代性技术的竞争，市场结构往往体现出明显的"事前竞争、事后垄断"的格局。标准化赋予标准必要专利持有企业较强的事后市场势力，因此，标准必要专利作为一种重要的战略资源，越来越成为各国战略竞争的焦点。随着欧盟、美国、日本、韩国陆续修订其标准化战略，加快标准必要专利政策的制定实施，发达经济体以价值理念的同一和技术标准的统一为根基，有效保护国内市场，以技术标准优势构筑竞争壁垒的意图明确。中国汽车领域的应用生态还处在初期阶段，技术标准型壁垒主要集中在 4G/5G、HEVC、AVC/VVC、Wi-Fi 等智能化和物联网领域，随着汽车智能化技术的更新迭代、新技术的不断涌现以及自动驾驶的推广应用，越来越多的标准必要专利权利人与车企的角力渐露端倪并将日益激烈。企业应高度重视技术标准型贸易壁垒并主动研究标准必要专利权利人的专利许可模式，预判潜在风险，制定应对策略，尽可能降低技术标准型壁垒的影响。

第六节　国家战略驱动的知识产权贸易壁垒

在全球高端制造业竞争日益激烈的背景下，汽车作为大宗商品，其质量安全成为各国或地区关注的重点之一，其背后隐藏的是发达国家以自身的技术标准优势构建的知识产权贸易壁垒。同时在当前中国高新技术产业迅速发展等的背景下，美国基于其国家战略实施的"技术脱钩"、实体清单等措施对中国打造另类"壁垒"；欧盟和美国的数据安全保护政策更是对智能网联汽车的发展进程带来新的挑战，这均对中国汽车产业发展构成一定障碍，增加了出口风险。

一、缺陷产品召回背后潜在的知识产权壁垒

产品召回制度是消除产品安全隐患的一项重要举措，是政府加强事中事后监管的有效手段，也是一项国际通行的产品安全管理制度。当前各国或地区汽车召回所依据的法律法规不尽相同，但总体而言即基于各国机动车安全法，并鉴于汽车产业链的复杂性，在汽车产品涉及的原材料、排放、零部件安全等方面均加以法规限制。如美国的《清洁空气法》（*The Clean Air Act*）、欧盟《关于限制在电子电器设备中使用某些有害成分的指令》（*Restriction of Hazardous Substances*，ROHs）、低电压指令（Low Voltage Directive 2014/35/EU，LVD）、强制电动汽车披露电池碳足迹、德国《自动驾驶法（草案）》等，以上法律法规的出台与限制，均是各国基于自身产业发展新特点与新阶段在汽车质量安全方面不断加强规制。

因此缺陷产品召回最直接的原因虽然是产品质量违反了相关国家的相关法规和技术标准，但其根源则是以技术标准优势构建的知识产权贸易壁垒。以美国为例，美国实行自愿标准体制，行业标准遵循企业自愿参加编写、自愿采用的原则，标准的编写和审批都需经过行业专家组成的技术委员会。鉴于欧盟、美国、日本、韩国等在汽车研发技术上的先进性和优势，以及保护本国产业发展、限制他国产品大量涌入造成的过度竞争等目的，多数国家行业标准制定者在设计标准之初有意识地提高本国产业已经成熟的技术指标或环保指标要求，则已经从技术标准上将大量尚未达到先进水平的发展中国家的产品拒之门外。

纵观各国在汽车召回方面的数据发现，在欧盟安全门发布的召回通报

中，近五年机动车辆通报排名始终居于前五。2022年欧盟安全门共发布2177例召回通报，其中，机动车辆位居第二（365例）占其通报总数的16.77%，原产地为中国的通报占机动车辆通报总量的3.01%（11例）。❶ 2022年美国共有932起汽车安全召回事件，影响汽车超过3080万辆，为历史最高水平。❷ 美国涉及纯电动汽车召回数量达131.2万辆，同比增长7倍以上。❸ 此外，美国2022年召回数据最为突出的特点为使用软件在线升级（Over-the-Air, OTA）更新修复的召回车辆数量同比增加1.67倍。❹ 根据《2023年全球汽车行业网络安全报告》数据显示，2018年以来近70.00%的汽车安全风险都是网络行为引发。❺ 2022年日本汽车召回公告383例，涉及车辆近465万辆，同比分别增长3.79%与9.19%，其中进口车辆分别占比56.65%（+24.71%）、13.44%（+108.65%）。❻ 2022年韩国共召回329.2万辆汽车，同比增长23.9%。❼

从召回原因来看，与先进的电气和电控系统有关的召回成为各国监管的重点。2022年欧盟安全门的关于机动车辆的召回中，首要因素为电气设

---

❶ European Commission. Safety Gate:the EU rapid alert system for dangerous non-food products. EU Rapid Alert System factsheets 2022[DB/OL].[2023-06-16]. https://ec.europa.eu/safety-gate/#/screen/pages/reports.

❷ The National Highway Traffic Safety Administration. New recall information highlights the impact of keeping vehicles safe[DB/OL].(2023-03-07)[2023-06-16]. https://www.nhtsa.gov/press-releases/vehicle-safety-recalls-week-2023.

❸ The National Highway Traffic Safety Administration. NHTSA 2022 Annual Report Safety Recalls[R]. The National Highway Traffic Safety Administration,2023.

❹ 同❸.

❺ Fortra. A Look at The 2023 Global Automotive Cybersecurity Report[EB/OL].(2023-03-20)[2023-05-25]https://www.tripwire.com/state-of-security/global-automotive-cyber-security-report.

❻ 日本国土交通省.令和4年度におけるリコール総届出件数及び総対象台数について（速報値）[DB/OL].[2023-06-16]. https://www.mlit.go.jp/report/press/jidosha08_hh_004776.html.

❼ 국토교통부.자동차결함신고센터.[DB/OL].[2023-06-16]. https://www.car.go.kr/rs/stats/rcList.do.

备风险（占比21.37%），其中电气设备的召回中涉及电池的通报占比35.90%。❶ 电气装置风险也成为韩国国外召回排名前三的设备。❷ 除了新能源汽车所涉及的环保、电气设备/电池、电子制动等原因的召回日益频繁，当前涉及广东省或者中国的海外召回情况主要聚焦在传统零部件召回，如在欧盟安全门的汽车召回数据中，原产地为中国的机动车辆零部件召回，占2022年其机动车辆零部件召回的（21起）23.81%。❸ 在美国国家道路交通安全管理局2022年的召回数据中，仅涉及的一家中国企业为轮胎生产与供应商，主要召回原因在该批次轮胎不符合美国联邦政府有关于机动车的安全标准。鉴于中国作为汽车产业链OME的重要基地，且因当前整车厂商与零部件供应商在合作之初即已签订侵权或质量等合同，使得一旦整车品牌出现被召回或侵权的情况，最终主体责任与应对成本仍会落给供应商，增加了企业经营成本，对于中国在当前主要汽车商品出口类型的技术标准提出更高的要求。

总体来说，当前缺陷召回背后反映的是欧美国家在技术标准上的国际规制权，以及因技术标准上的先发优势带来的知识产权储备和全球布局上的话语权。对于"碳排放"国际公约推动汽车电动化、通信技术赋能推动汽车的网联化等发展新态势下，在当前汽车的市场竞争不再是单纯技术先进性，更是在包括汽车性能、网联技术、环境保护、消费者安全等汽车生态系统的全方位竞争，其背后的逻辑是标准之争、知识产权之争。中国当前新能源汽车发展尽管走在前列但尚未完全融入国际市场，相关汽车产品在技术标准和知识产权方面与发达经济体并未能保持统一步调，汽车在

---

❶ European Commission. Safety Gate: the EU rapid alert system for dangerous non-food products[DB/OL]. [2023-05-25]. https://ec.europa.eu/safety-gate-alerts/screen/search?resetSearch=true.

❷ 국토교통부.자동차결함신고센터.[DB/OL]. [2023-05-26]. https://www.car.go.kr/rs/stats/rcList.do.

❸ European Commission. Safety Gate: the EU rapid alert system for dangerous non-food products[DB/OL]. [2023-05-25]. https://ec.europa.eu/safety-gate-alerts/screen/search?resetSearch=true.

"走出去"过程中必须满足其目标市场的监管标准,其背后更是对其市场、技术规则等的遵循,在汽车出口过程中,积极响应进口国最新技术要求,减少产品被召回的频率、降低企业损失的背后,是国家或监管机构推动的隐性技术或知识产权壁垒。

二、以"精准脱钩"加强对中国的技术封锁

伴随汽车电动化、智能化、网联化与共享化浪潮的演进,芯片半导体在汽车产业发展及换代竞争中的作用愈发重要。欧盟、日本、韩国等发达经济体均将发展芯片半导体作为国家战略予以推动。美国更是全方位对中国高新技术产业保持警惕,拜登政府上台后虽仍然保持对华"脱钩"或者"去风险化"态势,但与前任政府的"全面脱钩"不同,拜登政府试图通过聚焦高科技领域对华开展"精准脱钩",以"小院高墙"等形式,压缩中国高科技产业的发展空间。如2022年印太经济框架(IPEF)中将自由贸易的协定范围重点转移到半导体、人工智能及数字经济等新兴产业中,加强美国与其盟友相关技术开发与合作中的规制,搭建起新的、不包含中国的供应链体系,实则是将中国排除在全球新兴产业发展"圈子"外。近年来不仅持续贯彻"制造业回流"相关政策,且频繁对中国实施技术出口管制,阻断中国在半导体到人工智能、生物制药及量子计算等新兴技术与关键技术的获得。

(一)制造业回流,降低中国产业链对其影响

早在奥巴马政府时期,为加强自身供应链弹性,美国政府就从官方层面提出"重振美国制造业"的方针,并成为各届政府长期贯彻的战略,如特朗普的制造业就业主动性计划、拜登政府强调的供应链安全及相关法案的颁布旨在吸引美国国内制造业的投资,从生产、技术与市场等多角度推动"制造业回流""盟友外包""朋友圈产业链回流"(Friend-shoring)与"近岸外包"等,在为实现制造业生产链与价值链本土化与地域化的同时,推动产业链回流至美国可信任的盟友圈内,力图降低因政治因素可能导致的重点产业供应链不稳定等问题,稳固美国掌握全球产业链与价值链的控制权。科尔尼发布的《美国制造业回流指数》报告显示,到2025年预计将

有84.00%的美国企业部分或全部回流其制造业业务❶。产业回流成为振兴本国制造业的大势所趋。

而在近年来，在全球缺"芯"的影响下，各国对全球半导体供应链的不确定性与脆弱性愈发重视，芯片短缺对其他关键制造业生产的影响逐步显现。同时，因半导体已经深度融入了各类移动终端、无人机及汽车等行业之中，成为必不可少的核心元件，并被赋予了包括科技权威、国家安全等多重因素的政策逻辑，成为美国进一步推动重点产业的回流，复苏本土先进制造业与维护全球竞争力的重要抓手，以加强美国的高新技术竞争并防止中国及其他外国竞争者获得先进技术，构成技术壁垒维护自身产业安全。

美国也先后通过《2022年芯片与科学法案》《通胀削减法案》等积极推动本土半导体与新能源电池产业发展，对在本土投资的企业给予补贴，但前提是企业不能在中国进行投资或开展合作，进一步强化自身在未来关键技术领域中的主导权，在要求企业选择站边的同时，修订《出口管制条例》禁止向中国出售相关半导体或其制造设备和材料，以封锁中国半导体及相关新兴科技产业的发展空间。

而受汽车新四化驱动，尤其智能汽车以及无人驾驶等技术的研制中，对高性能的芯片需求日益增多，芯片的争夺将成为全球汽车产业转型的重要环节。以美国利用双/多边协议推动与其盟友的技术协议，打造各种类型的高科技联盟，不断强化半导体出口管制、全球半导体供应链与华"脱钩"，对中国半导体进行持续性限制，有意建立起芯片等半导体技术壁垒，如美日印澳四方机制（QUAD）稳固半导体供应链，制定通用技术标准等。在全球车规芯片核心研发仍以欧洲和美国企业为主的情况下，对中国汽车产业链供应链的有效衔接产生较大影响，一旦中国芯片自主研发未能跟上现实需求，智能驾驶的芯片极大可能掉入手机芯片曾出现的"坑"中，影响整个汽车产业的安全，严重阻碍中国新能源汽车全球化进程。

（二）实体清单

实体清单是美国出口管制的重要手段之一。美国商务部工业和安全局

---

❶ 科尔尼管理咨询有限公司.美国制造业回流之势已成,你准备好了吗？［EB/OL］.
［2023-06-16］. https：//www.kearney.cn/article/-/insights.

通过增补修订《出口管制条例》，根据《出口管制条例》第 4-744 部分（管制政策：最终用户和最终用途）和第 746 部分（禁运和其他特殊控制）将因参与了与美国国家安全或外交政策利益相悖活动的实体列入管制清单。该清单是一份记录从事了让美国政府有理由相信已经、正在或者极有可能涉及"违反美国国家安全和/或外交政策利益活动"的外国人（包括实体和个人）的名单。

被列入实体清单通常意味着在没有获得美国商务部工业和安全局颁发的出口许可证的情况下，被列实体不得获取受《出口管制条例》管控的物项。❶ 加之美国商务部工业和安全局对大多数中国实体采取"推定拒绝"或"逐案审查"的许可证发放标准，被列入实体清单企业获取许可证面临很大困难。因此，被列入实体清单企业的供应链将受到最直接的影响，特别是供应链上游的涉美货物、原材料可能会面临断供风险，所使用美国软件的更新升级以及跨境技术交流和国际会议、展览等活动也可能面临限制。

2018 年中美贸易战以来，美国已先后十余次将累计超 600 家中国企业列入实体清单（若将美国政府其他部门的行政令等统计在内，被管制的中国企业和个人已超过上千家）。从行业分布来看，被列入实体清单的中国企业主要集中于人工智能、5G 通信、芯片半导体/超级计算机等高科技领域以及军民融合企业或军工企业。从 2018 年美国政府限制中兴，到"美国半导体联盟"建立，再到 2022 年美国商务部工业和安全局发布半导体出口管制新规以及美国商务部将 36 家中国科技公司列入"实体清单"等，中国受到越来越广泛的芯片进口限制。2022 年 10 月，中国被列入实体清单的企业数量首次超过俄罗斯位居榜首，2023 年实体清单逐步扩至中国云计算企业等。可见，实体清单不仅成为美国政府打压中国企业频繁使用的贸易工具之一，而且伴随着中美竞争的推进，日益成为美国剥离中国高科技领域产业链的

---

❶ 根据《出口管制条例》的规定，所谓"受《出口管制条例》管控的物项"（商品、软件和技术），包括以下五类：a. 位于美国境内的物项；b. 原产自美国的物项，不论该等项目身处何地；c. 非美国原产，但价值含一定比例以上（根据成分性质和出口目的国的不同分为 0%、10% 和 25%）受控美国原产成分的物项；d. 直接依赖特定美国原产技术或软件生产的非美国制造的"直接产品"；e. 在美国境外的工厂生产的产品，但该工厂或该工厂的主要部件是特定美国技术或软件的"直接产品"。

重要方式，严重阻碍了正常的国际贸易往来，构成知识产权贸易壁垒。此外，不同于特朗普政府时期的"美国优先"战略，拜登政府把构建国际联盟作为重要的外交战略，试图通过拉拢盟友共同与中国在经济、贸易、科技、教育、军事等领域"脱钩"，孤立中国。

三、数据合规与保护形成的贸易壁垒

互联网的快速发展使得数据资源呈现出指数级增长，数据跨境流通成为当前数字治理的关键议题，更是成为大国争夺全球数字治理主权的关键。早在 2018 年美国政府对中国互联网企业限制，以及欧盟等对 Facebook 数据传输的限制，均表明各国或地区希望能在数据安全规制上占据一定的主导权。

2018 年欧盟以《通用数据保护条例》的形式扩张了自身对数据监管范围，不仅将所有向欧盟公民提供数据服务的企业纳入监管范围，且不论是否在欧盟使用数据设备，明确了数据主体的保护与接受监管的义务，增强被监管者遵循数据监管要求的能动性，并通过"白名单"（即接受并认可欧盟数据管理规则）的形式强化欧盟与授予"绿色通道"国家的数据流通与合作，在此条件下，呈现出一定的保护主义及数据跨境壁垒。自《通用数据保护条例》生效以来极大影响了包括日本、澳大利亚及中国在内的多个国家的数据保护，相应的法律法规的出台，在不同程度上参考了《通用数据保护条例》相应的内容。因此在某种程度上来讲，欧盟通过《通用数据保护条例》将其监管标准通过长臂管辖的方式进行推广形成全球数据监管的标准，促使各国企业为进入欧洲市场必须遵循其标准与规则，进一步巩固自身的数据主权。

数据保护不仅仅关乎数据安全与跨境监管，更是各国/地区全球战略竞争的一部分，在汽车新四化浪潮之下，智能网联汽车产业的发展尤其是 V2X 技术的应用，全球汽车搭载智能网联功能成为大势所趋，涉及的远程信息服务的网络信息安全问题也愈发受到关注，《通用数据保护条例》成为任何汽车企业进入欧盟市场必须跨过等门槛。欧洲各国汽车数据安全相关法规也日趋完善。如德国在 2016 年颁布《使用联网和非联网车辆时的数据保护》，2017 年英国推出《智能网联汽车网络安全关键原则》，以加强数据储存

与传输的管制,欧盟在《通用数据保护条例》颁布前后针对智能网联汽车分别颁布了《欧盟网联汽车战略》与《车联网个人数据保护指南2.0》以强调汽车数据治理规则,并在指南中强调"网联车辆下任何涉及处理个人数据的数据处理情形均适用《通用数据保护条例》"[1]。

欧盟各成员国依托《通用数据保护条例》相关要求配备相关人员(即数据控制员 Data Controller、数据处理员 Data Processor 以及数据保护官 Data Protection Officer,简称 DPO)进行数据监管,根据《GDPR Enforcement Tracker Report》数据显示,自 GDPR 实施以来,平均每年处理 300 余件,其中按照罚款金额计算,排名前三的是行业媒体、电信和广播业、工商业及交通和能源行业。其中,涉及汽车领域的典型为 2022 年大众汽车公司因在为避免交通事故而进行的驾驶辅助系统的研究过程(Forschungsfahrten)中,使用某服务提供商的数据保护违反《通用数据保护条例》第 13 条、35 条及第 83 条等,德国数据保护局对其处以 110 万欧元的罚款。[2] 而除了要遵循公平、透明和合法等七大数据处理原则,在智能网联汽车还存在一个重要数据议题即"数据跨境传输"规则。对于汽车全球贸易而言,网联汽车数据跨国流通是无法避免的,但根据《通用数据保护条例》要求,针对数据在欧盟与"第三国"(Third Countries)流动时,需要同时满足三个要求,即数据输出方(控制者或处理者)受《通用数据保护条例》管辖、输出内容为其境内个人数据、数据接收方为第三国或是国际组织(且不论其是否域外适用《通用数据保护条例》)。由于欧盟控制/处理数据行为地属《通用数据保护条例》管辖,常见的数据跨境传输的类型,包括欧盟的子公司控制数据,第三国母公司接收/处理,以及第三国企业将其数据委托欧盟企业

---

[1] European Data Protection Board. Guidelines 01/2020 on processing personal data in the context of connected vehicles and mobility related application[EB/OL]. (2021-03-09)[2023-06-16]. https://edpb.europa.eu/our-work-tools/our-documents/guidelines/guidelines-012020-processing-personal-data-context_en.

[2] Der Landesbeauftragte für den Datenschutz Niedersachsen. 1 Millionen Euro Bußgeld gegen Volkswagen[EB/OL]. (2022-07-26)[2023-06-16]. https://lfd.niedersachsen.de/startseite/infothek/presseinformationen/1-1-millionen-euro-bussgeld-gegen-volkswagen-213835.html.

处理后再传回的。但针对未在欧盟设立经营实体,且收集、处理与传输的数据非欧盟公民的不受《通用数据保护条例》管辖。鉴于此,《通用数据保护条例》对于数据安全的监管,在一定程度上形成了境内外联动的局面,不仅在境内形成严格的欧盟数据监管标准,同时也通过对域外企业严格的审查制度,将其标准拓展为"国际标准",掌握了对欧盟个人数据的绝对主权与全球数据规制的话语权,从国家/地区监管的宏观层面形成了绝对的数据壁垒。

而美国更是凭借自身在数字技术上的领先优势,倡导全球数据跨境自由流动,反对数据本土化存储。美国除了在本国范围内设立相关数据保护法律,为加强自身对全球数据产业的主导权,通常将数据流动的监管要求落入与贸易伙伴签订的双边协议中,并通过区域合作协议强调自身的数据监管的主导权,如美墨加协定、亚太经合组织下的跨境隐私规则(APEC Cross-Border Privacy Rules System,CBPR)、《跨大西洋数据隐私框架》及"五眼同盟"❶ 等,形成了以美国为中心的数据治理同盟,不仅增强了数据跨境执法的便利程度,同时因数据资源与技术实力的差距,形成某种贸易壁垒,不断边缘化"不被欢迎"或互联网技术薄弱的国家。

汽车全生命周期的数据调用、风险排查、复盘与研发是下一代汽车系统更迭、实现个性化服务的基础性资源及重要考量。但其广泛的数据收集、大量的数据传输使得汽车贸易带来的数据主权问题成为各国数据合规监管的重要内容。国外对于数据信息采集的各项要求与规定,依托自身在数据算法、处理与应用上的优势,形成了一定的技术与市场准入壁垒。一旦汽车出口,既需要遵循当地政府规制的数据合规要求,也需要提高研发成本适应国际法规要求,若当地为保护自身汽车产业的发展,动辄以数据安全乃至国家安全为由向中国企业发起调查,或影响企业的社会声誉,或纰漏可能涉及商业秘密的数据信息,或阻止中国相关企业进入市场,限制其数

---

❶ 五眼同盟又称五眼联盟,为共同对抗以苏联为首的华约组织,1946 年英美两国签订的"英美防卫协定"(UKUSA Agreement),后来成员扩大至包括英国的三个自治领加拿大、澳大利亚和新西兰。1948 年,英国与美国、加拿大、澳大利亚、新西兰等国家共同签署了电子间谍网络协议,旨在使这五个英语国家联盟间进行情报分享与联合拦截敌国情报。

据向中国流通,其本质可能是将中国排除在全球主流数据流通圈外,而从更长远的角度来看,若中国相关企业就此将数字化资源集中在国内市场,不与全球主要经济体实现数据流通,也极有可能与国际产业链供应链"脱钩"。因此,数据监管与处置不再是简单的合规问题,而是涉及国家安全、跨境监管、数据流动、产业保护等多项因素的潜在权衡,也成为汽车出口的另类"壁垒"。

随着中国的快速崛起,以及新能源汽车的快速发展,除了常规的科技竞争战略,越来越多地动用国家力量,通过"技术脱钩""产业脱钩"、出口管制措施乃至"数据治理"等形式,增加新能源汽车产业风险,同时借助自身在数据合规等方面的经验积累,通过联盟或长臂管辖的方式,以维护其各类监管主权。尽管汽车产业总体上遭遇的知识产权贸易壁垒相对较少,但随着产业走出去步伐的加快,海外市场份额的提高,当产业核心竞争力威胁到西方国家相关产业发展时,不排除其以国家安全为由进行制裁,尤其是当前半导体行业已经限制的情况,中国相关方不得不做好相应准备。

本章详细阐述了当前全球汽车企业国际竞争过程中常见的主要知识产权贸易壁垒类型。总体看,既有竞争对手出于争夺市场份额目的制造的专利权滥用壁垒,也有伴随产业交叉导致的技术和知识产权寡头挑起的技术标准型壁垒,更有有心企业或个人恶意发起的商标抢注行为和滥用商业秘密诉讼行为,以上壁垒已成为企业间实现商业竞争的一种惯用手段。此外,美国"337调查",以行政手段赋予权利人更多的选择,并利用"实体清单"对贸易伙伴国发起以国家利益主导的具有歧视性的知识产权贸易壁垒,以实现产业利益博弈和贸易遏制的目的。随着全球高端制造业竞争的加剧,以及汽车产业涉及的产业链条更加复杂,使得各国为抢占新赛道的国际技术与竞争的话语权,利用国家制度或立法形式树立产业或贸易壁垒的方式更加频繁,在科技竞争的新形势下,以美国为首的国家逐步形成针对中国高新技术发展的遏华圈子,阻碍中国相关技术的获得与产业的发展,其本质是捍卫自身在全球的知识产权领导地位和经济及科技霸权。

第五章

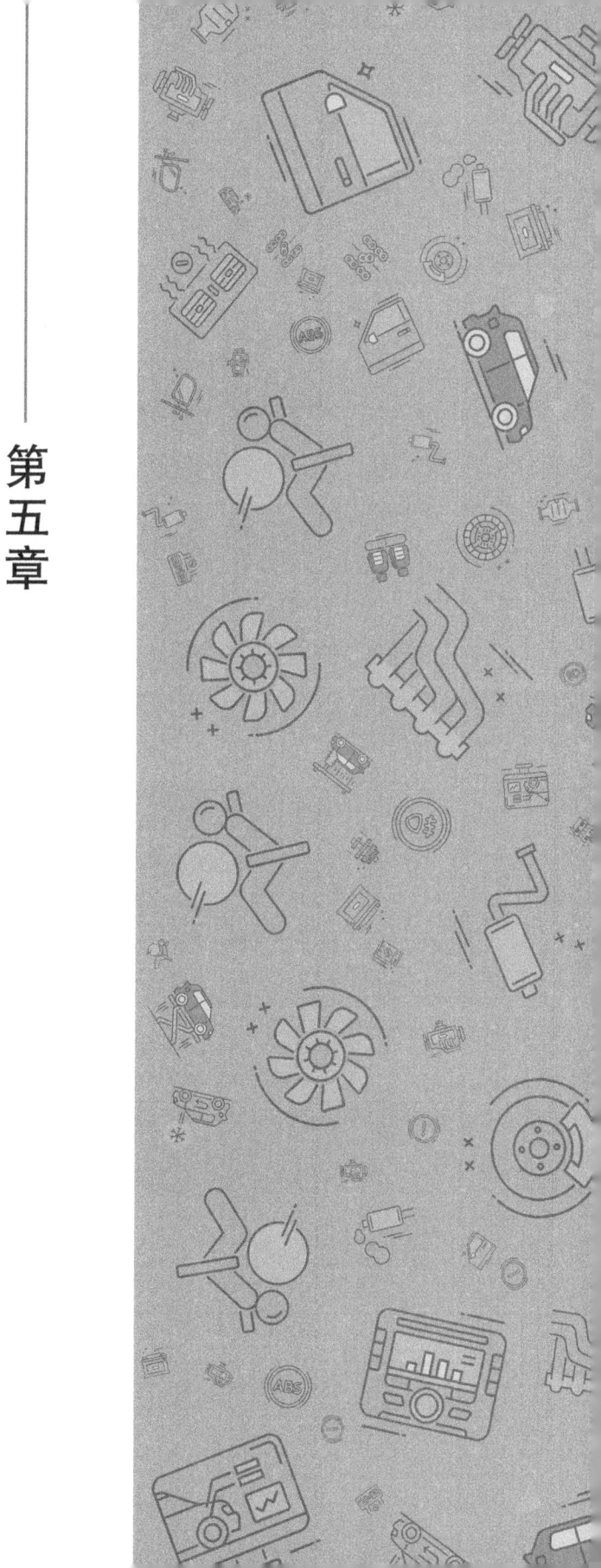

汽车产业遭遇海外知识产权贸易壁垒时的应对策略

第五章 汽车产业遭遇海外知识产权贸易壁垒时的应对策略

随着广东省越来越多的自主汽车品牌走出国门，车企在国外遭遇的知识产权贸易壁垒逐渐显现，除了美国"337调查"、商标被抢注等壁垒形式外，标准必要专利许可、专利权滥用、商业秘密滥用、产品召回等风险也日益凸显，急需提前研判和制定应对策略。从调研了解到的情况看，目前企业尚存在海外知识产权保护不足、因行业内海外知识产权纠纷不多而风险防范意识不强、针对潜在风险有预判能力但因缺乏应诉经验而无所适从，以及对标准必要专利许可问题的急迫性认识不够等问题，这是由汽车产业出口发展的阶段性决定的。随着广东省汽车出口规模的扩大和全球市场份额的提高，出口涉及的知识产权贸易壁垒问题将会逐渐显现甚至在某一阶段爆发。为此，建议从以下方面提前应对。

第一节 美国"337调查"的应对策略

一、加快科技创新，提升企业自主创造能力

创新是引领发展的第一动力。如前所述，专利纠纷是全球汽车企业涉美国"337调查"的主要案由。为此，企业应继续加大研发投入，加快科技创新，始终坚持把掌握"核心技术"作为安身立命之本，根据行业发展状况和自身能力最大限度进行专利技术积累。企业应与行业龙头、高校和研发机构等多元合作，全力突破关键核心技术，夯实基础研究能力，提高企业自主创新和协同创新的能力，不断地寻找技术突破点，努力掌握更多具有自主知识产权的关键核心技术，牢牢把握创新和发展主动权，打破国外的技术壁垒，从源头上避免侵权行为的发生。企业要在专利技术创新上善于"借力而为"，充分利用政府、行业协会提供的政策资源、信息资源、人力资源、资金资源等，构建以企业需求为主导，科研院所、服务机构等多方参与的协同体。充分利用好国家对高新技术企业的资金支持、产业扶持，建立资金支持、企业持续性研发产出、产业扶持三者联动创新机制，形成良好的技术研发生态，实现可持续性成长。

二、建立成本分摊机制，提升企业联合应对能力

全球汽车产业的"337调查"案件中，缺席企业共46家，其中76.09%的缺席企业被颁布普遍排除令、禁止令或有限排除令；而积极应对"337调查"的汽车企业中，超过九成的应诉企业获得了申请人撤诉、和解或同意令和不侵权等有利结果，仅有5.86%的企业被裁定侵权并颁布排除令和禁止令。由此可见，积极应诉是企业应对"337调查"的优先策略。部分企业缺席不应诉的主要原因是应诉成本高昂超出了企业的承受能力。尤其是中小企业受自身实力限制，面对"337调查"往往采取不应诉策略。考虑到被申请人经常会对行业内的多家企业提起"337调查"，因此，建议由行业协会或龙头企业牵头，尽可能地发动所有被调查企业联合应诉，组织力量、整合资源、共同应对，建立涉案产品金额与应诉成本对称机制，分摊成本，调动企业应诉的积极性，通过联合应诉实现资源和相关证据的共享，提高胜诉概率。与此同时，鼓励有条件的行业协会联合企业、律师事务所、金融机构等共同推动建立海外法律援助联盟或应对基金，构建常态化的应对美国"337调查"资金储备池，通过行业集体应诉或企业按一定规则使用应对基金的方式，降低应诉成本，提高企业应诉能力。

三、加快推出海外知识产权保险工具，提升企业风险转移能力

发达国家积极运用保险工具转嫁企业潜在海外知识产权风险。中国知识产权海外保险制度刚刚起步，政府的支持对知识产权保险的健康发展和企业海外市场抗风险能力具有重要意义。建议政府加快推进和完善知识产权保险制度，继续与保险机构对接，设计出更多更贴合企业实际需求的保险产品；鼓励企业购买知识产权海外侵权责任险，转嫁海外风险，遇到海外知识产权纠纷时敢于且有实力积极应对，捍卫自身利益；建立政府再保险制度，对风险进行保险，消减保险机构后顾之忧，使得险企敢于承保，进而更多出口企业受惠，为企业开拓海外市场保驾护航。

他山之石之案例参考 1：
纳思达采用多种抗辩策略积极应诉并获不侵权裁决

全球打印耗材的专利技术和市场主要掌握在爱普生、佳能等日本打印机生产厂家手中。广东省打印耗材产业通过后进发力成长为全球通用打印耗材重要生产基地。面对广东省企业的市场冲击，爱普生、佳能等国际巨头频繁利用"337调查"构筑贸易壁垒。2019年，纳思达成功在由佳能发起的337-TA-1106案件中获得不侵权裁决，其应对策略为我国企业提供重要参考。

2018年，佳能及美国关联公司以专利侵权为由对纳思达发起"337调查"，纳思达首先明确了积极应诉的态度，迅速聘请专业律师团队准备答辩。在答辩过程中，纳思达提交多份证据，并采取多样化的应对策略，包括提出未有不正当的行为/未参与不正当的竞争、无侵权行为抗辩、涉案专利无效抗辩、主张首次销售原则（专利权用尽原则）和维修的默示许可权抗辩、申请人专利权滥用抗辩、禁止反言原则抗辩、申请人缺乏国内行业抗辩和采纳其他申请人的辩护理由。在全案最关键的马克曼听证会环节，纳思达指出申请人专利权利要求中的专业术语解释过于宽泛，并提交了更加限缩的解释提议，以避免涉案专利的权利要求与自身专利交叉重合。行政法官随后作出了有利于纳思达的专利权利要求保护范围限制性解释，并最终裁定纳思达不侵权。

纳思达能够获得不侵权裁决有赖于在以往案件中积累的丰富经验，借助国际专业律所的力量，将积极应诉的态度和灵活多样的应诉策略贯彻到底。同时，纳思达通过加强自主创新、收购行业领先技术及兼并产业链上下游企业等举措强化专利技术积累，从根本上突破国际巨头的技术壁垒。本案胜利也是中国通用耗材行业遭遇"337调查"以来具有里程碑意义的胜利。

（资料来源：根据中国贸易救济信息网和美国 EDIS 数据库相关信息整理）

第二节 商标被抢注和侵权的应对策略

一、尽早开展海外商标布局，做好抢注风险前置规划

企业应树立"商标先行"的意识，在计划出口的国家和地区尽早进行商标注册并适当增加商标储备。商标布局要同时考虑法律保护和市场导向的需要。一方面要提前熟悉目标市场的商标保护法律体系和当地汽车行业的商标保护习惯及做法，重点关注知名品牌的驰名商标保护、商标恶意抢注等法律风险；另一方面要重点研究国内外龙头企业或竞争对手的商标注册习惯，在汽车型号、广告口号、产品卖点、产品外形、产品颜色等方面汲取海外商标布局的优秀经验和做法。同时，企业在确定当地合作方前应开展诚信调查工作，在合同中明确对合作方商标侵权规制措施。不同合作方的规制重点不同，对生产合作商应规制其将含有商标的标识申请注册，对产品经销商、代理商应规制其将商标作为商号申请企业登记，对商标代理人应规制其将与商标相关的保密信息透露给第三方。在合作过程中应注意追踪执行合作协议中的规制措施，一旦发现抢注行为保存侵权证据，并及时采取法律措施予以打击。

二、完善海外知识产权服务配套措施，加强海外商标监测和风险评估

商标竞争已成为海外竞争对手阻碍他国企业拓展海外市场的重要手段之一。全球各国商标申请量巨大，且各国商标注册使用的语言不同，国内企业在获取各国商标公告及查阅相关资料时存在及时性、准确性和语言方面的问题，极有可能导致企业错过提出商标异议的时限。而一旦错过异议时限，则只能采取与对方谈判或等商标注册以后再采取撤销或无效宣告的措施，这将大幅度增加企业维权的时间和成本。因此建议除了加强相关政策宣贯外，基于汽车行业的商标纠纷形式、解决方式及结果等情况等开展区别化研判、编制应对指南或出口合规信息指导，形成可落地的细分风险预警机制。支持和指导行业协会建立重大纠纷风险通报机制，健全快速响

应窗口和服务热线的反馈渠道，通过收集整理会员单位的商标名录，进行全球商标监测，主动了解掌握行业内商标注册信息，关注是否有他人注册相同或近似商标等预警信息。一旦发现与企业商标相同或近似的他人商标公告，及时通知并协助企业采取提出商标异议等解决方式，或委托专门的服务机构进行处理，争取将损害降至最低。同时，企业在可以利用专业的商标监测数据库定期开展海外商标监测，对于产品重点市场可以委托当地的代理机构协助监测，并定期开展商标检索排查弥补商标监测可能遗漏的商标数据，综合利用各类手段维护自身商标权。

三、增加重点市场法律资源储备，综合评估并制定被抢注商标应对策略

针对重点出口市场，企业通过诸如当地政府知识产权部门、中国驻海外知识产权保护机构等当地公共服务资源，积极开发当地的律所资源，增加当地知识产权法律人才储备，利用法律资源整理各个国家商标保护制度、商标注册审查标准和商标诉讼程序，收集并分析商标保护重点案例，建立起企业自身的法律资源储备库，综合评估商标保护与被抢注的应对方式。针对当前商标被抢注行为，抢注者的目的大多是逐利，索要巨额"赎金"或提出代理要求等。纵观当前被抢注的商标一般都是具有一定知名度的品牌，因此，一旦商标被抢注，都将给企业及其品牌造成巨大损失。面对这一情况，企业应综合评估商标维权的各种成本和预期收益，再确定是放弃现有商标还是坚决维权。若确认维权，可根据纠纷的性质、抢注方目的及自身的商业战略等多种因素综合考虑纠纷解决策略，如协商、商标异议、撤销或无效乃至诉讼程序等。

他山之石之案例参考2：

五粮液在韩国通过商标异议程序夺回被恶意抢注的商标

"五粮液"商标在1991年被评为中国"十大驰名商标"，并获得众多国际奖项，知名度享誉全球。2003年，五粮液发现该商标的拼音在韩国被抢注后，迅速启动商标异议程序，最终成功夺回商标权。

2003年2月14日，五粮液监控发现"五粮液"的拼音"WULIANGYE"在韩国被注册为商标，此时距离异议期限只剩下9天，五粮液迅速组

织专业律师团队提交异议申请并提交该商标作为国际知名商标使用在先的证据。申请中提出了三个有力的异议理由：一是被异议商标不仅在中国是驰名商标，而且在韩国也进行了大量的宣传和使用，在韩国消费者中享有较高知名度，应作为异议人在韩国的驰名商标加以保护。二是被异议人完全复制异议人现有商标"五粮液"的特定汉语拼音，违反公共道德秩序。三是被异议人采用不当手段恶意注册商标，误导消费者和混淆商品原产地，属于非公平竞争行为。在答辩期间，五粮液拒绝了被异议人以授权独家代理换取和解的提议，并在深入调查时发现被异议人此前曾抢注"红星""酒鬼"等中国知名商标，这也成为证明其恶意抢注动机的重要证据。2004年3月20日，韩国特许厅作出裁决，根据五粮液提出的观点和证据，确认引证商标在韩国被认定为驰名商标，被异议商标视为通过非公平竞争手段申请注册，误导消费者并造成商品原产地混淆，故驳回韩国被异议人的注册申请。此后五粮液也顺利在韩国提交中文标识和汉语拼音的商标注册申请。

五粮液在异议程序中成功的关键在于提供了证明驰名商标在先使用的充分证据。驰名商标比普通商标获得的保护范围更大、保护力度更强，可通过阻止相同或类似商标注册的方式得到保护。因此，企业应提前谋划驰名商标在目标市场的注册和宣传，建立商标监控和预警机制，积极利用驰名商标保护制度防范和化解商标恶意抢注风险。

（资料来源：根据中国国家知识产权战略网相关信息整理）

第三节　专利权滥用的应对策略

一、积极应对海外知识产权诉讼，提升企业市场竞争力

知识产权诉讼本质上是同业竞争者争夺市场的一种手段，只有积极应诉并且全面反击，才有可能争取最小的市场损失。在2020年至2022年三年间审结的美国联邦地区法院专利案件当中，"侵权"是最常见的判决结果，然而，在简易判决阶段，法院认定"未侵权"的判决是"侵权"的四倍之多。针对专利权人的滥诉行为，企业应坚持积极应诉理念，聘请海外知识

产权纠纷应对经验丰富的律师团队、联合其他被诉企业共同应对，通过提出未有不正当的行为、无侵权行为、无效抗辩、首次销售原则、维修的默示许可、专利权滥用、禁止反言原则、缺乏国内行业以及公共利益等多种策略进行抗辩。在应诉之外，企业还可以利用国内的行政或司法程序，依法提起诉讼或调查，制衡对方在中国的商业活动。对于企业自身确实存在侵权行为的，充分考虑企业自身的经济承受能力、海外纠纷应对经验等硬性条件可以考虑选择不应诉实现企业经济利益最大化。与此同时，借鉴同行在败诉后的及时补救经验，及时进行创新设计并推出具有自主专利技术的产品，抑或是转战其他海外市场或国内市场，最大限度降低败诉后的影响。

二、加强 NPE 行为模式研究，提升应对能力

NPE 拥有专利权但其本身并不从事生产经营，仅以专利作为武器获取收益，因此，NPE 发起的诉讼具有打击目标明确、目的性强的特点。广东企业在美国专利诉讼中，排名前十的高频原告中有七成是非专利实施实体。针对 NPE 这一类型的群体，建议梳理并动态跟踪海外活跃 NPE 机构持有专利和提起诉讼及"337 调查"信息，总结其行为模式和专利运营特点，定期或不定期向公众发布 NPE 基础信息和案件预警信息，帮助企业了解和掌握 NPE 的特性，增强应对能力。引导企业进一步研判 NPE 持有专利的价值，通过在诉讼中运用专利无效策略或实施专利收购策略，化危险为机会。同时，鼓励企业积极参与海外知识产权维权互助基金和海外知识产权侵权责任险，支持重点行业构建"专利池"，筑牢中小企业海外专利防御屏障。

三、树立知识产权保护与合规意识，规避潜在风险

企业应加强自主创新和技术研发，从源头上避免自身知识产权侵权问题，同时积极采取"抱团"的方式，参与行业、国家甚至国际标准的制定，利用中国当前在汽车行业的领先优势，抢占产业发展制高点，争做技术标准的主导者。协会应充分发挥行业组织作用，通过定期发布海外市场知识产权信息，并通过对接律师、专家的人才库等渠道，组织汽车出口企业研

究学习相关涉外典型案例分析，总结应诉策略等帮助企业提升海外知识产权应对能力；同时积极搭建企业联系的桥梁，增强行业发展的凝聚力，通过诸如共同应对海外纠纷或参与专利许可费谈判以及资源信息共享等，降低企业发展及出口合规等风险应对成本。政府应加强知识产权公共信息服务供给力度，加强知识产权标准宣贯，编制知识产权出口合规指引和纠纷应对机制，多方通力合作，全面提升企业知识产权创造、运用、保护、管理和服务水平，高质量推进汽车产业发展。

他山之石之经验借鉴：

英特尔应对 NPE 诉讼策略

英特尔是半导体行业和计算创新领域的全球领先厂商，多次与 NPE 公司交锋。NPE 诉讼的普遍特点是诉讼双方当事人在制衡关系上的非交互性。即当实体企业遭受 NPE 起诉后，通常没办法提起反诉或者是采取其他的反制手段，或者是反制手段有限。NPE 方占据的主动权往往是超过了被告实体企业一方。当涉及"专利蟑螂"时，NPE 诉讼呈现出更多新的特点，主要表现为：一是根据相关国家法律法规提起禁令，以申请禁令相要挟；二是 NPE 提起诉讼的时间和地点具有倾向性，诉讼时间一般都是在实体企业已经进行了不可逆转的商业投资以后再提起相应的诉讼，而为确保诉讼能够得到更大的收益，诉讼地点也往往会选择对专利权人更友好的地区和法院；三是 NPE 持有的技术多为渐进式改良技术，"专利蟑螂"一般不是自己研发的技术，是从第三方购买的，从第三方购买的技术一般也不是第三方核心技术，一般都是渐进式、改良式的技术；四是 NPE 通常为投资基金控制，不以研发为基础。

在全球应对上，英特尔建议，企业需要针对诉讼频发的法域做好日常准备工作。一是公司内部需要聘用有丰富诉讼管理经验的法务，诉讼管理经验关键并不是指实际处理了很多专利诉讼案件，而是在诉讼过程中掌握了对各种关系的解读、维护以及协调能力。例如，如何协调公司内部各个部门、如何选聘公司外部律师、如何跟法院协调、如何协调和原告、其他被告之间的关系，甚至涉及政府关系的协调、媒体关系的协调等，这些都是有丰富诉讼管理经验的法务应该具备的能力。二是公司外部需要聘请有复杂诉讼应对经验的律师,因此公司法务在日常工作过程中就要多留意在复杂诉讼应对方面有丰富经验并且口碑良好的外部律师。

在具体案件的应对方面,企业可以这么做:一是企业要协调各诉讼地诉讼策略,以英特尔为例,英特尔应对全球诉讼一般会指定全球诉讼的总负责人,在诉讼发生地还有会有分负责人,通过定期组织全球会议如每周会议或每两周会议,确保总负责人跟分负责人之间充分的交流,以及负责人和外部律师之间有一个非常充分的交流。二是充分利用公司内部的技术资源,发挥好内部技术人员、外部技术专家的作用,进一步扩充在应对具体案件中的力量。三是深入研究禁令例外的情形,以中国为例,虽然中国几乎是自动适用禁令制度,但是有些案例里也显示出禁令例外的情形,如考虑公共利益、当事人利益重大的失衡等,我们会跟外部律师一起深入研究这些情形,把它和所处理的案件结合起来。四是做好打持久战的准备,专利诉讼尤其是大型NPE诉讼基本上都是以年为单位计算时间的,企业一定要做好持久战的准备,并且不要着急,要等到相关诉讼程序取得对企业有利的局面时,再去考虑和解、谈判的问题。

(资料来源:根据英特尔中国知识产权诉讼总监王欣公开演讲信息整理)

第四节　商业秘密恶意诉讼的应对策略

一、加强商业秘密内控管理,提升企业规范运作能力

纵观商业秘密诉讼案件,除了正当地维护权益外,更多的是相关利益方为实现商业竞争、打击对手等目的提起恶意诉讼的情形。鉴于当前各类数据的信息化管理对商业秘密保护提出了更高要求。当前汽车领域多数商业秘密纠纷由离职人员引起。因此,企业应加强人事制度管理,在劳务合同中明确商业秘密保护义务、违反保密和竞业禁止义务时需要承担的违约责任。对于中高级管理人员、业务部门核心人员、技术人员等可能接触或掌握商业秘密较多的重点岗位人员,实施更为严格责任的条款约束,以法律的威严来约束离职人员的个人行为,确保离职人员不利用商业秘密牟

利、不以任何形式泄露企业商业秘密；对于新加入的技术骨干，应厘清其与前东家之间是否涉及商业秘密或其他知识产权归属等问题，明确界定权责利关系，确保不因个人的岗位变动给企业带来潜在的风险。

此外，企业内部应建立完善的商业秘密保护管理规定，增强员工责任意识的同时，建立商业秘密保护责任制并实施分级管理，明确管理者、技术负责人等关键岗位商业秘密知晓者的保护职责和等级。针对数据商业秘密，完善开发工作管理制度，有效实现技术与数据相分离，需要对外提供或者相互交流的数据，应及时完成脱敏处理，去除涉及商业秘密的数据采集方法、算法或程序等。

二、加强对外合同管理风险前置，提升企业商业秘密保护能力

当前商业秘密诉讼除了离职人员带来的纠纷，伴随汽车产业升级带来的技术合作/外包的增加，合作结束或破裂带来的商业秘密纠纷也较为常见。因此，企业在技术转让、开发、许可等相关的技术合作协议、委托加工等过程中，应在合同之初做好尽职调查，全面梳理自身的保密需要和保密义务，综合评估合同履约过程中潜在的风险，以及知识产权的权属问题，尽可能在签订合同中明确约定风险事项处理、保密义务、反向工程等争议争端的解决，做到风险前置。同时，履约过程中，企业除关注自身的商业秘密保护，应采取有效措施尽到自己的保密义务避免造成对方商业秘密泄漏。同时，在技术研发过程中做好开源软件、委托技术权属等多项内容的排查，从根源上杜绝商业秘密纠纷的发生。

三、警惕"开放性"资源带来的纠纷，做好商业秘密合规管理

鉴于当前汽车产业智能化与网联化的发展，所涉行业的技术性强，商业秘密的保护范围也逐步向软件系统与相关代码扩展，而开源软件及Github仓库的技术信息共享等也带来更多的软件著作权侵权问题。从当前商业秘密纠纷情况来看，出于开源软件或"公共仓库"上传失误造成的软件著作权与商业秘密纠纷不在少数。因此，企业应当做好软件源代码的登记与保护，规范开源代码与软件开发共有仓库的使用与排查，从人员培训、制度

规范等源头上避免相关纠纷的出现。此外，鉴于汽车软件的快速更迭，头部企业针对相关技术实施"开放式许可"，并明确不会追诉善意使用其专利技术行为，但在具体实施中对于善意使用的界定以及要求使用方对等授权、许可方侵犯被许可法商业秘密等知识产权时也不能起诉等要求，使得企业一旦轻易使用相关"开放式"技术后，面临的侵权与否的界定、自身相关技术公开的主动权以及能否维护自身知识产权等均造成一定的影响。因此，企业需要高度警惕，综合评估"开放性"资源的合规使用以及影响，全面梳理相关资源使用的潜在风险，避免不必要的商业秘密纠纷出现。

四、建立健全跨境商业秘密保护援助体系，提升企业风险应对能力

商业秘密作为各国间进行经济、科技、政治博弈的重要抓手，已上升为维护国家经济安全、技术安全与信息安全的重要战略资源，需引起高度重视并综合施策加以保护。政府加强商业秘密保护意识、国家相关政策及其他国家或地区合规信息的宣贯培训，提升企业自我保护、合规经营的意识和能力，同时结合各地经济发展特点，研究建立海外维权案例数据库，加强案例分析研究，并结合企业"走出去"实践需要，加强涉外案件的快速响应、跟踪分析和风险预警工作，支持企业海外维权，逐步建立涉外商业秘密保护援助体系。为企业在海外商业秘密诉讼中提供专业指导，帮助企业制定商业秘密海外诉讼应对策略，提升企业海外知识产权风险应对能力。

第五节　技术标准型贸易壁垒的应对策略

一、积极参与制定国际标准，提高技术标准主导权

市场竞争的最高层次是技术标准的竞争。谁掌握了标准的制定权，谁的技术成为主导标准，谁就掌握了市场的主动权。伴随着气候变化逐步成为全球性政治议题，各国陆续宣布到21世纪中叶将达到净零排放目标，中国"双碳"目标的提出标志着新的发展范式的兴起。新能源汽车在实现碳中和目标上，将产生巨大的推动作用，将引发汽车、能源、人工智能三场大变革。建议企业加强自主创新，延续在新能源汽车领域弯道超车的竞争优势，在汽车、通信和人工智能等新兴技术融合发展中突破创新；同时，坚持标准领先战略，树立"技术专利化，专利标准化，标准国际化"意识，积极参与制定行业标准、地方标准、国家标准甚至国际标准，积极推动自主知识产权和重大专利技术形成技术标准，加强拥有自主知识产权技术标准的推广和运用，抢占产业发展制高点，争做技术标准的主导者。通过将专利技术标准化，控制并引导标准的发展方向，与竞争对手之间建立技术壁垒和知识产权壁垒，有效地阻止竞争对手的跟进和模仿，提高企业市场占有率和核心竞争力。

二、加快制定标准必要专利相关政策，提高国际话语权

在融合技术的迅猛发展和超链接社会的背景下，标准必要专利是不可或缺的技术。主导标准技术和持有标准必要专利的国家和企业可以获得巨额许可费，掌握市场的发展趋势，成为区域经济集团的引领者。而专利实施企业为了实施标准必要专利需要支付巨额的许可费，在市场竞争中也处于不利的地位。为此，欧盟、美国、日本、韩国等发达经济体均制定了标准必要专利相关政策，并于近年不断修改完善，加快相关产业标准必要专利布局。而中国尚未制定专门的标准必要专利政策，相关内容散见于行政法规、部门规章和司法解释之中，因此，建议加快标准必要专利相关政策，组织编写标准必要专利实务指南指导企业积极参与标准必要专利的制定、运用和应对等策略，提高标准必要专利国际话语权。

三、加强专利联盟行为模式的研究，提高应对能力

目前，专利联盟主要集中在以美国为首的发达经济体，标准必要专利许可问题主要集中在通信行业，并随着各产业智能化、网联化的纵深发展向智能家电、汽车等产业辐射。首先，建议梳理全球现有专利联盟，分析研究其许可人信息及持有标准必要专利所属的技术领域、标准必要性及专利池中所占份额情况，了解其专利池许可模式及许可诉讼和禁令等信息，

评估许可费率合理性，提前做好应对。其次，加强跨行业间互动交流，特别是加快推动通信行业与汽车、家电等行业之间的经验分享，以"他"经验促自身应对能力。最后，政府可考虑鼓励或推动在某些成熟技术领域建立并运作中国的标准必要专利池，以提高中国企业的应对能力。

四、建立健全产业合作机制，完善发展生态

在全球新能源汽车产业迅速发展及布局之下，国外企业通过利用技术开源或"低价开放"的方式吸引更多的企业能够借其技术快速融入新能源汽车发展，不仅加强企业合作，也极大提升了自身技术的普适度，进而逐步形成以其技术为核心的技术联盟，当达到一定规模后，相关技术标准必然成为行业标准。因此建议国内企业加强技术合作，避免无效"内卷"，尤其是头部企业评估自身技术后，适当进行开源或有偿开放，提高技术的应用广度。在当前多数国外传统车企寻求技术转型之际，我国新能源汽车凭借技术优势加强合作，在提高中国新能源汽车技术与其的匹配度的同时，增强双方合作黏性，推动我国技术标准适用规模的拓展，积极打造"知识产权反向构建技术标准"模式，进一步增强在新能源技术领域如电池桩等技术上标准话语权，同时借助合作方在海外市场的渗透率增强自身在相关市场的推广度，实现"技术—标准—市场"的新生态模式，以适应国际竞争中基于知识产权开展的竞争形式。

他山之石之经验借鉴2

华为的知识产权创新之路

华为从30年前一个小的民营企业发展成为世界500强，成功从技术追随者转身为技术领导者，正是通过尊重和保护知识产权、通过持续创新获得发展的写照。截至2022年年底，华为在移动通信、短距通信、编解码等多个主流标准专利领域居于领先地位，已经有数百家企业通过双边协议或专利池付费获得了华为的专利许可。华为在知识产权创新方面的成功主要体现在以下因素：

一是高度重视技术创新与研究。华为坚持每年10%以上的销售收入投入研发，重视基础研究投入，整合全球研发资源成立了2012实验室，作为创新、研究和平台开发的主体，现有约 15 000 位数学家、物理学家、化学家等从事基础研究。华为坚持开放式研究与创新，广泛吸纳全球产业链的创新成果，快速推出质量、性能领先的产品与服务，创造了多个业界第一。2022 年，华为研发投入达到 1615 亿元，占全年总收入的 25.1%，在 2022 年欧盟工业研发投资排行榜上位列第 4 位；研发员工超过 11.4 万名，占员工数量的 55.4%。

二是重视自有知识产权保护。持续的研发投入使得华为成为全球最大的专利持有企业之一。华为从 1995 年申请第一件中国专利开始，持续在中国、美国和欧洲专利局进行专利布局。截至 2022 年 12 月 31 日，华为全球共持有有效授权专利超 12 万件，90% 以上为发明专利。华为是累计获得中国授权专利最多的企业，连续五年专利合作条约（PCT）申请量全球第一。

三是积极参与国际标准制定。华为积极参与 ETSI、ITU、IEEE、CCSA 等主流产业标准组织的标准和知识产权政策的制定。截至 2022 年年底，华为在全球近 800 个产业组织中，如标准组织、产业联盟、开源社区、学术组织等，担任超过 450 个重要职位，成为 ICT 行业主要标准和开源组织的主要贡献者；每年发表学术论文 100-200 篇；在无线通信领域已向主要国际标准组织累计提交 122800 多篇标准提案；与 3GPP、5G-ACIA、AII、Apache、CCSA、IIC、ETSI、ECC、Linux 基金会、Eclipse 基金会、开放原子开源基金会、电信管理论坛、NetworkEurope、全国汽车标准化技术委员会（NTCAS）、汽车开放系统架构（AUTOSAR）等形成深层次沟通与战略合作，并促进中欧产业组织间的深度协作、标准互认等。

四是尊重他人知识产权。华为积极履行 FRAND 许可谈判义务，自 2001 年签署第一份专利许可协议至今，已与诺基亚、爱立信、高通、北电、西门子、阿尔卡特、BT、NTT Docomo、AT＆T、苹果、三星等行业主要权利人/厂商签署 100 份以上专利（交叉）许可协议，历史累计支付专利使用费超过 60 亿美元；以积极友好的态度，通过交叉许可、商业合作等多种途径解决知识产权争议。

五是以组织、制度和流程确保知识产权管理合法合规。华为颁布了多项关于知识产权保护的管理规定，建立了覆盖全公司各个业务领域和功能部门的合规管理组织，由首席法务官兼任首席合规官，全面负责公司经营活动的合法合规，定期例行优化关键业务流程合规控制点，持续开展管理改进。华为要求员工入职时签署《知识产权和商业秘密保护承诺书》，定期参加知识产权合法合规课程培训，每年开展员工商业行为准则 BCG 学习和承诺签署、开展自查自纠。

六是积极参与世界主要司法区域的立法、知识产权相关产业政策修订活动。积极参与中国知识产权保护相关法律法规立法、修法活动，将国际司法实践引入中国司法程序，促进中国知识产权保护水平与国际接轨；推动全球范围内知识产权司法标准的不断完善。如欧盟最高法院（ECJ）2015 年以华为命名的"关于标准必要专利适用禁令救济的指导意见"，就是在华为作为专利权人的案件中给出的，该指导意见成为迄今企业间就标准必要专利开展许可谈判、法院裁定救济手段的基础准则；积极开展主要国家知识产权局以及世界知识产权组织的合作与交流。

（资料来源：根据《华为创新与知识产权白皮书 2019》《华为创新与知识产权白皮书 2020》《华为投资控股有限公司 2022 年年度报告》整理，相关内容详见华为官方许可网站 https://www.huawei.com/cn/ipr）

第六节　国家战略驱动的知识产权贸易壁垒的应对策略

一、多手段降低国外召回，提高国际标准制修订话语权

一是提高技术合规标准，降低国外召回影响。汽车故障所带来的安全隐患及社会舆论的影响远高于其他消费品，一旦汽车品牌因故障召回必然带来潜在消费者的流失，不仅影响汽车品牌形象，也将影响品牌声誉以及后续汽车换代的市场竞争。因此，当前汽车企业在出口过程中应持续关注相关技术法规与标准最新动态，积极响应目标市场的最新技术要求，减少产品被召回的频率，降低市场口碑、召回成本等损失。同时在多数国家或地区的现行召回制度下，一旦厂商未对公布的缺陷产品发起召回造成质量安全事件时，相关利害关系方将面临民事处罚或刑事责任，鉴于中国在当

前国际市场中零部件作为主要的召回产品,以及 OEM 的生产方式,相关制造商可进一步加强产品召回风险管理与控制,利用产品供应协议以及销售协议,限定产品召回的启动条件以及责任归属的约定,做好风险前置。而一旦确定责任归属后,相关企业应充分利用好各国或地区监管机构对涉案产品初步决定测试与召回信息发布的时间空当,向监管机构提供详细的产品信息力图以证据劝服取消召回,若召回无法避免,也可通过证据信息尽可能降低召回损失,避免由国外经销或合作方掌握召回的主动权,不计成本,任意采取召回措施,增加中国供应商的成本。

二是加强技术研发,多方合作完善国际标准布局。当前缺陷产品召回的背后是技术标准与知识产权的博弈,谁掌握了技术话语权即掌握了制规权,在国际市场竞争中具有较强的优势地位。作为当前全球减能减排下汽车发展的重点路径,各国或地区正在抓紧新能源汽车技术、相关配套设施技术研发与标准制修订,中国在新能源汽车领域拥有着先发优势,相关企业应重点就优势技术进行知识产权保护并推动技术标准出台,利用自身的技术先进性推动标准的国际化,强化技术规制的话语权,同时针对趋势性技术,加强技术创新与研发,力图掌握底层技术逻辑,巩固新能源汽车技术在全球竞争中的优势。除了相关企业加强联合推动国外市场的配套性设施的建设,政府层面可就汽车出口的主要市场尤其是"一带一路"国家基础设施的援助或合作过程中,重点提高中国新能源汽车相关配套设施的匹配度,为中国汽车企业在相关国家的布局与市场占有提供相关辅助,以此产品的适配度提高技术标准的适用广度。此外,积极利用中国作为汽车消费大市场的优势,推动本土汽车研发技术尤其是新能源汽车技术向国家技术法规转化提高中国技术标准对于国外企业的规制。

二、加强创新与合作,内外并举降低"脱钩"风险

一是因势利导激励创新,提升企业竞争力。深化产学研用结合,通过财政拨款建立科研基金,聚焦核心技术攻关,重点解决产业链核心技术问题,在关键领域缩小与国外产业的技术差距。同时以政策配合与人才支持等形式推动战略性产业集群发展,加速技术创新产业化,形成产业集聚效

应。此外，通过多方共建搭建国际化创新合作平台，高效利用全球创新资源，在相关部门的引导下，完善产学研协同机制，针对"卡脖子"技术形成关键领域研究机构与主要企业之间实现资源共享，提高在关键领域的技术竞争实力，全面提升产业的核心竞争力。

二是警惕美国及其盟友形成"合围"之势，预先做好相应准备。美国及其盟友在应对中国的"不公平竞争"方面，目标清晰且一致，在经济制裁与出口管制等方面其盟友也推出相关措施，企图对中国高科技乃至其他领域形成"合围"。但从当前情况来看，美国政府实施对华经济"脱钩"，不仅需要本国企业的配合，也需要其盟友同调应对，在面对美国的"强制表态"的情况下，日本、韩国等国家所反映出来的两难局面来看，中国可以通过诸如利用美国及其盟友间的矛盾，或自身市场加强与其盟友的产业链深度合作，增强与相关国家间科技合作弹性，并积极利用市场优势促进跨国企业间合作，冲破政府间科技交流壁垒。同时充分利用 RCEP 等区域平台共振等方式，加强在关键领域的合作，增强"双赢"吸引力。

三、多管齐下增强企业合规能力，对接国际高标准数字经贸规则

一是加强内部资源整合，建立并完善适用于跨境数据安全保护的管理体系。不管是欧盟的《通用数据保护条例》还是其他国家的数据监管条例，其重心仍是个人数据保护，但从中国目前数据治理体系的实操等情况来看，国内多数车企的车联网的数据保护集中在网联数据的安全上，忽视了对个人信息收集带来的隐私泄露隐患。因此，建议政府及行业协会通过加强跨境数据合规能力培训与宣传，加强相关政策宣贯增强企业数据合规意识，鼓励出境企业从早期技术研发层面提前做好数据安全与合规的布局，避免数据违规的发生。同时拓宽信息预警机制，基于不同国家涉及数据安全的案件、国外执法情况等开展研判、编制应对指南，形成可落地的风险预警机制，提高汽车企业及其相关软件/服务的供应商个人数据保护意识，从源头上明确数据处理的原则，增强自身遵循数据合规的宽度。

二是推动搭建与国际接轨的行业标准。与其他数字化产业不同，智能汽车数据安全问题更多地涉及技术层面而非法律适用性的问题。鉴于数字

处理与应用技术在汽车行驶中占据着重要作用，因此不仅涉及侵犯数据隐私，更是关乎驾驶安全乃至智能交通系统安全性的问题，其数据安全风险防控的市场前置也尤为关键，即车载产品/软件相关技术标准以及检测认证等。建议借鉴欧盟和美国数字管理条例相关配套的认证机制，积极推进产学研合作，构建智能网联技术安全标准体系实现监管前置，从智能网联主体的生命周期安全评估、汽车软件与整车安全评估以及数据应用系统安全、应用服务安全等层面加快构建适合产业发展又符合国际监管要求的标准体系。

三是加强区域合作，提高数据跨境监管与传输的效率。当前数据跨境流通已成为一种新型的经贸形态，但全球尚未形成一套标准、公认的数字治理与跨境监管模式，而伴随着数字贸易的推进，便利化的数字监管需要各国或地区从贸易、司法等领域进行制度或监管协同，以适应或提高数字经济水平。因此借鉴欧盟与东盟关于数据传输的标准合同条款等形式提高自由数据流通的互操性，或如韩国和英国就跨境数据传输达成充分性原则协议，推动与主要国家数字贸易合作深度，强化数据化的国际对接；同时伴随着全球数字治理主权的竞争背景下，在积极对接 CPTPP 等数字治理框架的同时，积极探索符合中国发展需求的数字治理格局，通过与 RCEP、"一带一路"国家的数据监管合作，构建中国式现代化的数据治理体系。

附 录

附录1 近年主要经济体出口管制政策

日期	国家/组织	发布机构	政策名称	政策出处
2023年1月	美国	美国商务部工业安全局	《实施额外的出口管制：某些高级计算和半导体制造项目；超级计算机和半导体最终用途；实体清单修改；添加澳门的控制更新》（Implementation of Additional Export Controls: Certain Advanced Computing and Semiconductor Manufacturing Items; Supercomputer and Semiconductor End Use; Entity List Modification; Updates to the Controls to Add Macau）	https://www.bis.doc.gov/index.php/documents/regulations-docs/federal-register-notices/federal-register-2023/3208-88-fr-2821/file
2022年10月	美国	美国商务部工业安全局	《实施额外的出口管制：某些高级计算和半导体制造项目；超级计算机和半导体最终用途；实体清单修改》（Implementation of Additional Export Controls: Certain Advanced Computing and Semiconductor Manufacturing Items; Supercomputer and Semiconductor End Use; Entity List Modification）	https://www.bis.doc.gov/index.php/documents/about-bis/newsroom/press-releases/3158-2022-10-07-bis-press-release-advanced-computing-and-semiconductor-manufacturing-controls-final/file

续表

日期	国家/组织	发布机构	政策名称	政策出处
2022年1月	美国	美国商务部工业安全局	《出口管制分类号0Y521系列补充——对新兴技术的控制扩展（专门设计用于自动化地理空间图像分类分析的软件）》（Export Control Classification Number 0Y521 Series Supplement- Extension of Controlson an Emerging Technology（Software Specially Designed To Automate the Analysis of Geospatial Imagery Classification））	https：//www.bis.doc.gov/index.php/documents/regulations-docs/federal-register-notices/federal - register - 2022/2893 - 87 - fr - 729 - 0y521 - extension - of - controls - on - emerging - tech - software - for - analysis - geo-spatial - imagery - 1 - 6 - 22/file
2021年10月	美国	美国商务部工业安全局	《信息安全控制：网络安全项目》（Information Security Controls：Cybersecurity Items）	https：//www.bis.doc.gov/index.php/documents/regulations-docs/federal-register-notices/federal-register-2021/2861-86-fr-58205-cybersecurity-items-10-21-21/file
2021年1月	美国	美国商务部工业安全局	《出口管理条例技术修正案：出口管制分类号0Y521系列补——专门设计用于自动化地理空间图像分类分析的软件扩展》（Technical Amendments to the Export Administration Regulations：Export Control Classification Number 0Y521 Series Supplement- Extension of Software Specially Designed To Automate the Analysis of Geospatial Imagery Classification）	https：//www.bis.doc.gov/index.php/documents/regulations-docs/federal-register-notices/federal-register-2021/2701-86-fr-461/file

续表

日期	国家/组织	发布机构	政策名称	政策出处
2023年6月	欧盟	欧洲理事会	《欧洲经济安全战略》（An EU approach to enhance economic security）	https://malta.representation.ec.europa.eu/news/eu-approach-enhance-economic-security-2023-06-20_en
2023年1月	欧盟	欧盟委员会	《更新欧盟两用物项管制清单（欧盟第［EU］2021/821号条例）》（Commission updates EU control list of dual-use items）	https://policy.trade.ec.europa.eu/news/commission-updates-eu-control-list-dual-use-items-2023-01-11_en
2023年6月	荷兰	荷兰政府	《先进半导体制造设备条例》（Regeling Geavanceerde Productieapparatuur Voor Halfgeleiders）	https://zoek.officielebekendmakingen.nl/stcrt-2023-18212.html
2023年5月	日本	日本经济产业省	《针对23种半导体制造设备的出口管制措施》（「輸出貿易管理令別表第一及び外国為替令別表の規定に基づき貨物又は技術を定める省令の一部を改正する省令」等の改正の概要について）	https://www.meti.go.jp/policy/anpo/law_document/shourei/20230523_gaiyo.pdf
2023年4月	日本	日本财务省	《外汇和外国贸易法》修订版（Publication of the amendment to the Public Notices adding the core business sectors of the Foreign Exchange and Foreign Trade Act to secure stable supply chains）	https://www.mof.go.jp/english/policy/international_policy/fdi/News_and_Communications/20230424.html
2021年7月	韩国	韩国法制部	《关于认定国家核心技术等的通知》（국가핵심기술지정 등에 관한 고시）	https://www.law.go.kr/LSW/admRulLsInfoP.do?admRulSeq=2100000202984

续表

日期	国家/组织	发布机构	政策名称	政策出处
2022年7月	韩国	韩国产业通商资源部	《关于指定国家核心技术等相关告示部分修订案》（국가핵심기술 지정 등에 관한 고시 일부개정（안）행정예고）	https：//www.motie.go.kr/motie/ms/nt/announce3/bbs/bbsView.do? bbs_seq_n=67783&bbs_cd_n=6&currentPage=1&cate_n=&biz_anc_yn_c=

附录2 近年主要经济体双碳政策

日期	国家/组织	发布机构	政策名称	政策出处
2023年5月	欧盟	欧洲议会	碳边境调节机制（Carbon Border Adjustment Mechanism, CBAM）	https://taxation-customs.ec.europa.eu/carbon-border-adjustment-mechanism_en
2023年3月	欧盟	欧盟委员会	《净零工业法案》（Net Zero Industry Act）的草案	https://hadea.ec.europa.eu/news/net-zero-industry-act-hadea-scaling-net-zero-technologies-2023-03-17_en
2021年7月	欧盟	欧盟委员会	《欧洲气候法》（European Climate Law）	https://climate.ec.europa.eu/eu-action/european-green-deal/european-climate-law_en
2019年12月	欧盟	欧盟委员会	《欧洲绿色协议》（A European Green Deal）	https://commission.europa.eu/strategy-and-policy/priorities-2019-2024/european-green-deal_en
2023年6月	美国	美国民主党参议员和共和党参议员	"2023年提供可靠、客观、可验证的排放强度和透明度法案"（Support for the PROVE IT Act of 2023）	https://www.coons.senate.gov/imo/media/doc/support_for_prove_it_act_of_2023.pdf
2023年6月	美国	美国贸易代表办公室	责成美国国际贸易委员会对美国钢铁和铝行业的碳排放强度进行摸底调查	https://ustr.gov/node/13071

续表

日期	国家/组织	发布机构	政策名称	政策出处
2023年6月	美国	美国能源部	《美国国家清洁氢能战略路线图》（U.S. National Clean Hydrogen Strategy and Roadmap）	https：//www.hydrogen.energy.gov/clean-hydrogen-strategy-roadmap.html?utm_medium=print&utm_source=hydrogen-doe&utm_campaign=strategy
2023年5月	美国	美国能源部	投入6000万美元支持清洁氢能和电网脱碳	https://www.energy.gov/articles/doe-announces-nearly-60-million-advance-cle-an-hydrogen-technologies-and-improve-electric
2023年5月	美国	美国能源部（DOE）技术转型办公室、化石能源和碳管理办公室以及清洁能源示范办公室	为4个国家实验室项目提供1500万美元，加速碳去除技术商业化	https://www.energy.gov/technologytransitions/articles/doe-selects-four-national-laboratory-led-teams-accelerate
2023年2月	美国	美国能源部	《清洁能源革命与环境正义计划》（Achieving Climate & Energy Justice：President Biden's Justice40 Initiative）	https://www.energy.gov/articles/achieving-climate-energy-justice-president-bidens-justice40-initiative
2023年1月	美国	国能源部能源效率与可再生能源办公室	《交通部门脱碳蓝图：交通运输转型联合战略》（The U.S. National Blueprint for Transportation Decarbonization：A Joint Strategy to Transform Transportation）	https://www.energy.gov/eere/us-national-blueprint-transportation-decarbonization-joint-strategy-transform-transportation
2022年9月	美国	美国能源部	"工业脱碳路线图"	

续表

日期	国家/组织	发布机构	政策名称	政策出处
2022年8月	美国	美国国税局	《2022年通胀削减法案》(Inflation Reduction Act of 2022, IRA)	https://www.irs.gov/inflation-reduction-act-of-2022
2022年6月	美国	美国能源部	《清洁竞争法案》(Clean Air Act)	https://www.energy.gov/ehss/clean-air-act
2021年1月	美国	美国总统办公室	《关于应对国内外气候危机的行政命令》(Tackling the Climate Crisis at Home and Abroad)	https://www.federalregister.gov/documents/2021/02/01/2021-02177/tackling-the-climate-crisis-at-home-and-abroad
2020年7月	美国	美国总统办公室	《建设现代化的、可持续的基础设施与公平清洁能源未来计划》(The Biden Plan to Build a Modern, Sustainable Infrastructure and an Equitable Clean Energy)	https://www.presidency.ucsb.edu/documents/biden-campaign-press-release-the-biden-plan-build-modern-sustainable-infrastructure-and
2023年3月	英国	英国能源安全和净零排放部	《为英国提供动力》(Powering Up Britain)	https://www.gov.uk/government/publications/powering-up-britain
2023年2月	英国	英国首相办公室	设立新部门促进保障净零排放	https://www.gov.uk/government/news/making-government-deliver-for-the-british-people

附录3　近年主要经济体芯片政策

日期	国家/组织	发布机构	政策名称	政策出处
2023年5月	欧盟	欧盟委员会	启动半导体警报系统以监控半导体供应链	https://ec.europa.eu/eusurvey/runner/Semiconductor_Alert_System
2023年4月	欧盟	欧盟理事会和欧洲议会	《欧洲芯片法案》（The EU Chips Act）	https://digital-strategy.ec.europa.eu/en/policies/european-chips-act
2021年3月	欧盟	欧盟委员会	《2030数字指南针：欧洲数字十年之路》（2030 Digital Compass: the European way for the Digital Decade）	https://eufordigital.eu/library/2030-digital-compass-the-european-way-for-the-digital-decade
2020年12月	欧盟	欧盟委员会	《欧洲处理器和半导体科技计划联合声明》（Joint declaration on processors and semiconductor technologies）	https://digital-strategy.ec.europa.eu/en/library/joint-declaration-processors-and-semiconductor-technologies
2023年6月	美国	美国商务部	"成功愿景：半导体材料和制造设备设施"（Vision for Success: Facilities for Semiconductor Materials and Manufacturing Equipment）	https://www.nist.gov/chips/vision-success-facilities-semiconductor-materials-and-manufacturing-equipment
2022年8月	美国	美国白宫	拜登政府签署《2022年芯片和科学法案》（President Biden Signs Executive Order to Implement the CHIPS and Science Act of 2022）	https://www.whitehouse.gov/briefing-room/statements-releases/2022/08/25/fact-sheet-president-biden-signs-executive-order-to-implement-the-chips-and-science-act-of-2022

续表

日期	国家/组织	发布机构	政策名称	政策出处
2022 年 3 月	美国	美国参议院	《2022 年美国竞争法案》(United States Innovation and Competition Act of 2022)	https://www.congress.gov/bill/117th-congress/house-bill/4521.
2022 年 9 月	美国	美国商务部	《美国芯片基金战略》(A Strategy for the CHIPS for America Fund)	https://www.nist.gov/chips/implementation-strategy
2021 年 6 月	美国	美国国会	《创新和竞争法案》(United States Innovation and Competition Act of 2021)	https://www.congress.gov/bill/117th-congress/senate-bill/1260/text
2021 年 6 月	美国	美国国会	《促进美国制造的半导体（FABS）法案》(The Facilitating American-Built Semiconductors, FABS)	https://www.congress.gov/bill/117th-congress/senate-bill/2107
2023 年 4 月	日本	日本经济产业省	《半导体・数字产业战略》修改方案（半導体・デジタル産業戦略）	https://www.meti.go.jp/press/2023/06/20230606003/20230606003.html
2022 年 7 月	日本	日本经济产业省	《努力提高汽车产业供应链韧性》报告（自動車サプライチェーンの強靱化に向けた取組）	https://www.meti.go.jp/press/2022/07/20220701006/20220701006-a.pdf
2021 年 12 月 6 日	日本	日本内阁	修订《促进开发、供应和引进特定先进信息和通信技术应用系统法（特定半导体生产设备开发等相关）》「特定高度情報通信技術活用システムの開発供給及び導入の促進に関する法律及び国立研究開発法人新エネルギー・産業技術総合開発機構法の一部を改正する法律案」が閣議決定されました	https://www.meti.go.jp/press/2021/12/20211206001/20211206001.html

续表

日期	国家/组织	发布机构	政策名称	政策出处
2020年3月	日本	日本经济产业省	《促进开发、供应和引进特定先进信息和通信技术应用系统法（特定半导体生产设备开发等相关）》（特定高度情報通信技術活用システムの開発供給及び導入の促進に関する法律（特定半導体生産施設整備等関係））	https：//www.meti.go.jp/policy/mono_info_service/joho/laws/semiconductor.html
2021年11月	日本	日本经济产业省	《日本半导体进展与未来》（半導体戦略の進捗と今後）	https：//www.meti.go.jp/policy/mono_info_service/joho/conference/semicon_digital/0004.html
2023年5月	韩国	韩国产业通商资源部	《国家尖端战略产业培育保护基本规划（2023-2027年）》（국가첨단전략산업육성·보호 기본계획（2023~2027년）	http：//www.motie.go.kr/motie/ne/motienewse/Motienews/bbs/bbsView.do?bbs_cd_n=2&bbs_seq_n=155118387
2023年4月	韩国	韩国科学技术信息通信部	《3大技术（半导体、显示、下一代电池）超极差距研发策略》（3대 주력기술（반도체·디스플레이·차세대전지）초격차 R&D 전략）	https：//www.msit.go.kr/bbs/view.do?sCode=user&mId=244&mPid=243&bbsSeqNo=65&nttSeqNo=3017398
2023年3月	韩国	韩国国会	《特别税收限制法》修正案（即《K-芯片法案》），조세특례제한법）	https：//likms.assembly.go.kr/bill/billDetail.do?billId=PRC_G2R3W0S3I2P1M1M0K0C4H2N8E7M8F8&ageFrom=21&ageTo=21
2023年2月20日	韩国	韩国科学技术信息通信部	《K-网络2030战略》（케이네트워크（K-Network）2030 전략）	https：//www.msit.go.kr/bbs/view.do?sCode=eng&mId=4&mPid=2&bbsSeqNo=42&nttSeqNo=783

续表

日期	国家/组织	发布机构	政策名称	政策出处
2022 年 10 月	韩国	韩国科学技术信息通信部	《国家战略技术培育方案》（국가전략기술 육성 방안）	https：//doc.msit.go.kr/SynapDocViewServer/viewer/doc.html?key=ed7e1afc51634e5dae22564ed9ba8d79&convType=html&convLocale=ko_KR&contextPath=/SynapDocViewServer/
2022 年 8 月	韩国	韩国国家法律信息中心	《国家尖端战略产业法》（국가첨단전략산업경쟁력강화및보호에관한특별조치법）	https：//www.law.go.kr/법령/국가첨단전략산업경쟁력강화및보호에관한특별조치법/（18813,20220203）
2022 年 6 月	韩国	韩国科学技术信息通信部	《人工智能半导体产业振兴扶持计划》（인공지능반도체산업성장지원대책）	https://www.msit.go.kr/bbs/view.do?sCode=eng&mId=4&mPid=2&bbsSeqNo=42&nttSeqNo=702
2021 年 5 月	韩国	韩国产业通商资源部	《K-半导体战略》（K-반도체전략）	https：//www.motie.go.kr/motie/ne/presse/press2/bbs/bbsView.do?bbs_seq_n=164098&bbs_cd_n=81
2020 年 11 月	韩国	韩国科学技术信息通信部	《下一代智能半导体技术开发（器件）项目 2021 年实施计划》（차세대지능형반도체기술개발（소자）사업 2021 년도 시행계획）	https：//doc.msit.go.kr/SynapDocViewServer/viewer/doc.html?key=70b76010c78e40a19787261c63ff5e49&convType=img&convLocale=ko_KR&contextPath=/SynapDocViewServer

附录4 近年主要经济体数据安全政策

日期	国家/组织	发布机构	政策名称	政策出处
2023年12月	欧盟	欧洲理事会、欧洲议会	《数据法》（Regulation (EU) 2023/2854 of the European Parliament and of the Council of 13 December 2023 on harmonised rules on fair access to and use of data and amending Regulation (EU) 2017/2394 and Directive (EU) 2020/1828 (Data Act)）	https：//eur-lex.europa.eu/legal-content/EN/TXT/？uri=CELEX%3A32023R2854&qid=1703555547450
2022年10月	欧盟	欧盟委员会	《数字市场法》（The Digital Market Act）	https：//digital-strategy.ec.europa.eu/en/policies/digital-services-act-package
2022年9月	欧盟	欧盟委员会	关于欧洲议会和理事会调整人工智能非合同民事责任规则的指令的建议案（Proposal for a Directive of The European Parliament and of The Council on adapting non-contractual civil liability rules to artificial intelligence）	https：//eur-lex.europa.eu/legal-content/EN/TXT/？uri=CELEX%3A52022SC0318&qid=1690013313597
2022年6月	欧盟	欧盟数据保护委员会	《2020—2024年数据保护战略》（EDPS strategy 2020-2024：Shaping a safer digital future）	https：//edps.europa.eu/data-protection/our-work/publications/strategy/edps-strategy-2020-2024-shaping-safer-digital-future_en
2022年5月	欧盟	欧洲理事会	《数据治理法案》（European Data Governance Act）	https：//eur-lex.europa.eu/legal-content/EN/TXT/？uri=CELEX%3A32022R0868&qid=1690842815666

续表

日期	国家/组织	发布机构	政策名称	政策出处
2021年3月	欧盟	欧盟数据保护委员会	《车联网个人数据保护指南2.0》（Guidelines 01/2020 on Processing Personal Data in the Context of Connected Vehicles and Mobility Related Applications）	https：edpb.europa.eu/our－work－tools/our－documents/guidelines/guidelines－012020－processing－personal－data－context_ en
2020年12月	欧盟	欧盟委员会和欧盟外交与安全政策高级代表	网络安全战略（The Cybersecurity Strategy）	https：//digital－strategy.ec.europa.eu/en/policies/cyber－security－strategy
2020年7月	欧盟	欧洲议会	《欧洲数字主权》（Digital Sovereignty for Europe）	https：//www.europarl.europa.eu/RegData/etudes/BRIE/2020/651992/EPRS_BRI（2020）651992_EN.pdf
2020年2月	欧盟	欧盟委员会	《塑造欧洲的数字未来》（The General Data Protection Regulation）	https：//ec.europa.eu/info/sites/default/files/communication－shaping－europes－digital－future－feb2020_en_ 4.pdf
2020年2月	欧盟	欧盟委员会	《欧洲数据战略》（Shaping Europe's Digital Future）	https：//eur－lex.europa.eu/legal－content/EN/TXT/PDF/?uri=CELEX：52020DC0066&from=EN.
2019年4月	欧盟	欧洲议会	《算法问责及透明度监管框架》（A Governance Framework for Algorithmic Accountability and Transparency）	https：//www.europarl.europa.eu/stoa/en/document/EPRS_ STU（2019）624262
2018年6月	欧盟	欧盟委员会	《人工智能时代：确立以人为本的欧洲战略》（The Age of Artificial Intelligence：Towards a European Strategy for Human－Centric Machines）	https：//ec.europa.eu/futurium/en/connect－university/cuss18－age－artificial－intell－igence－towards－europeanst－rategy－human－centric.html

219

续表

日期	国家/组织	发布机构	政策名称	政策出处
2018年5月	欧盟	欧盟委员会	《通用数据保护条例》（The General Data Protection Regulation，GDPR）	https：//edps.europa.eu/data-protection/data-protection/legislation/history-general-data-protection-regulation_en
2023年3月	美国	美国国家科学技术委员会	《促进数据共享与分析中的隐私保护国家战略》（National Strategy to Advance Privacy-Preserving Data Sharing and Analytics）	https：//www.whitehouse.gov/wp-content/uploads/2023/03/National-Strategy-to-Advance-Privacy-Preserving-Data-Sharing-and-Analytics.pdf
2023年3月	美国	美国白宫	《国家网络安全战略》（National Cybersecurity Strategy）	https：//www.whitehouse.gov/wp-content/uploads/2023/03/National-Cybersecurity-Strategy-2023.pdf
2022年6月	美国	美国国会	《美国数据隐私和保护法》（The American Data Privacy and Protection Act，ADPPA）	https：//www.congress.gov/bill/117th-congress/house-bill/8152
2023年3月	英国	英国科学、创新和技术部	人工智能白皮书（AI Regulation：a Pro-innovation Approach）	https：//www.gov.uk/government/publications/ai-regulation-a-pro-innovation-approach/white-paper#executive-summary
2023年3月	英国	英国议会	《数据保护和数字信息（第2号）法案》（Data Protection and Digital Information（No.2）Bill）	https：//bills.parliament.uk/bills/3430/publications

续表

日期	国家/组织	发布机构	政策名称	政策出处
2022 年 7 月	英国	英国科学、创新和技术部	数据保护和数字信息法案（Data Protection and Digital Information Bill）	https：//bills.parliament.uk/bills/3322
2020 年 9 月	英国	英国数字、文化、媒体和体育部	《国家数据战略》（National Data Strategy）	https：//www.gov.uk/government/publications/uk-national-data-strategy/national-data-strategy
2022 年 8 月 31 日	德国	德国联邦数字事务和交通部	《数字战略》（Digitalstrategie Gemeinsam Digitale Werte schöpfen）	https：//www.bmvi.de/SharedDocs/DE/Anlage/K/presse/063-digitalstrategie.pdf?_blob=publicationFile
2021 年 6 月	德国	德国议会	《联邦数据保护法》（Federal Data Protection Act）	https：//www.gesetze-im-internet.de/englisch_bdsg
2021 年 5 月 28 日	德国	德国联邦委员会	《IT 安全法》2.0 版本（German IT Security Act 2.0）	https：//www.bsi.bund.de/EN/Das-BSI/Auftrag/Gesetze-und-Verordnungen/IT-SiG/2-0/it_sig-2-0_node.html
2021 年 6 月	日本	日本内阁 IT 综合战略本部	《综合数据战略》（包括的データ戦略 2021）	https：//www.soumu.go.jp/main_content/000756398.pdf
2021 年 5 月	日本	日本个人信息保护委员会	《2021 年个人信息保护法修订》（改正個人情報保護法について）	https：//www.ppc.go.jp/personalinfo/minaoshi
2020 年 9 月	日本	日本个人信息保护委员会	《个人信息保护法指南（总则）》（個人情報の保護に関する法律についてのガイドライン（通則編））	https：//www.ppc.go.jp/personalinfo/legal/guidelines_tsusoku

续表

日期	国家/组织	发布机构	政策名称	政策出处
2020年6月	日本	日本个人信息保护委员会	《个人信息保护法》2020年修正案（令和2年改正個人情報保護法について）	https：//www.ppc.go.jp/personalinfo/legal/kaiseiho-gohou
2022年9月	韩国	韩国科学技术信息通信部	《大韩民国数字战略》（대한민국디지털전략）	https：//www.msit.go.kr/bbs/view.do？sCode=user&mId=113&mPid=112&pageIndex=2&bbsSeqNo=94&nttSeqNo=3182193&searchOpt=ALL&searchTxt=
2022年9月			完善新数字产业监管办法	https：//blog.naver.com/with_msip/222875457935
2022年7月	韩国	韩国产业通商资源部	《产业数字化转型促进法》（산업디지털전환촉진법）	https：//www.law.go.kr/LSW/lsInfoP.do？lsiSeq=238859&viewCls=lsRvsDocInfoR#
2022年7月	韩国	韩国国家法律信息中心	《个人信息保护法施行令》（部分修订）（개인정보 보호법 시행령）	https：//www.law.go.kr/lsSc.do？section=&menuId=1&subMenuId=15&tabMenuId=81&eventGubun=060101&query=Personal+Information+Protection+Ac#undefined
2021年10月	韩国	韩国科学和信息通信技术部	《数字产业振兴和利用促进基本法》（데이터 산업진흥 및 이용촉진에관한 기본법）	https：//www.law.go.kr/법령/데이터 산업진흥 및 이용촉진에관한 기본법/（18475，20211019）

续表

日期	国家/组织	发布机构	政策名称	政策出处
2016年9月	韩国	韩国内阁	《信用信息使用和保护法》(The Credit Information Use and Protection Act)	促进信用信息业务的发展，有效利用和系统管理信用信息，充分保护隐私不受滥用和滥用信用信息之害，从而促进建立健全的信用体系

附录5 近年主要经济体电池政策

日期	国家/组织	发布机构	政策名称	政策出处
2023年7月	欧盟	欧盟理事会和欧洲议会	关于电池和废旧电池的法规（EU）2023/1542，修订指令2008/98/EC和欧盟法规2019/1020，同时取代指令2006/66/EC（Regulation (EU) 2023/1542 of the European Parliament and of the Council of 12 July 2023 Concerning Batteries and Waste Batteries, Amending Directive 2008/98/EC and Regulation (EU) 2019/1020 and Repealing Directive 2006/66/EC）	https：//eur-lex.europa.eu/legal-content/EN/TXT/?uri=CELEX%3A32023R1542
2023年4月	欧盟	欧洲化学品管理局	正式提议铅等八项物质列入授权清单（ECHA Recommends Eight Substances for REACH Authorisation）	https：//echa.europa.eu/-/echa-recommends-eight-substances-for-reach-authorisation
2023年3月	欧盟	欧盟委员会	《关键原材料法案》（Critical Raw Materials Act）	https：//commission.europa.eu/strategy-and-policy/priorities-2019-2024/european-green-deal/green-deal-industrial-plan/european-critical-raw-materials-act_en
2023年3月	欧盟	欧盟委员会	《净零工业法案》（Net-Zero Industry Act）	https：//commission.europa.eu/strategy-and-policy/priorities-2019-2024/european-green-deal/green-deal-industrial-plan/net-zero-industry-act_en

续表

日期	国家/组织	发布机构	政策名称	政策出处
2023年2月1日	欧盟	欧盟委员会	《绿色协议产业计划》（The Green Deal Industrial Plan，GDIP）	https://commission.europa.eu/strategy-and-policy/priorities-2019-2024/european-green-deal/green-deal-industrial-plan_en
2023年3月	美国	美国财政部和国税局	通胀削减法案-电动汽车税收抵免政策（Inflation Reduction Act-Clean Vehicle Tax Credits）	https://www.irs.gov/clean-vehicle-tax-credits
2023年2月	美国	美国白宫	《拜登政府宣布关于全美电动汽车充电桩网络建设新标准》（Biden-Harris Administration Announces New Standards and Major Progress for a Made-in-America National Network of Electric Vehicle Chargers）	https://www.whitehouse.gov/briefing-room/statements-releases/2023/02/15/fact-sheet-biden-harris-administration-announces-new-standards-and-major-progress-for-a-made-in-america-national-network-of-electric-vehicle-chargers
2022年8月	美国	美国国会	《2022年通胀削减法案》（Inflation Reduction Act of 2022，IRA）	https://www.congress.gov/bill/117th-congress/house-bill/5376
2021年6月	美国	联邦先进电池联盟（FCAB）（能源部、国防部、商务部、国务院）	《2021—2030年美国锂电池国家蓝图》（National Blueprint for Lithium Batteries 2021-2030）	https://www.energy.gov/eere/vehicles/articles/national-blueprint-lithium-batteries

续表

日期	国家/组织	发布机构	政策名称	政策出处
2019年6月	美国	美国商务部	《确保关键矿物安全可靠供应的联邦战略》（A Federal Strategy to Ensure Secure and Reliable Supplies of Critical Minerals）	https：//www.commerce.gov/data-and-reports/reports/2019/06/federal-strategy-ensure-secure-and-reliable-supplies-critical-minerals
2022年11月1日	韩国	韩国产业通商资源部	《二次电池产业创新战略》（이차전지산업혁신전략）	https：//www.motie.go.kr/motie/ne/presse/press2/bbs/bbsView.do？bbs_cd_n=81&bbs_seq_n=166261
2021年7月	韩国	韩国产业通商资源部	《2030二次电池产业（K-电池）发展战略》（K-배터리발전전략）	https：//www.motie.go.kr/search/search.do
2022年5月11日	日本	日本国会	《经济安全保障推进法》（経済安全保障推進法）	https：//www.cas.go.jp/jp/houan/220225/siryou1.pdf
2022年8月	日本	日本经济产业省	《蓄电池产业战略》（蓄電池産業戦略）	https：//www.meti.go.jp/policy/mono_info_service/joho/conference/battery_strategy/battery_saisyu_torimatome.pdf
2023年2月	日本	日本新能源产业技术综合开发机构（NEDO）	《车用和固定式燃料电池路线图》（NEDO燃料電池・水素技術開発ロードマップ）	https：//www.nedo.go.jp/library/battery_hydrogen.html

附录6 近年主要经济体自动驾驶政策

日期	国家/组织	发布机构	政策名称	政策出处
2022年8月	欧盟	欧盟委员会	《全自动车辆自动驾驶系统（ADS）型式认证的统一程序和技术规范》（Laying down Rules for the Application of Regulation (EU) 2019/2144 of the European Parliament and of the Council as Regards Uniform Procedures and Technical Specifications for the Type-approval of the Automated Driving System (ADS) of Fully Automated Vehicles）	https://eur-lex.europa.eu/legal-content/EN/TXT/?uri=CELEX:32022R1426
2022年2月	欧盟	欧盟道路交通研究咨询委员会	发布最新欧盟自动驾驶技术路线图《网联、协作和自动化出行路线图》（Connected, Cooperative and Automated Mobility Roadmap）	https://www.ertrac.org/wp-content/uploads/2022/07/ERTRAC-CCAM-Roadmap-V10.pdf
2021年4月	欧盟	欧盟委员会	《可持续与智能交通战略》（Strategy for Sustainable and Smart Mobility）	https://www.eesc.europa.eu/en/our-work/opinions-information-reports/opinions/strategy-sustainable-and-smart-mobility
2019年	欧盟	欧盟委员会	《协同、网联和自动化交通STRIA路线图》（STRIA Roadmap on Connected and Automated Transport-Road, Rail and Waterborne）	https://trimis.ec.europa.eu/sites/default/files/2021-04/stria_ntm_factsheet_2020.pdf

续表

日期	国家/组织	发布机构	政策名称	政策出处
2019年4月	欧盟	欧盟委员会	《欧盟自动驾驶汽车认证豁免程序指南》（Guidelines on the Exemption Procedure for the EU Approval of Automated Vehicles）	https：//ec. europa. eu/docsroom/documents/34802
2018年5月	欧盟	欧盟委员会	《通往自动化出行之路：欧盟未来出行战略》（On the Road to Automated Mobility：an EU Strategy for Mobility of the Future）	https：//eur-lex. europa. eu/legal－content/EN/TXT/？uri＝CELEX：52018DC0283
2023年5月	美国	美国交通部国家公路交通安全管理局	《联邦机动车安全标准：轻型车辆的自动紧急制动系统》（Federal Motor Vehicle Safety Standards：Automatic Emergency Braking Systems for Light Vehicles）	https：//www. nhtsa. gov/sites/nhtsa. gov/files/2023－05/AEB-NPRM-Web-Version-05-31-2023. pdf
2023年5月	美国	联邦公路管理局	《统一交通控制设备手册》（第十一版更新）（Update on the 11th Edition of the MUTCD）	https：//mutcd. fhwa. dot. gov/index. htm
2022年3月	美国	美国交通部国家公路交通安全管理局	《无人驾驶乘员保护安全标准》最终规则版本（Occupant Protection Safety Standards for Vehicles without Driving Controls）	https：//www. nhtsa. gov/sites/nhtsa. gov/files/2022－03/Final-Rule-Occupant-Protection-Amendment-Automated-Vehicles. pdf
2021年1月	美国	美国交通部	《自动驾驶汽车综合计划》（Automated Vehicles Comprehensive Plan）	https：//www. transportation. gov/av/avcp
2020年3月	美国	美国智能交通系统联合计划办公室	《智能交通系统战略规划2020－2025》（2020－2025 Strategic Plan－Intelligent Transportation Systems Joint Program）	https：//rosap. ntl. bts. gov/view/dot/63263

续表

日期	国家/组织	发布机构	政策名称	政策出处
2020年1月	美国	美国交通部、白宫科学技术政策办公室	确保美国自动驾驶领先地位：自动驾驶汽车准则4.0（Ensuring American Leadership in Automated Vehicle Technologies：Automated Vehicles 4.0）	https：//www.transportation.gov/av/https：//www.transportation.gov/av/4
2018年10月	美国	美国交通部	《准备迎接未来交通：自动驾驶汽车3.0》（Preparing for the Future of Transportation：Automated Vehicles 3.0）	https：//www.transportation.gov/av/3
2022年8月	英国	英国互联和自动驾驶汽车中心	《互联和自动化移动2025：在英国实现自动驾驶汽车的优势》（Connected & Automated Mobility（CAM）2025：Realising the Benefits of Self-driving Vehicles in the UK）	https：//assets.publishing.service.gov.uk/government/uploads/system/uploads/attachment_data/file/1099173/cam-2025-realising-benefits-self-driving-vehicles.pdf
2022年8月	英国	英国科学、创新及科技部	《负责任的自动驾驶汽车创新》（Responsible Innovationin Self-driving Vehicles）	https：//www.gov.uk/government/publications/responsible-innovation-in-self-driving-vehicles/responsible-innovation-in-self-driving-vehicles
2022年1月	英国	英格兰及威尔士法律委员会与苏格兰法律委员	《自动驾驶汽车：联合报告》（Automated Vehicles：Joint Report）	https：//www.lawcom.gov.uk/project/automated-vehicles/
2022年1月	英国	英国交通部	《公路法》修订版（2022）（The Highway Code）	https：//www.gov.uk/government/news/the-highway-code-8-changes-you-need-to-know-from-29-january-2022

续表

日期	国家/组织	发布机构	政策名称	政策出处
2018年7月	英国	英国交通部	《自动与电动汽车法案》（Automated and Electric Vehicles Act 2018, AEVA）	https：//www.legislation.gov.uk/ukpga/2018/18/contents
2022年2月	德国	德国联邦委员会	《关于具有自动驾驶功能的机动车辆的操作以及修订道路交通法规的规条例》（Verordnung zur Regelung des Betriebs von Kraftfahrzeugen mit Automatisierter und Autonomer Fahrfunktion und zur Änderung straßenverkehrsrechtlicher Vorschriften）	https：//bmdv.bund.de/SharedDocs/DE/Anlage/K/presse/008-verordnung-automatisierte-autonome-fahrfunktion.html
2021年7月	德国	德国联邦数字事务和交通部	《自动驾驶法》（Gesetz zum Autonomen Fahren tritt in Kraft）	https：//bmdv.bund.de/SharedDocs/DE/Artikel/DG/gesetz-zum-autonomen-fahren.html
2017年8月	德国	德国交通和数字基础设施部道德委员会	《自动驾驶伦理指南》（The German Ethics Code for Automated and Connected Driving）	https：//bmdv.bund.de/SharedDocs/EN/publications/action-plan-on-the-report-ethics-commission-acd.pdf?__blob=publicationFile
2017年3月	德国	德国联邦议院	《道路交通法第八修正案》（Modifications to the German Road Traffic Act）	https：//perma.cc/LAW7-G4BU
2023年4月	日本	日本警察厅	《自动驾驶公共道路演示测试道路使用许可标准》（修订版）（自動運転の公道実証実験に係る道路使用許可基準）	https：//www.npa.go.jp/bureau/traffic/selfdriving/roadtesting/index.html

续表

日期	国家/组织	发布机构	政策名称	政策出处
2023 年 3 月	日本	日本国土交通省	《道路运输法》修订（道路運送車両法の一部を改正する法律案）	https：//www.mlit.go.jp/report/press/jidosha02_hh_000561.html
2022 年 4 月	日本	日本警察厅	《日本道路交通管理法（自动驾驶相关）》的最新修正案（道路交通法施行令の一部を改正する政令案）	https：//www.npa.go.jp/english/bureau/traffic/amendment2022.pdf
2022 年 3 月	日本	日本警察厅	《道路交通法部分修改法》（道路交通法の一部を改正する法律）	https：//www.npa.go.jp/laws/kaisei/01_gaiyou.pdf
2020 年 4 月	日本	日本警察厅	《道路交通法部分修改法》（道路交通法の一部を改正する法律）	https：//www.npa.go.jp/bureau/traffic/selfdriving/L4-summary.pdf
2019 年 3 月	日本	日本国土交通省	《道路运输法》修订（道路運送車両法の一部を改正する法律案）	https：//www.mlit.go.jp/report/press/jidosha01_hh_000066.html
2019 年 5 月	日本	日本警察厅	《道路交通法部分修改法》（道路交通法の一部を改正する法律）	https：//www.npa.go.jp/bureau/traffic/selfdriving/trafficact.pdf
2018 年 9 月	日本	日本国土交通省	《自动驾驶汽车安全技术指南》（自動運転車の安全技術ガイドライン）	https：//www.mlit.go.jp/report/press/jidosha07_hh_000281.html
2022 年 12 月	韩国	韩国国土交通部	《自动驾驶汽车和利益相关者的道德准则》자율주행차윤리보안안전 방향가이드라인	http：//www.molit.go.kr/USR/NEWS/m_71/dtl.jsp?id=95084902

231

续表

日期	国家/组织	发布机构	政策名称	政策出处
2022年9月	韩国	韩国国土交通部	《第三期汽车政策基本规划案》（2022—2026年）（제3차 자동차정책 기본계획）	http：//www.molit.go.kr/USR/NEWS/m_71/dtl.jsp?id=95087228
2021年7月	韩国	韩国国土交通部	《促进和支持自动驾驶汽车商业化法》（자율주행자동차 상용화 촉진 및 지원에관한 법률）	https：//www.law.go.kr/자율주행자동차 상용화 촉진 및 지원에관한 법률/（18348，20210727）
2020年1月	韩国	韩国国土交通部	《自动驾驶汽车安全标准》（부분 자율주행시스템（레벨3）안전기준）	http：//www.molit.go.kr/USR/NEWS/m_71/dtl.jsp?id=95083365
2019年10月	韩国	韩国产业通商资源部	《未来汽车产业发展战略2030》（미래자동차산업 발전전략 2030년 국가 로드맵）	https：//www.korea.kr/briefing/pressReleaseView.do?newsId=156355724#pressRelease

附录7　2022—2023年美国专利商标局知识产权政策一览表

	发布时间	政策措施	来源
行政执法	2023年4月20日	发布一则拟议规则制定的预先通知（ANPRM），主要针对专利审查和上诉委员会就《美国发明法案》（AIA）程序中自由裁量制度惯例、请愿字数限制及和解惯例的拟议变更等征询公众意见。USPTO还就以下建议征询意见：允许申请人为更多的请愿字数限制支付额外费用、为自由裁量机构的论点提供单独的简报程序、阐明在制度建立之前达成和解的当事人必须向专利审查和上诉委员会提交所有和解协议的副本等。意见反馈截止时间为2023年6月20日	https://www.uspto.gov/about-us/news-updates/uspto-announces-advance-notice-proposed-rulemaking-potential-ptab-reforms
	2022年7月6日	美国专利商标局与美国食品和药品管理局（FDA）联合宣布，按照拜登总统2021年7月的《关于促进美国经济竞争的行政命令》，实施一系列降低药品价格的措施，包括减少因"专利丛林"和"常青专利"造成仿制药和生物仿制药的延迟上市的情况，禁止对不符合专利资格的现有药物进行增量、明显变更的专利申请	https://www.uspto.gov/blog/director/entry/the-biden-administration-is-acting
	2022年1月5日	出台新的对商标抢注、申请不合规等行为的行政执法及处罚程序，当申请人提交的商标申请可能违反《商标实践规则》（Trademark Rules of Practice）或美国专利商标局网站的使用条款（USPTO website's Terms of Use）时，美国专利商标局将对其发布行政命令甚至进行制裁。制裁内容可能包括禁止当事人进行相关申请、终止USPTO.gov账户、终止程序等	https://www.uspto.gov/subscription-center/2022/trademarks-administrative-sanctions-process

续表

	发布时间	政策措施	来源
公共服务	2023年4月20日	美国专利商标局局长Kathi Vidal致信美国专利公共咨询委员会（Patent Public Advisory Committee，PPAC），对美国专利商标局拟于2025年1月左右正式对美国专利费用涨价的情况进行说明，其中外观专利官费拟上涨48%，商标新申请拟上涨40%，这意味着申请成本将会大幅度增加。此次官费调整主要是由于去年底发布的《释放美国创新者法案》（UAIA），对小微实体的费用减免从50%提高到60%，电子申请减免从75%提高到80%，使得美国专利商标局未来的费用收入大大降低，且预计从2025财年开始专利业务总运营成本将超过总营收费用	https：//www.uspto.gov/sites/default/files/documents/Letter-from-Director-to-PPAC-April-2023.pdf
	2023年2月28日	2023年4月18日起，美国专利商标局将不再发放纸质证书，改为通过其专利中心（Patent Center）发放电子专利授权证书）（eGrants），该电子证书即为正式的法定专利授权证书。专利权人可前往Patent Center官网查阅电子专利授权证书的情况并自行下载和打印。在此之前的专利授权证书以纸质证书为准，不会自动转换为电子证书。在过渡期内，美国专利商标局将会免费提供一份电子专利授权证书的纸质副本作为仪式性副本。过渡期结束后，获得证书的纸质副本将需要缴纳一定费用	https：//www.uspto.gov/about-us/news-updates/uspto-ushers-new-era-introduction-electronic-patent-grants
	2023年1月18日	推出知识产权标识符工具，帮助不熟悉知识产权的发明者确定他们是否拥有知识产权，并提供通俗易懂的专利、商标、版权和商业秘密基本信息，推动企业和个人在业务、发明或品牌中的知识产权保护	https：//www.uspto.gov/about-us/news-updates/uspto-introduces-new-tool-help-creators-identify-their-intellectual-property
	2022年12月29日	鼓励申请人以DOCX格式提交专利申请，对非DOCX格式申请文件加收附加官费（最高加收400美元）由原定的2023年1月1日推迟至2023年4月3日起生效	https：//www.uspto.gov/patents/docx

续表

	发布时间	政策措施	来源
公共服务	2022年12月15日	推出美国专利商标局虚拟助手,对常见客户问题提供即时、有针对性的回答来增强客户服务。虚拟助手最初用于商标内容,最终将增加专利的内容	https://www.uspto.gov/about-us/news-updates/uspto-launches-new-virtual-assistant-0
	2022年12月3日	商标申请人如收到美国专利商标局在其商标申请期间发出的审查意见,需要在3个月内(另可有条件延期3个月)答复美国专利商标局发出的审查意见	https://www.uspto.gov/about-us/news-updates/uspto-announces-launch-climate-change-mitigation-pilot-program
	2022年9月30日	推出全新的专利公共检索工具Patent Public Search(PPUBS),取代以在美国专利商标局网站上使用的4种数据库及工具,通过集成检索工具为用户提供更便捷更全面的服务	https://www.uspto.gov/about-us/news-updates/uspto-offers-resources-support-transition-patent-center-system
	2022年7月7日	2022年8月1日起,允许用户使用美国专利商标局门户网站的电子专利转让系统(EPAS)和电子商标转让系统(ETAS)提交申请,简化专利及商标转让、审查等相关程序	https://www.uspto.gov/about-us/news-updates/uspto-modernizes-patent-trademark-assignment-request-process
	2022年5月16日	2022年5月24日起,开始签发日期美国电子商标注册证书。2022年5月10日至5月23日不签发商标注册证书	https://www.uspto.gov/about-us/news-updates/trademark-e-registration-certificate-issuance-accelerated-may-24
	2022年5月5日	发布拟议规则制定通知(NPRM),未来拟允许通过美国专利商标局专利电子申请系统以电子方式提交专利期限延长(PTE)申请和临时PTE申请	https://www.uspto.gov/subscription-center/2022/uspto-announces-proposed-rule-require-electronic-filing-patent-term
	2022年3月24日	与专利审查和上诉委员会律师协会合作推出新的公益计划,组织专业律师向符合条件的发明人免费提供专利相关法律服务	https://www.uspto.gov/about-us/news-updates/uspto-launches-ptab-pro-bono-program

235

续表

公共服务	2022年1月27日	推出商标审判和上诉委员会（TTAB）公益计划，鼓励符合条件的协会组织、律所和律师向商标申请人免费提供涉及 TTAB 程序的法律服务	https://www.uspto.gov/about-us/news-updates/uspto-launches-ttab-pro-bono-clearinghouse-program
专利优先审查试点计划	2023年3月9日	2023年3月9日开始实施首次专利申请人优先审查试点计划，为符合要求的独立发明人和微型实体提供更快捷的专利申请反馈，提高其专利申请效率。该计划持续到2024年3月11日，若在此之前申请书已达到1000份，则以最后的申请书时间为截止时间	https://www.uspto.gov/about-us/news-updates/usptos-council-inclusive-innovation-launches-new-initiative-expedite-patent
	2022年12月8日	2023年2月1日开始实施癌症登月加速审查试点计划，优先审查符合预防癌症和癌症死亡率技术的专利申请，持续到2025年1月31日。若在此之前申请书已达到1000份，则以最后的申请书时间为截止时间。新计划取代了2016年首次实施的癌症免疫治疗试点计划，该计划已于2023年1月31日终止	https://www.uspto.gov/about-us/news-updates/uspto-announces-cancer-moonshot-expedited-examination-pilot-program
	2022年6月3日	2022年6月3日开始启动气候变化减缓试点计划，优先审查符合减少温室气体排放缓解气候变化技术的非临时实用专利申请，持续到2023年6月5日。若在此之前申请书已达到1000份，则以最后的申请书时间为截止时间	https://www.uspto.gov/about-us/news-updates/uspto-announces-launch-climate-change-mitigation-pilot-program
发布报告	2022年2月15日	发布5G技术开发商专利活动报告（Patenting activity by companies developing 5G），研究了专利数量最多的4项关键5G技术的总体专利趋势及专利申请及其价值趋势。结论显示，高通、爱立信、华为、LG、诺基亚和三星在过去10年中持续提交了5G相关技术专利申请；5G技术竞赛的全球竞争中，暂时没有一家公司占据主导；美国在5G创新方面仍然具有高竞争力	https://www.uspto.gov/about-us/news-updates/new-uspto-study-finds-no-one-company-dominating-5g

续表

	发布时间	政策措施	来源
标准必要专利	2022年7月20日	美国专利商标局和WIPO签署了谅解备忘录,将合作解决与标准必要专利相关的争议。双方承诺将利用美国专利商标局和WIPO仲裁与调解中心的现有资源,支持提高标准必要专利许可效率的选择,并促进相关争议的解决。备忘录自签署之日起执行5年	https://www.uspto.gov/about-us/news-updates/uspto-and-wipo-agree-partner-dispute-resolution-efforts-related-standard
	2022年6月8日	美国司法部(DOJ)、美国专利商标局和美国国家标准与技术研究院同日宣布撤回《关于2019遵守自愿FRAND承诺的标准必要专利救济措施的政策声明》	https://www.uspto.gov/about-us/news-updates/department-justice-us-patent-and-trademark-office-and-national-institute

附录8 欧盟标准必要专利政策

发布时间	发布机构	政策措施	政策来源
2023年4月	欧盟委员会	《关于标准必要专利和修订（EU）2017/1001号条例的提案》Proposal for a Regulation of the European Parliament and of the Council on Standard Essential Patents and Amending Regulation）（EU）2017/1001	https：//eur-lex.europa.eu/legal-content/EN/TXT/？uri=CELEX：52023PC0232
2022年2月	欧盟委员会	《知识产权-标准必要专利的新框架》（征求意见稿）（Intellectual Property-new Framework for Standard-essential Patents）（Call for Evidence for an Impact Assessment）	https：//ec.europa.eu/info/law/better-regulation/have-your-say/initiatives/13109-Intellectual-property-new-framework-for-standard-essential-patents_en
2021年11月	欧盟委员会	《关于支持欧盟复苏和恢复的知识产权行动计划》（2021）（An Intellectual Property Action Plan to Support the EU's Recovery and Resilience）	https：//eur-lex.europa.eu/legal-content/EN/TXT/？uri=CELEX：52021IP0453
2021年1月	欧盟委员会	《标准必要专利的许可及评价相关的专家意见报告书》（Group of Experts on Licensing and Valuation of Standard Essential Patents "SEPs Expert Group" - Full Contribution）	https：//ec.europa.eu/docsroom/documents/45217

续表

发布时间	发布机构	政策措施	政策来源
2020年11月	欧盟委员会	《关于支持欧盟复苏和恢复的知识产权行动计划》(2020)(An Intellectual Property Action Plan to Support the EU's Recovery and Resilience)	https://eur-lex.europa.eu/legal-content/EN/ALL/? uri=CELEX：52020DC0760
2017年11月	欧盟委员会	《标准必要专利的欧盟路径》(Setting out the EU Approach to Standard Essential Patents)	https://eur-lex.europa.eu/legal-content/EN/TXT/PDF/? uri=CELEX：52017DC0712

附录9 美国标准必要专利政策

发布时间	发布机构	政策措施	政策来源
2022年6月	美国司法部、美国专利商标局、国家标准与技术研究所	撤回2019年《关于遵守自愿FRAND承诺的标准必要专利救济措施的政策声明》Withdrawal of 2019（Policy Statement on Remedies for Standards-Essential Patents Subject to Voluntary F/RAND Commitments）	https：//www.uspto.gov/sites/default/files/documents/SEP2019-Withdrawal.pdf
2021年12月	美国司法部、美国专利商标局、国家标准与技术研究所	《关于遵守自愿FRAND承诺的标准必要专利许可谈判和救济政策声明草案》（征求意见稿）（Draft Policy Statement on Licensing Negotiations and Remedies for Standards-Essential Patents Subject to F/RAND Commitments）	https：//www.justice.gov/atr/page/file/1453471/download
2019年12月	美国司法部、美国专利商标局、国家标准与技术研究所	《关于遵守自愿FRAND承诺的标准必要专利救济措施的政策声明》（2019年）（Policy Statement on Remedies for Standards-Essential Patents Subject to F/RAND Commitments）	https：//www.uspto.gov/sites/default/files/documents/SEP%20policy%20statement%20signed.pdf
2013年1月	美国司法部、美国专利商标局	《关于遵守自愿FRAND承诺的标准必要专利救济措施的政策声明》（2013年）（Policy Statement on Remedies for Standards-Essential Patents Subject to F/RAND Commitments）	https：//www.justice.gov/atr/page/file/1118381/download

续表

发布时间	发布机构	政策措施	政策来源
2011年3月	美国联邦贸易委员会	《演变中的知识产权市场：专利声明与救济和竞争的协调》报告（*The Evolving IP Marketplace: Aligning Patent Notice and Remedies with Competition*）	https://www.ftc.gov/reports/evolving-ip-marketplace-aligning-patent-notice-remedies-competition

附录10　日本标准必要专利政策

发布时间	发布机构	政策措施	政策来源
2022年7月	日本特许厅	《标准必要专利许可谈判指南》（2.0版）（Guide to Licensing Negotiations Involving Standard Essential Patents）（2nd Edition）	https://www.jpo.go.jp/e/system/laws/rule/guideline/patent/document/rev-seps-tebiki/guide-seps-en.pdf
2022年6月	日本知识产权战略总部	《知识产权推进计划2022》（知的財産推進計画2022）	https://www.kantei.go.jp/jp/singi/titeki2/kettei/chizaiikeikaku2022.pdf
2022年3月	日本经济贸易产业省	《标准必要专利的诚信许可谈判指南》（Good Faith Negotiation Guidelines for Standard Essential Patent Licenses）	https://www.meti.go.jp/policy/economy/chizai/sep_license/good-faith-negotiation-guidelines-for-SEPlicenses-en.pdf
2021年7月	日本知识产权战略总部	《知识产权推进计划2021》（知的財産推進計画2021）	https://www.kantei.go.jp/jp/singi/titeki2/kettei/chizaiikeikaku20210713.pdf
2020年4月	日本经济贸易产业省	《多组件产品标准必要专利的合理价值计算指南》（Guide to Fair Value Calculation of Standard Essential Patents for Multi-Component Products）	https://www.meti.go.jp/policy/mono_info_service/mono/smart_mono/sep/200421sep_fairvalue_hp_eng.pdf
2019年6月	日本特许厅	《标准必要性判定意见指南》（修订版）（Manual of "Hantei" (Advisory Opinion) for Essentiality Check）(Revised Version)	https://www.jpo.go.jp/e/system/trial_appeal/document/hantei_hyojun/manual-of-hantei.pdf

续表

发布时间	发布机构	政策措施	政策来源
2018 年 6 月	日本特许厅	《标准必要专利许可谈判指南》(Guide to Licensing Negotiations involving Standard Essential Patents)	https://www.jpo.go.jp/e/system/laws/rule/guideline/patent/document/seps-tebiki/guide-seps-en.pdf
2018 年 3 月	日本特许厅	《标准必要性判定意见指南》(Manual of "Hantei" (Advisory Opinion) for Essentiality Check)	日本特许厅官网已删除该版本，仅保留 2019 年修订版

附录11　韩国标准必要专利政策

发布时间	发布机构	政策措施	政策来源
2021年11月	韩国特许厅	《标准必要专利指南2.0版》（표준특허 길라잡이 2.0）	https：//www.kipo.go.kr/ko/kpoBultnDetail.do?menuCd=SCD0200618&parntMenuCd2=SCD0200052&aprchId=BUT0000029&pgmSeq=19266&ntatcSeq=19266
2020年2月	韩国特许厅	《标准必要专利纠纷应对指南》（표준특허 라이선스 협상은 이렇게）	https：//www.kipo.go.kr/ko/kpoBultnDetail.do?menuCd=SCD0200618&parntMenuCd2=SCD0200052&aprchId=BUT0000029&pgmSeq=18047&ntatcSeq=18047
2016年10月	韩国特许厅	《标准必要专利指南1.0版》（표준특허 길라잡이）	https：//www.kipo.go.kr/ko/kpoBultnDetail.do?menuCd=SCD0200640&parntMenuCd2=SCD0200281&aprchId=BUT0000048&pgmSeq=15979&ntatcSeq=15979

参考文献

[1] 唐要家.标准必要专利许可滥用反垄断研究[M].北京:知识产权出版社,2020.

[2] 国家知识产权局专利局专利审查协作江苏中心.标准与标准必要专利研究[M].北京:知识产权出版社,2019.

[3] 丁亚琦.标准必要专利反垄断规制研究[M].北京:法律出版社,2022.

[4] 郑伦幸.标准必要专利权滥用法律规制研究[M].北京:知识产权出版社,2022.

[5] 徐元.知识产权贸易壁垒的实质及国际政治经济学分析[J].太平洋学报,2012(3):4-6.

[6] 李大江.知识产权壁垒的特征、形式及影响探析[J].科技经济市场,2014(4):142.

[7] 韩可卫,陈天明.知识产权贸易壁垒的特征及后危机时代新特点分析[J].产权导刊,2014(3):51-54.

[8] 王敏,卞艺杰,田泽,等.知识产权贸易壁垒特征与中国的防范对策——以337调查为例[J].江苏社会科学,2016,284(1):122-125.

[9] 陈本铿.国际贸易中的知识产权壁垒研究——评《知识产权保护与对外出口及投资》[J].广东财经大学学报,2021,36(6):114-115.

[10] 冯永晟.知识产权贸易壁垒的兴起与我国的应对[J].宏观经济管理,2012(12):59-61.

[11] 曹璋,李伟,陈一超.知识产权保护、知识产权贸易壁垒和中美贸易三者关系研究——基于向量自回归与格兰杰因果关系检验[J].宏观经济研究,2020(2):92-101.

[12] 代中强.美国知识产权调查引致的贸易壁垒:特征事实、影响及中国应对[J].国际经济评论,2020(3):107-122,6-7.

[13] 王璐.知识产权壁垒对我国出口贸易的影响及对策研究[J].产业与科技论坛,2022,21(18):25-26.

[14] 宗艳霞.中美贸易摩擦对大连市的影响及政策建议[J].大连海事大学学报(社会科学版),2018,17(5):52-57.

[15] 赵云海.国外知识产权贸易保护的实践经验及其对中国的启示[J].价格月刊,2021(6):52-57.

[16] 曹刚.中美知识产权贸易摩擦的主要表现及应对[J].对外经贸实务,2018(10):93-96.

[17] 魏雅丽,谢欢.企业应对美国知识产权贸易壁垒问题研究——以广东省为例[J].当代经济,2022,39(3):84-89.

[18] 张蕾.中小企业知识产权保护战略选择[J].法制与社会,2021(6):164-165.

[19] 于洋.美国337调查的发展历程、特征事实及中国应对[J].亚太经济,2022,(19):132-136.

[20] 吴雪玲,赵强.中国出口贸易中知识产权贸易壁垒现象及其应对策略[J].全国流通经济,2022,(19):132-136.

[21] 崔日明,张玉兰,耿景珠.知识产权保护对新兴经济体贸易的影响——基于贸易引力模型的扩展[J].经济与管理评论,2019,35(3):135-146.

[22] 薄晓东,邹宗森.知识产权保护下的中国外贸转型升级研究[J].现代管理科学,2017,292(7):58-60.

[23] 黄先海,卿陶.知识产权保护、贸易成本与出口企业创新[J].国际贸易问题,2021,463(7):21-36.

[24] 李鹏程.知识产权保护与我国高新技术产品出口[J].商业经济,2020,(5):96-97,117.

[25] 徐艳.知识产权壁垒对我国高新技术产品出口的影响研究[J].改革与战略,2015,31(5)154-159.

[26] 林崇诚.中国网络通讯产业"走出去"的挑战与应对措施[J].国际贸易,2016,409(1):21-25.

[27] 谢欢,魏雅丽.打印耗材行业海外知识产权贸易壁垒研究与建议[J].品牌与标准化,2021,370(5):86-88.

[28] 魏雅丽,杨婕莎,刘宝星.广东省智能家电出口面临的知识产权贸易壁垒及应对策略[J].科技管理研究,2022,42(24):158-165.

[29] 王芬,夏玉香.知识产权壁垒对我国汽车出口的影响[J].今日财富(中国知识产权),2017(4):11.

[30] 郭媛媛.论标准必要专利权滥用的反垄断规制——以高通案为视角[J].法制与社会,2017(10):63-65.

[31] 祝建军.标准必要专利滥用市场支配地位的反垄断法规制[J].人民司法,2020,888(13):50-55.

[32] 董新凯.反垄断法规制标准必要专利运用时的利益平衡——兼评《关于滥用知识产权的反垄断指南(征求意见稿)》[J].学术论坛,2019,42(4):27-35.

[33] 王渊,赵世桥.标准必要专利禁令救济滥用的反垄断法规制研究[J].科技管理研究,2016,36(24):136-141.

[34] 张世明.标准必要专利FRAND承诺与反垄断法作用[J].内蒙古师范大学学报(哲学社会科学版),2019,48(1):66-89.

[35] 陆小倩.标准必要专利滥用的反垄断规制——以"高通案"为分析基础[J].广西教育学院学报,2022,178(2):38-42.

[36] 殷斯霞,肖伟,赖明勇.知识产权保护与技术创新关系研究——中国汽车产业的实证检验[J].兰州学刊,2010,207(12):64-68.

[37] 马克山,何钰.奇瑞汽车知识产权发展战略研究[J].科技创业月刊,2019,32(4):140-143.

[38] 贺宁馨.中美经贸摩擦背景下我国知识产权保护战略研究——基于工业机器人和智能汽车产业的专利申请数据[J].中国科学院院刊,2019,34(8):866-873.

[39] 张鹏.盘点2019:汽车产业知识产权保护实务进展与未来展望[J].中国发明与专利,2020,17(7):6-11.

[40] 孙丽,图古勒.国际经贸规则重构对我国汽车产业的影响及对策——基于USMCA、CPTPP和RCEP的分析[J].亚太经济,2021,226(3):106-114.

[41] 孟羲然,啜敏.汽车企业应对车联网领域潜在知识产权风险的建议[J].大众标准化,2022,374(S1):57-59.

[42] 刘伟.我国汽车产业国际贸易知识产权保护问题[J].现代商业,2022,626(1):41-43.

[43] 齐亮,王昊.国际禁售燃油汽车情况及中国禁售传统汽车政策方案研究[J].中国经贸导刊(中),2018,918(35):19-21.

[44] 周玲芝,孙竹,孙林,等.新能源汽车发展对传统汽车业的影响——基于Bass模型的实证研究[J].国际经济合作,2018,386(2):37-42.

[45] 周谧,甄文婷.新能源汽车与传统汽车的生命周期可持续性评价[J].企业经济,2018,449(1):129-134.

[46] 王晔,曲林迟.智能驾驶技术对传统汽车产业的影响:互补与替代效应[J].复旦学报(自然科学版),2020,59(4):483-489.

[47] 赵玺龙.浅析新能源汽车发展现状与问题[J].技术与市场,2021,28(7):88-89.

[48] 张国防.中国新能源汽车产业链优化探析[J].济宁学院学报,2021,42(1):94-99.

[49] 王姝骐.低碳环保背景下我国新能源汽车的发展现状及发展前景[J].时代汽车,2022,380(8):110-112.

[50] 王璨.新能源汽车技术的发展及商用车的机遇和挑战[J].时代汽车,2022,389(17):109-111.

[51] 王璨.我国新能源汽车的现状及发展前景分析[J].中国设备工程,2022,511(22):263-265.

[52] 王云鹏,鲁光泉,陈鹏,等.智能车联网基础理论与共性关键技术研究及应用[J].中国科学基金,2021,35(S1):185-191.

[53] 廖奕驰,于晓丹,张义忠.从苹果造车看我国智能网联车产业的知识产权风险[J].机器人产业,2021,38(3):78-81.

[54] 刘宗巍,宋昊坤,郝瀚,等.基于4S融合的新一代智能汽车创新发展战略研究[J].中国工程科学,2021,23(3):153-162.

[55] 王志勤.车联网支持实现无人驾驶的思考[J].人民论坛·学术前沿,2021,212(4):49-55.

[56] 朱冰,范天昕,张培兴等.智能网联汽车标准化建设进程综述[J].汽车技术,2023(7):1-16.

[57] 刘佳.论我国汽车外观设计专利保护策略——以两例典型汽车知识产权纠纷为案例[J].中国艺术,2021,124(5):107-111.

[58] 严索,冯远征.蔚来汽车和特斯拉汽车的专利比较分析[J].中国发明与专利,2021,18(S1):55-66,79.

[59] 马天舒,季南,丁强.我国汽车专利研究——基于2022年上半年专利数据[J].时代汽车,2022,395(23):7-9.

[60] 丁彦辞,刘可.汽车行业应用5G标准必要专利的许可问题探讨[J].汽车工艺师,2020,202(5):30-33.

[61] 刘秀玲,苏莉,孙明,等.标准必要专利下NPE对我国汽车企业技术创新的影响研究[J].中国汽车,2022,369(12):15-22.

[62] 刘秀玲,吕佳颖,许多,等.标准必要专利对汽车行业的影响研究[J].中国汽车,2022,363(6):28-34.

[63] 李云伟,李维菁,陆春.汽车标准视角下必要专利问题应对机制研究[J].标准科学,2022,573(2):6-12.

[64] 李建.我国汽车及零部件出口检验认证问题探析[J].时代汽车,2020(17):154-156.

[65] 李建.浅谈我国汽车及零部件出口检验认证存在的问题及对策[J].重型汽车,2020(3):43-44,47.

[66] 巫细波.外资主导下的区域汽车产业全球价值链升级路径与对策研究——以粤港澳大湾区为例[J].产业创新研究,2020(3):63-67.

[67] 李玲玲.美国专利壁垒对我国技术性密集产品出口的影响研究[D].合肥:安徽大学,2016.

[68] 杜敏.知识产权保护对我国高技术产品出口的影响研究[D].杭州:浙江工商大学,2015.

[69] 中国汽车报.2022全球汽车供应链核心企业竞争力白皮书[R].中国汽车报社,2022.

[70] 中国政府网.科技支撑碳达峰碳中和实施方案(2022—2030年)政策解读[A/OL].(2022-08-18)[2023-06-11].https://www.gov.cn/zhengce/2022/08/18/content_5705885.htm.

[71] 国家发展和改革委员会.数据概览:2022年人口相关数据[A/OL].(2023-01-31)[2023-06-08].https://www.ndrc.gov.cn/fgsj/tjsj/jjsjgl1/202301/t20230131_1348088.html.

[72] 广东省人民政府.关于培育发展战略性支柱产业集群和战略性新兴产业集群的意见:粤府函〔2020〕82号[A/OL].(2020-05-20)[2023-03-10].http://www.gd.gov.cn/zwgk/jhgh/content/post_2997773.html.

[73] 广东省统计局.2022年广东经济运行情况分析:粤统办函〔2001〕6号[A/OL].(2023-02-17)[2023-06-08].http://stats.gd.gov.cn/tjfx/content/post_4096635.html.

[74] 中共广东省委广东省人民政府关于高质量建设制造强省的意见[A/OL].(2023-06-01)[2023-06-08].http://www.gd.gov.cn/gdywdt/gdyw/content/post_4190174.html.

[75] 广东省统计局.2022年广东国民经济和社会发展统计公报[A/OL].(2023-03-31)[2023-06-08].http://stats.gd.gov.cn/tjgb/content/post_4146083.html.

[76] 广东省人民政府.《广东省发展汽车战略性支柱产业集群行动计划(2021—2025年)》解读[A/OL].(2020-10-09)[2023-03-10].http://gdii.gd.gov.cn/gkmlpt/content/3/3094/post_3094683.html#906.

[77] 广东省工业和信息化厅.广东省汽车零部件产业"强链工程"实施方案[EB/OL].(2022-09-05)[2023-06-19].http://gdii.gd.gov.cn/zcgh3227/content/post_4007174.html.

[78] 广东省商务厅.2023年度广东省二手车出口企业名单[EB/OL].(2023-02-01)[2023-04-08].http://com.gd.gov.cn/zwgk/gggs/content/post_4088573.html.

[79] 广州市统计局.2022年广州经济运行情况[EB/OL].(2022-01-28)[2023-06-19].http://tjj.gz.gov.cn/stats_newtjyw/sjjd/content/post_8774512.html.

[80] 深圳市统计局.2022年深圳经济运行情况[EB/OL].(2022-01-28)[2023-04-08].http://tjj.sz.gov.cn/zwgk/zfxxgkml/tjsj/tjfx/content/post_10396116.html.

[81] 中国电动汽车充电基础设施促进联盟.2022年全国电动汽车充换电基础设施运行情况[EB/OL].(2023-01-12)[2023-04-08].https://mp.weixin.qq.com/s/i97-491nHcVTn773J9aJGw.

[82] 国家税务总局广东省税务局.退税政策"暖阳"照进广东新能源产业[EB/OL].(2022-08-05)[2023-04-08].https://guangdong.chinatax.gov.cn/gdsw/zjsw_swxw/2022/08/05/content_02684ef3c40c4bb2be61857463e2a479.shtml.

[83] 广州市智能网联汽车示范区运营中心,广东省智能网联汽车创新中心.广州市智能网联汽车道路测试与应用示范运营报告[EB/OL].(2023-01-08)[2023-04-08].https://www.vzkoo.com/document/20230319f84fabb44a53a7340b405c1b.html.

[84] 前瞻产业研究院.2022年广东省电动汽车充电桩企业大数据全景分析[EB/OL].(2022-08-18)[2023-04-08].https://www.qianzhan.com/analyst/detail/220/220818-372637a5.html.

[85] 崔东树.2022年中国汽车出口分析[EB/OL].(2023-01-28)[2023-04-08].https://www.sohu.com/a/634966206_115312.

[86] 商务部对外贸易司,中国汽车技术研究中心有限公司,中华全国工商业联合会汽车经销商商会二手车出口专业委员会.中国二手车出口国别指南(2022)[EB/OL].(2023-03-17)[2023-04-08].https://mp.weixin.qq.com/s/4jcF-jSLqxGGJg333pDGZg.

[87] 中国电动汽车充电基础设施促进联盟.2022年电动汽车充换电基础设施运行情况[EB/OL].(2023-02-06)[2023-04-08].http://www.199it.com/archives/1557143.html.

[88] 前瞻产业研究院.2022年广东省特色产业之新能源汽车产业全景分析[J/OL].(2022-08-31)[2023-04-08]. https://www.qianzhan.com/analyst/detail/220/220831-00d0907d.html.

[89] 广东省人民政府.关于印发广东省制造业高质量发展"十四五"规划的通知:粤府[2021]53号[A/OL].(2021-08-09)[2023-04-08].https://www.gd.gov.cn/zwgk/wjk/qbwj/yf/content/post_3458462.html.

[90] 广东省发展和改革委员会、广东省科学技术厅、广东省工业和信息化厅,等.关于印发广东省发展汽车战略性支柱产业集群行动计划)(2021-2025年):粤发改产业[2022]345号[A/OL].(2021-08-11)[2023-04-08].http://drc.gd.gov.cn/ndjh/content/post_3993255.html.

[91] 广东省工业和信息化厅、广东省发展和改革委员会、广东省科学技术厅,等.关于印发广东省发展汽车战略性支柱产业集群行动计划(2021—2025年)的通知:粤工信装备[2020]111号[A/OL].(2021-08-11)[2020-09-25]. https://www.gd.gov.cn/zwgk/jhgh/content/post_3097824.html.

[92] 广东省工业和信息化厅、广东省公安厅、广东省交通运输厅.关于印发广东省智能网联汽车道路测试与示范应用管理办法(试行)的通知:粤工信规字[2022]4号[A/OL].(2022-11-28)[2020-09-25].https://www.gd.gov.cn/zwgk/gongbao/2022/35/content/post_4070320.html.

[93] 广东省工业和信息化厅.广东省汽车零部件产业"强链工程"实施[A/OL].(2012-09-05)[2023-04-08].http://gdii.gd.gov.cn/gkmlpt/content/4/4007/post_4007173.html#2888.

[94] 广东省发展改革委.关于印发广东省新能源汽车产业发展规划(2013—2020年)的通知:粤发改高技术[2013]99号[A/OL].(2013-02-20)[2023-04-08].http://drc.gd.gov.cn/fzgh5637/content/post_844708.html.

[95] 海外观察家.中国二手车出口国别指南(2022)[Z].(2023-03-17)[2023-04-08].https://mp.weixin.qq.com/s/4jcF-jSLqxGGJg333pDGZg.

[96] KRUGMAN P. Strategic Trade Policy and The New International Economics[M]. Cambridge:The MIT Press. 1986.

[97] GUTTERMAN A, ANDERSON J B. Intellectual Property in Global Markets[M]. Nederlanden: KluwerLaw International. 1997.

[98] LE THI T T, HOANG D T, PHAM THI T H, et al. The Level of Perception, Awareness, and Behavior on Intellectual Property Protection: A Study of the Emerging Country[J]. Journal of Governance and Regulation, 2021, 10(1): 29-34.

[99] GRIMALDI M, GRECO M, CRICELLI L. Framework of Intellectual Property Protection Strategies and Open Innovation. [J]. Journal of Business Research, 2021, (123): 156-164.

[100] HENNINGSSON K. Injunctions for Standard Essential Patents Under FRAND Commitment: A Balanced, Royalty-Oriented Approach[J]. International Review of Intellectual Property and Competition Law, 2016(47): 438-469.

[101] BRACHTENDORF L, GAESSLER F, Harhoff D. Truly standard-essential patents? A semantics-based analysis[J]. Journal of Economics & Management Strategy, 2023, (32): 132-157.

[102] WASICEK A. Protection of Intellectual Property Rights in Automotive Control Units[J]. SAE International Journal of Passenger Cars-Electronic and Electrical Systems, 2014, 7(1): 201-212.

[103] HARTWELL I, MARCO J. Management of Intellectual Property Uncertainty in a Remanufacturing Strategy for Automotive Energy Storage Systems[J]. Journal of Remanufactur, 2016, (6): 3.

[104] KOSCHER K, CZESKIS A, ROESNER F, et al. Experimental Security Analysis of a Modern Automobile[R]. 31st IEEE Symposium on Security and Privacy, SP 2010, 2010: 447-462.

[105] HARIHARAN S, MURUGAN S, NAGARAJAN G. Effect of Diethyl Ether on Tyre Pyrolysis Oil Fueled Diesel Engine[J]. Fuel, 2013(104): 109-115.

[106] Liu Z W, Hao H, Cheng X, et al. Critical issues of energy efficient and New Energy Vehicles Development in China[J]. Energy Policy, 2018 (115): 92-97.

[107] DIBAEI M, XI Z, KUN J, et al. Attacks and Defences on Intelligent Connected Vehicles: A Survey[J]. Digital Communications and Networks, 2020, 6(4):399-421.

[108] BARBIERI N. Fuel Prices and the Invention Crowding Out Effect: Releasing the Automotive Industry from its Dependence on Fossil Fuel[J]. Technological Forecasting and Social Change, 2016, (111):222-234.

[109] Malaysian Investment Development Authority. Budget 2023: Extension of EV tax exemptions, more incentives[A/OL]. (2023-02-25)[2023-06-08]. https://www.mida.gov.my/mida-news/budget-2023-extension-of-ev-tax-exemptions-more-incentives/.

[110] BALDWIN E R. The Political Economy of U.S. Import Policy[M]. Cambridge: The MIT Press, 1986:52-56.

[111] EuRopean Commission. Empirical Assessment of Potential Challenges in SEP Licensing[EB/OL]. (2023-04-26)[2023-05-27]. https://www.iplytics.com/wp-content/uploads/2023/04/Empirical-Assessment-of-Potential-Challenges-in-SEP-Licensing.pdf.

[112] RPX. Q4 in Review: NPE Litigation Holds Steady in 2022 Despite Top Venue Headwinds[EB/OL]. (2023-01-10)[2023-05-27]. https://www.rpxcorp.com/intelligence/blog/q4-in-review-npe-litigation-holds-steady-in-2022-despite-top-venue-headwinds/.

[113] Lex machina. Lexmachina Patent Litigation Report 2023[EB/OL]. (2023-02-19)[2023-05-27]. https://lexmachina.com/media/press/lex-machina-releases-2022-patent-litigation-report/.

[114] European Data Protection Board. Guidelines 01/2020 on processing personal data in the context of connected vehicles and mobility related application[EB/OL]. (2021-03-09)[2023-06-16]. https://edpb.europa.eu/our-work-tools/our-documents/guidelines/guidelines-012020-processing-personal-data-context_en.